综|合|交|通|运|输|研|究|论|丛

U0649734

综合交通运输规划
基础数据治理技术与应用

BASIC DATA MANAGEMENT TECHNOLOGY AND APPLICATION OF
INTEGRATED TRANSPORTATION PLANNING

交通运输部规划研究院课题组
综合交通规划数字化实验室 ◎著

人民交通出版社
北京

内 容 提 要

本书是交通强国建设试点工作"综合交通运输空间规划编制成套方法、关键技术及应用"的成果之一，凝练了综合交通规划数字化实验室的有关研究成果。本书分析了综合交通运输规划多维时空数据治理国内外相关研究现状，阐述了时序大数据治理和融合技术、位移时空大数据治理分析与应用、时空复合的多尺度空间数据治理、时空数据共享评价与考核、时空数据治理集成技术与研发应用等关键技术研究成果。

本书适合从事综合交通运输规划数据治理领域的科学研究人员和工程技术人员参考使用。

图书在版编目（CIP）数据

综合交通运输规划基础数据治理技术与应用 / 交通运输部规划研究院课题组，综合交通规划数字化实验室著.
北京：人民交通出版社股份有限公司，2024.7.
ISBN 978-7-114-19665-2

Ⅰ．F502

中国国家版本馆 CIP 数据核字第 2024M3B536 号

Zonghe Jiaotong Yunshu Guihua Jichu Shuju Zhili Jishu yu Yingyong

书　　　名：综合交通运输规划基础数据治理技术与应用
著　作　者：交通运输部规划研究院课题组　综合交通规划数字化实验室
责 任 编 辑：郭晓旭
责 任 校 对：赵媛媛
责 任 印 制：刘高彤
出 版 发 行：人民交通出版社
地　　　址：（100011）北京市朝阳区安定门外外馆斜街 3 号
网　　　址：http://www.ccpcl.com.cn
销 售 电 话：（010）85285857
总 经 销：人民交通出版社发行部
经　　　销：各地新华书店
印　　　刷：北京市密东印刷有限公司
开　　　本：787×1092　1/16
印　　　张：13
字　　　数：276 千
版　　　次：2024 年 7 月　第 1 版
印　　　次：2024 年 7 月　第 1 次印刷
书　　　号：ISBN 978-7-114-19665-2
定　　　价：88.00 元

编 委 会

主　编：寨　峰

副主编：顾明臣　石媛嫄

编写组：孙　硕　刘文芝　王英平　王江锋
　　　　黄兴华　梁　栋　刘　宏　杜　凯
　　　　齐险峰　张　硕　高　翔　戴新鎏
　　　　黄　叒　吴学治　徐华军　张越评
　　　　李　悦

前 言
PREFACE

　　新一轮科技革命和数字化趋势明显，国土空间规划改革加快推进，综合交通运输规划数字化转型是时代发展的必然要求，也是实现综合交通空间规划技术跃迁的重要路径。2019 年 5 月，《中共中央、国务院关于建立国土空间规划体系并监督实施的若干意见》印发，提出要完善国土空间基础信息平台，以自然资源调查监测数据为基础，整合各类空间关联数据，建立全国统一的国土空间基础信息平台；实现"多规合一"，强化国土空间规划对各专项规划的指导约束作用。2019 年 9 月，中共中央、国务院印发《交通强国建设纲要》，提出"建设现代化高质量综合立体交通网络。以国家发展规划为依据，发挥国土空间规划的指导和约束作用"。2021 年 2 月，中共中央、国务院印发《国家综合立体交通网规划纲要》，提出"强化国土空间规划对交通基础设施规划建设的指导约束作用，加强与相关规划的衔接协调，加强实施管理，加强规划纲要实施动态监测与评估等"。综合交通空间网络是国土空间规划的重要组成部分，国土空间规划与综合交通运输规划相互影响、相互反馈。交通运输领域数字化转型快速发展，各级交通运输主管部门制定和出台了交通运输数字化发展的顶层设计方案。国务院印发《"十四五"现代综合交通运输体系发展规划》，提出推动互联网、大数据、人工智能、区块链等新技术与交通行业深度融合，构建泛在互联、柔性协同、具有全球竞争力的智能交通系统，增强综合交通运输发展新动能。交通运输部印发的《数字交通"十四五"发展规划》提出，数字化、网络化、智能化已经成为推进交通运输行业提效能、扩功能、增动能的重要手段。

　　国土空间规划改革的重大影响，交通运输行业自身的数字化转型，都决定了综合交通运输规划要立足于自身业务特征，加快数字化转型，依靠高质量数据要素提升规划结果的精准性和科学性，解决新时期综合交通运输规划技术的难点和痛点。综合交通运输规划的规划范围包括铁路、公路、水运、民航等基础设施网络和综合交通枢纽以及运输服务、智能技术、绿色低碳、安全应急等内容。目前，部分交通运输领域的规划研究机构已经展开数字化转型的探索和尝试。交通运输部规划研究院积极研发 TranSPAD，逐步开展综合交通运输规划及空间分析数字化平台建设。深圳市城市综合交通运输规划设计研究中心探索研发 TransPaaS，自主开发面向城市交通治理的大数据计算平台。广东省、浙江省、安徽省等综合交通运输规划研究机构积极推进有关业务的数字化转型。在新的国土空间规划体系下，综合交通运输规划数字化转型的重点是构建数据思维，建设并依托规划时空数据资源中心，研发综合交通运输空间规划技术支撑平台，形成综合交通运输规划电子"一张图"，探索自身转型发展模式，形成数字化发展文化，最终实现增强基础创新能力、拓展技术融合应用、提高规划决策水平，有力支撑传统交通运输规划的高质量转型发展。

在实际工作中，我们深刻认识到数据要素是综合交通运输规划数字化转型的基础支撑。通过数据治理工作提高数据质量、挖掘数据价值，有助于更好更快地推进数字化转型发展。可以说，科学地进行综合交通运输规划有关数据治理是数字化转型成功的必要前提，是数字化转型过程中的重要环节。随着数据资源的爆炸性增长，综合交通运输规划面临着数据标准不统一、数据信息分散、数据质量参差不齐、开发维护困难等问题，数据治理恰恰是解决这些问题的重要技术手段。数据治理的目的是提升数据利用、体现数据价值，通过有效的数据资源管控手段，实现数据"看得见、找得到、管得住、用得好"。

综合交通运输规划领域的数据治理是长期的系统工程，贯穿于整个数据生命周期，不仅需要借助技术手段，更需要完善数据治理制度。因此，本书主要内容包括关键技术与应用管理两个方面。在我国社会经济及交通运输行业发展过程中，综合交通运输规划领域的数据治理方法和实践在不断完善，参与本书编著的研究人员的认知也在不断提升。限于研究水平，本书难免存在不足之处，敬请行业内外的专家和学者批评指正。

编著者

2024 年 1 月

目 录
CONTENTS

第 1 章

绪论

1.1　研究背景

1.1.1　国土空间规划改革的新要求

国土空间规划改革是党中央、国务院作出的重大决策部署。实现"多规合一"，强化国土空间规划对各专项规划的指导约束作用，是新时期综合交通运输规划需要遵循的基本要求[1-2]。2019 年 5 月，中共中央、国务院印发《关于建立国土空间规划体系并监督实施的若干意见》，对空间规划改革作出了具体部署，提出到 2025 年，形成以国土空间规划为基础，以统一用途管制为手段的国土空间开发保护制度；明确提出"国土空间总体规划要统筹和综合平衡各相关专项领域的空间需求""依托国土空间基础信息平台，建立健全国土空间规划动态监测评估预警和实施监管机制。"[3-4]2019 年 10 月，中共中央办公厅、国务院办公厅印发《关于在国土空间规划中统筹划定落实三条控制线的指导意见》，提出"生态保护红线、永久基本农田、城镇开发边界三条控制线划定和落地，纳入全国统一、多规合一的国土空间基础信息平台，形成一张底图"[5]。

国土空间规划改革对综合交通运输规划带来显著而又深远的影响。国土空间规划要求以国土空间数据资源为支撑，构建全国统一、多规合一的国土空间基础信息平台，形成"一张底图"，该平台将作为交通运输专项规划的技术性约束"底座"和管控"底板"。2021 年 2 月发布的《国家综合立体交通网规划纲要》提出"加强实施管理"，明确要求加强与国土空间流域等相关规划衔接，加强实施动态监测与评估，强化实施进展统计与监测工作，定期开展规划评估，依据国家发展规划进行动态调整或修订。无论是国土空间规划的指导约束和刚性管控，还是国家综合立体交通网规划的实施跟踪与评估评价，综合交通运输规划都势必要主动适应数字时代。如何依靠高质量数据要素提升规划精准科学性，满足国土空间管控约束性，已经成为综合交通运输规划技术的难点和痛点。此外，国务院先后印发《"十四五"数字经济发展规划》《关于加强数字政府建设的指导意见》，数字经济已经成为经济社会高效贯通的重要手段。交通成为中国式现代化的开路先锋，数字交通也成为行业发展的指路标志。交通运输部印发《数字交通"十四五"发展规划》，要求建设综合交通运输"数据大脑"和综合交通大数据中心体系。数据治理已经成为综合交通运输规划乃至整个交通运输行业的重要发展内容，将为促进综合交通数据要素市场流通奠定基础。

1.1.2　国土空间规划改革带来的新挑战

对标国土空间规划改革的新要求，传统综合交通运输规划数据治理存在的主要问题包括：一是数据来源差别较大，难以满足"多规合一"约束与管控条件下的规划数据服务。国土、环境、公路、水运、铁路、民航等各领域数据的存储格式、统计口径、属性特征、时空粒度、空间坐标等都存在显著差异。二是数据管理较分散，无法支撑全流程综合交通运输规划及跟踪评估[6]。以公路管理为例，"规划、建设、养护、管理"全链条、各环节的数据归属于不同部门或企业，"信息孤岛"现象使得"一数一源"较难实现。三是时空一体化的数据技术体系不健全，缺乏交通运输规划时空数据多维度汇聚技术工具和理论方法，国内外通用性数据治理工具产品的数据治理逻辑语义更多关注数据类型转换、数据质量修复等普遍性治理问题，对交通运输空间规律性逻辑适应性较差，且灵活定制二次开发成本较高，升级维护难度较大，难以满足综合交通运输规划数据治理需求。

1.1.3 综合交通运输规划基础数据治理的意义

面对上述问题，本书围绕推进综合交通运输规划的改革要求，力求实现综合交通运输规划数据治理的全局化、体验化、融合化、多维化。

（1）全局化。

通过数据共享、数据管理等手段实现规划决策施策的全链条、全周期和全流程，科学规划并落实实施。

（2）体验化。

贯彻"人民满意交通"的规划理念，需要改变传统统计数据为主的决策方式，充分利用动态时序大数据提取直观决策依据。

（3）融合化。

解决以往规划数据来源不一的问题，实现跨区域、跨部门和跨领域的数据融合，提高数据质量。

（4）多维化。

新型综合交通运输规划要求具备高精度空间数据，采用精确分析方式，注重出行时空特征。

1.2 国内外研究现状

1.2.1 交通运输行为时空数据治理

数据驱动智能交通快速发展，持续收集并积累海量详细的原始数据，带来了"数据窒息"（Data Asphyxiation）问题。为了降低交通流数据的冗余性，需要从原始数据中提取交通状态的基本时空特征，利用交通客货有关位移的时空数据和多源数据融合手段，进行交通状态时空特征提取[7]。何流等[8]提出基于多源数据融合的公交起讫点（OD）估计及分配方法，利用公交站台数据、公交线路数据、公交车辆轨迹及乘客交易数据对公交乘客进行画像分析，实现公交站点及空间栅格 OD 和公交客流分配。该方法具有高效、准确和通用性，可广泛应用于公交出行现状分析和客流预测。蒋金亮等[9]将时空间行为研究方法引入乡村这一特定空间，采用全球定位系统（Global Positioning System，GPS）设备调查乡村居民日常生活出行习惯，建立人、时间、空间及活动的对应关系，利用新技术挖掘农民出行习惯，对村庄物质环境改善提供规划建议。乐丹怡等[10]提出基于多源数据的 OD 分析模型和系统实现，提出以城市公交集成电路（Integrated Circuit，IC）卡数据、公交车辆 GPS 数据和公交站点地理信息系统（Geographic Information System，GIS）数据为主要研究对象，利用多源数据融合技术得到乘客 OD 信息。刘少韦华[11]建立了基于多源数据融合的城市公交客流 OD 需求推断方法，应用城市公共交通系统多源数据融合以获取城市公交 OD 需求，以城市公交 IC 卡刷卡数据、公交车载 GPS 数据以及城市路网公交线路、站点数据等，采用基于密度聚类的算法获取公交出行链。周涛等[12]提出利用交通行业数据、调查数据等，获取综合交通客货运输特征。Gordon，Jason B.等[13]提出利用自动收费、自动车辆位置数据等进行旅客多式联运 OD 流量估算。GÓMEZ J N 等[14]使用无障碍指标以及应用地理信息系统工具，有效地分析了每个地区的卫生服务覆盖范围，对能够建立比较模式的地区卫生服务覆盖范围进行比较。

1.2.2　综合交通时空复合图谱分析

国内外在综合交通空间数据管理系统、用于交通数据分析的空间数据仓库体系结构、空间数据管理系统在综合交通运输规划中的应用、"多规合一"数据应用平台以及国土空间规划要求的综合交通运输规划的轨道综合交通运输规划对策、多模式交通系统架构、规划策略等开展研究。

叶庆华等[15]利用时空复合变化图谱对土地利用变化情况进行了分析。蒋金亮等[16]基于国家新型城镇化与"T"字形发展战略理论内涵，对城市扩张强度、城市扩张类型和城市建设用地扩张弹性进行了对比分析。周群[17]提出了综合交通运输空间数据的组织分类、数据库总体结构等，实现了综合交通运输空间数据管理等功能。王俊[18]提出了城市综合交通运输规划领域中空间数据仓库的采集、分析、处理和规划方案的综合评价等技术。陈尔东昊[19]开展了基于数字三维地形的"多规合一"数据综合应用研究，建立了重庆市数字三维地形模型的可视化展示和空间分析平台。陈小鸿等[20]提出了城市总体规划阶段的综合交通运输规划方法论与重点，探索城市空间、土地利用、综合交通运输规划平行展开、交叉优化的技术流程。邱永涵等[21]提出了新时期普通国省道国土空间控制规划的策略探讨，提出了建立符合功能需求的区域交通体系、空间集约利用及"一张图"管控、"三区三线"协调机制和构建技术管控平台 4 个方面的策略建议。徐启恒等[22]提出标准规范建设、数据库建设及平台建设是国土空间规划编制的重点工作。李满春等[23]建立了要素全面、内容完整、动态适应、实时更新的规划大数据集体系，提出了数据联动贯通、信息无损传输、情势动态推演的国土空间规划大数据云控平台架构。

Song，Wei 等[24]提出地籍时空数据模型构建方法，提出了现状数据库和历史数据库的存储管理策略，优化了数据表结构，提高了时空数据的利用效率。Hiroyuki KAWANO 等[25]

提出了用于交通数据分析的空间数据仓库体系结构，针对长期观测获取的出行数据，建立了空间数据仓库架构，提出并验证了在线分析处理（Online Analytical Processing，OLAP）时空数据模型。FANG C 等[26]创新性地利用社会网络大数据揭示城市群空间网络联系强度和空间分异规律。

1.2.3　时空数据降维和治理引擎

郭士坤[27]开展海量时空数据高效存储、查询和聚类分析研究，提出 S2 空间降维算法和 HBase 数据库的负载均衡方案，并进行实验验证。朱光兴等[28]在云 GIS、WebGIS、三维 GIS 等技术支持下，建立统一时空基准框架下的多源异构数据集成处理方法。张晓春等[29]开发了海量数据的实时检索和多维分析引擎，支撑城市交通大数据计算平台的建设开发。季顺海等[30]以业务流为主线集成构建基于物联网、互联网、无线通信网等的多源异构时空大数据管理系统。滕少华等[31]建立基于正交投影的降维分类方法，该方法可用于对实时性要求较高的应用场合。侯志通[32]开展条带状公路运营管理空间大数据降维组织及混合存储的技术研究，基于 Geohash 格网的空间数据降维方法，与公路本身一维的线性参照系统相结合，提出公路空间大数据条带降维组织模型。刘一流[33]提出面向智能交通场景的 HBase 时空索引设计方法。徐莉娜[34]开展时空数据查询方法及可视化技术研究，提出空间填充曲线 Z 曲线对海量时空数据进行降维处理的方法。李萍萍[35]研究时空数据库中高维数据的降维方法，采用线性参考和基于运动矢量的数据更新方式把三维轨迹数据转换为二维轨迹数据。Roman Feldbauer 等[36]针对高维数据挖掘，提出在时间和空间上具有线性复杂度的近似 Huberness 约简方法。

1.2.4　综合交通运输规划时空数据资源治理

国内外针对交通数据资源、交通行业数据、智慧交通大数据、城市交通大数据、城市公共交通数据等开展了有关数据资源治理研究。

李洋等[37]提出了城市轨道交通基础设施运维数据治理方法，建立数据标准制定、数据架构搭建、存量数据改造、运维数据管理等数据治理流程与方法。徐忠于等[38]提出了目录标准化、建设共享规则的交通运输数据共享开放服务方法。安健等[39]开展了面向交通治理的信息公开与数据共享策略研究，提出区域级、城市级、社区级三个层次差异化的数据驱动思路。陈伟[40]建立了三层数据元结构分类方法和标准，用于新疆交通行业数据治理应用。陈猷辉[41]提出了建立包括信息资源目录管理系统、数据资源管理系统、数据交换管理系统、数据共享管理系统、平台统一维护系统、大数据基础平台、抽取-转换-加载（Extract-Transform-Load，ETL）工具等功能模块的交通运输数据共享交换平台。龚潇[42]将智慧交通大数据主要分为数据层、功能层、平台层和服务层。张晓春等[43]开展了深圳交通大数据共享开放平台建设及应用，构建了数据共享交换与开放体系。方昕[44]建立了大数据下的智能交通数据共享与处理模型。

Satyanarayana V Nandury 等[45]建立了基于 SWIFT 的数据处理架构，提出智慧城市的交通管理大数据处理中应用实施建议。Julian Andres Rojas 等[46]建立基于轮询和推送的支撑实时数据共享的 Web API 架构，用于公共交通路线规划数据共享。

1.2.5　国内外研究现状评述

与当前国内外同类技术相比，本书研究成果的特点如表 1-1 所示。

研究成果与国内外同类技术对比　　　　　　　　　　表 1-1

主要研究成果	主要特点	国内同类技术特点	国外同类技术特点
建立了客货位移时空数据群支持向量机治理分析模型，实现了客货运输位移时空数据治理降维和特征提取，支持了海量数据条件下空间 OD 数据预处理	综合交通运输客货车辆和船舶的卫星定位数据、收费数据、超载超限数据、大件运输数据、交通调查流量数据、船舶识别数据，以及互联网出行数据等多源海量数据，引入支持向量机算法，针对客货运输位移时空特征数据群采用凸二次规划求解治理，挖掘客货车的线性位移特征，通过构建机器学习决策函数，对数据高维特征进行降维学习训练，支撑推算客货出行空间 OD 量值	大多数研究针对城市公共交通领域；个别针对交通领域的研究，数据类型较少	与国内的交通数据来源和类型差异较大，不适合我国国情
提出了综合交通运输规划和国土空间规划数据关联的时空复合图谱分析治理方法，突破了多尺度、多维度空间规划数据标准化迁移、同步和即时发布等技术瓶颈	考虑到不同运输方式、不同空间尺度、不同时序单元等交通运输领域各层面与国土空间要素数据的关联研究仍处于空白的现状，采用时空复合图谱分析理论，将综合交通运输规划过程中的"交通空间—规划属性—时序过程"同时作为规划空间数据治理体系的基本要素，设计了基于"多规合一"的综合交通运输规划空间数据治理框架，提出了综合交通运输规划与国土空间规划"一张图"建设实施技术要求，集成研究了综合交通运输规划空间要素"一张图"平台，解决了在"多规合一"约束条件下，不同规划空间尺度和不同时序维度双重需求、空间要素多重约束的数据叠加治理问题	综合交通运输规划时空数据的策略、架构、方法的研究较多，技术研究较少	综合交通运输规划的时空数据技术应用研究缺乏
研发了综合交通运输规划场景的时空数据智能降维治理技术和综合交通运输规划时空数据治理引擎成套工具，构建了面向交通用户特征的时空数据资源"治理—共享—评价"一体化技术体系	面向综合交通运输规划业务场景，研发了集成支持向量机和时空复合图谱分析的智能数据引擎，突破了多源数据驱动的被动型规划数据治理逻辑瓶颈，提高了规划业务原始时空数据集的治理处理水平。构建了基于规划决策体验感的数据共享效果评价体系与数据贡献量化考核方法，提出了结合"三区三线""三调"等国土空间规划数据资源的综合交通运输规划数据分级分类标准及元数据模型，促进形成了综合交通运输规划数据要素持续良性发展的长效机制	降维算法方法研究较多，行业应用的降维技术研究较少。数据共享效果评价、数据贡献量化考核有关研究缺乏	针对交通的降维治理和治理引擎缺乏。通用性的数据资源管理技术实现研究较多，与具体业务结合的有关研究缺乏

• 1.3　主要研究内容

基于综合交通运输领域的公路车辆、水运船舶等运输位移时空数据，民航、铁路客货运输数据，互联网出行和兴趣点（Point of Interest，POI）数据，国土空间规划"三区三线"和"三调"等空间地理要素数据等，采用交通流理论、概率统计、时空复合体、图谱分析、博弈论等方法，通过识别交通运输规划领域时序单元数据、多尺度空间数据、位移时空数据、多源属性数据等特征，构建综合交通运输规划基础数据质量控制框架（包括交通特征导向的时序数据治理模型、交通多源数据"点线面"分层质量控制模型、客货位移时空数据群支持向量机治理分析模型、综合交通运输规划时空复合图谱分析模型）。这一框架突破了业务规则和空间位置，结合交通业务数据治理技术、全国范围和局部范围的位移数据特征提取技术、时空复合的多尺度空间数据治理技术、综合交通运输规划时空数据共享评价和考核技术，为综合交通运输规划多维时空数据治理技术集成应用提供解决方案，为加快建设交通强国、国家综合立体交通网规划跟踪评估和实施推进提供技术支撑。

（1）综合交通运输规划导向时序大数据治理和融合技术。

数据治理和融合技术符合综合交通运输规划业务特征的时序数据治理方法，包括交通流、交通网络、多维空间等传统理论以及基于交通数据和空间特征的"点线面"分层控制的质量控制理论。根据综合交通运输规划利用的主要数据来源，分别研究了业务规则和空间位置相结合的业务数据治理技术、基于交通网络理论的企业数据治理技术、基于抽样理论的位置关联数据治理技术，形成了综合交通运输规划领域利用多种数据来源的时序大数据治理技术。研究提出了交通时空数据质量控制策略和异常数据判别方法。针对公路交通检测数据，开展数据融合构件技术研究，并进行应用和实证。

（2）交通运输位移时空数据治理分析与应用。

客货位移行为具有时间维特性、空间维特性以及时空相关性，基于支持向量机的数据治理分析模型，提出综合交通运输规划和国土空间规划数据关联的时空复合图谱分析治理方法。

（3）综合交通运输规划时空复合的多尺度空间数据治理。

利用不同运输方式、不同空间尺度、不同时序单元等交通运输领域各层面与国土空间要素数据的关联，提出基于"多规合一"与多维综合交通运输规划时空复合图谱分析理论模型。针对综合交通运输规划过程中的"交通空间—规划属性—时序过程"特性，研究多尺度空间数据治理架构。借助数据模型、空间数据库、地图资源、地图瓦片等关键技术，研究交通运输时空复合图谱分析技术。根据综合交通运输规划的实际需要，提出空间数据治理方案和更新机制。

（4）综合交通运输规划时空数据共享评价和考核方法。

综合分析演化博弈、社会交换等传统理论，提出数据共享激励的理论分析模型。基于综合交通运输规划的空间维度要求，研究"三区三线""三调"等国土空间规划数据资源和综合交通运输规划基础数据的分级分类标准和元数据模型。考虑规划决策体验感受，研究综合交通运输规划时空数据共享效果评价体系，并进行实证研究。研究综合交通运输规划时空数据贡献的量化考核方法，提出考核框架和量化技术，探索了综合交通运输规划数据要素持续良性发展的长效机制。

（5）综合交通运输规划时空数据治理集成技术与研发应用。

面向综合交通运输规划业务场景，研究综合交通运输规划时空数据治理集成关键技术，提出多维时空数据治理总体架构，针对预处理、质量集合、用户勘误、数据更新等具体环节提出集成关键技术，建立典型业务场景数据库。研发了流程选择和自主定义的智能数据引擎，集成和融入研究模型理论研究成果，开展数据接入、基础治理、深度治理、集群部署等关键技术研发。

第 2 章

综合交通运输规划时序
大数据治理和融合技术

综合交通运输规划时序大数据是综合交通运输规划过程中的重要数据支撑。综合交通运输规划时序大数据的特征是数据量大、时间频度高、来源广泛，但数据对象针对性不强、来源复杂、数据质量不确定性较大。同时，综合交通运输规划能够利用的数据来源较为复杂，因此，数据融合成为处理多源数据的必要手段。

为了解决这些问题，本书以综合交通运输规划业务特征为导向，综合交通模型、路网模型、数据抽样等理论，针对来源复杂的综合交通运输规划时序大数据进行数据治理技术研究，提出了交通时空数据融合技术，有效提高融合数据的精度和质量。

2.1 交通时序数据治理方法研究

2.1.1 基于交通基本关系的数据治理方法

交通模型是描述综合交通网络拓扑结构和交通运行规律的基本理论。交通模型作为交通时序数据治理的基本理论，能够有效提高数据质量，主要包括高等级公路交通流量-速度关系模型、趋势预测模型、运量推算模型等。

1）高等级公路交通流量-速度关系模型

流量-速度关系模型，即 $S = f(V)$，其中 V 是交通流量，S 为交通流速度，是交通流理论的基础模型之一。高等级公路交通流量-速度模型可以用于提高交通流检测数据的质量，提升错误数据甄别效率。具体如下：

$$S = S_0 \left\{ 1 / \left[1 + \alpha \left(\frac{\vartheta}{C} \right)^{\beta} \right] \right\} \tag{2-1}$$

$$T = T_0 \left[1 + \alpha \left(\frac{\vartheta}{C} \right)^{\beta} \right] \tag{2-2}$$

式中：T_0——交通流的自由行驶时间（min）；

T——交通流的实际行驶时间（min）；

ϑ——交通流检测数据（pcu/h）；

C——实际通行能力（pcu/h）；

S_0——交通流的自由行驶速度（km/h）；

S——交通流速度检测数据（km/h）；

α、β——待定参数。

利用最小二乘法对模型中的 α 和 β 参数进行初始化，并利用改进的遗传算法进行修正，提升数据治理的效果。其中，模型评估适应度函数定义如下：

$$\text{Fitnessfcn} = \text{sqrt} \left\{ \frac{1}{m} \sum_{i=1}^{m} \left[S(i) - S_e(i) \right]^2 \right\} \tag{2-3}$$

式中：$S(i)$——第i样本的速度检测数据；

$\quad\quad S_e(i)$——第i样本的期望速度检测数据；

$\quad\quad m$——样本量总数。

同时，采用群体内个体间协同合作的策略，保障群体的多样性，解决传统模型过早收敛的问题。

2）趋势预测模型

趋势预测模型主要用于数据补全，可以利用交通大数据序列中的历史检测数据来进行交通大数据质量控制。主要步骤如下：

（1）分析综合交通通道交通数据发展的时间序列规律和特点，预测未来趋势交通数据。

（2）分析综合交通运输方式的分担情况，以及通道内运输方式构成的变化，预测各运输方式间的交通转移率，得出相应的交通数据。

（3）根据通道内路线构成，预测不同路线交通的分担比例，得出通道内不同路段的交通数据。

3）运量推算模型

运量推算模型主要用于数据补全和数据清洗，针对枢纽、站场等集疏运量和载运系数推算相应的交通量数据。主要步骤如下：

（1）分析交通节点的运输量发展状况，推算运输量。

（2）分析交通节点的公路集疏运比例，推算集疏运量。

（3）通过载运工具系数，将集疏运量转换为交通量。

（4）根据通道内路线构成，预测不同路线交通的分担比例，得出通道内不同路段的交通数据。

2.1.2 基于交通网络的数据治理模型

空间模型是综合交通空间规划的理论基础之一，利用空间网络模型可以为综合交通运输规划多维数据治理实践提供方法基础。

1）树状结构图

（1）连接矩阵$\boldsymbol{P}$。

典型树状结构图中，可以定义出入口或分叉处节点为$1,2,\cdots,n-1,n$。对有n个节点的交通网络树形结构，可以用$n\times n$的连接矩阵$\boldsymbol{P}$进行描述：

$$\boldsymbol{P}=\begin{bmatrix}p_{ij}\end{bmatrix} \tag{2-4}$$

式中：p_{ij}——矩阵$\boldsymbol{P}$中第i行、第j列的元素，且i，$j=1,2,\cdots,n$。

矩阵$\boldsymbol{P}$的行和列分别对应各个节点，则其元素p_{ij}具体描述第i个节点与第j个节点间的连通关系，即表示两个节点之间有无路段相通。于是可得如下元素定义关系式：

$$p_{ij} = \begin{cases} 1, & i\text{和}j\text{之间有路段相通时} \\ 0, & i\text{和}j\text{之间有无路段相通时} \end{cases} \tag{2-5}$$

（2）属性矩阵$\boldsymbol{R}$。

为了更好地描述节点的属性，建立$n \times 1$的属性矩阵$\boldsymbol{R}$：

$$\boldsymbol{R} = [r_i], \quad i = 1, 2, \cdots, n \tag{2-6}$$

$$r_i = \begin{cases} 1, & \text{节点}i\text{为匝道出入口} \\ 0, & \text{节点}i\text{为互通立交处} \end{cases} \tag{2-7}$$

定义$r_i = 1$是广义上的出入口节点，$r_i = 0$是非出入口节点。

通过连接矩阵$\boldsymbol{P}$和属性矩阵$\boldsymbol{R}$即可以描述交通基础设施网络的物理结构。

（3）路段矩阵$\boldsymbol{K}$。

考虑到在树状结构图中，任两个直接相连的节点之间只有一个路段，在不考虑U形路段和环路时，n个节点则共有$n-1$个路段，将其编号为1，2，$\cdots$，$n-1$（编号为i的路段也简称第i路段）。在此不对路段进行重复的定义，即认为节点i，j之间和节点j，i之间是同一路段。于是可以定义一个$(n-1) \times 2$的路段矩阵$\boldsymbol{K}$，来描述节点编号和路段编号之间的关系：

$$\boldsymbol{K} = [k_{ij}], \quad i = 1, 2, \cdots, n-1; j = 1, 2 \tag{2-8}$$

路段矩阵K中的每一个行向量$\boldsymbol{k}$，包含两个元素k_{i1}，和k_{i2}，分别代表第i路段的两个端点的节点号。

2）网状结构图

考虑交通基础设施网络是不断完善的规划过程，可以给出描述包含U形路段和环形路段的网状结构模型，如图2-1所示。

图中任意两点之间有一条直线相连。这意味着网状结构图中任意两个点都是相邻的。与树状结构图相比可以看出，网状图中i点和j点之间的连线不是唯一的。这意味着由高速公路上的一个地点到达另一个地点有多条通路，我们也称这种高速公路网状结构图为"多路径图"。

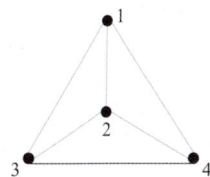
图 2-1　交通网络结构模型

数据治理模型：设i点和j点是出入口节点，由于网状结构图中两点之间有多条路径，故不可能用与树状结构图相同的算法进行交通需求拆分。对于一个连通图，任意两点之间的通路共有$\sum\limits_{i=0}^{n-2} P_{n-2}^i$条，而两点之间直线最短，故在大多数情况下，出行者会选择由i点直接到达j点的路径。由于存在其他特殊原因，少数情况下会有人选择其他路径，由路段 1-2 和路段 2-3 组成的路径或由路段 1-4 和路段 4-3 组成的路径等。利用上述基本模型可以甄别交通数据质量。

2.1.3 多维空间交通数据抽样理论方法

根据综合交通运输规划多维数据特征，可以建立考虑空间信息的数据治理抽样理论。

1）空间平衡抽样理论

可以将综合传统概率抽样（随机抽样和系统抽样）与空间平衡抽样相结合进行数据抽样。

以总体单元的经纬度为空间辅助信息，并利用算法更新每个单元的包含概率，从而使得距离较近的单元不会同时入样，确保抽取的样本在空间中均匀分布。使用这两种方法进行抽样的步骤大致为：

（1）随机选择第一个单元k以及k的邻近单元l。

（2）根据制定的规则更新两个单元的一阶包含概率，当更新的包含概率为 0 或 1 时，则给单元k和单元l分配标签，此时，两个单元中至少有一个单元被抽中。

（3）将单元k和单元l从总体中移除，使其不能被再次选择。

重复上述步骤，直到为总体的所有单元分配一个标签。其包含概率更新规则如下：

如果$\pi_k + \pi_l < 1$，则：

$$(\pi_k^*, \pi_l^*) = \begin{cases} (0, \pi_k + \pi_l), & \text{概率为} \dfrac{\pi_l}{\pi_k + \pi_l} \\ (\pi_k + \pi_l, 0), & \text{概率为} \dfrac{\pi_k}{\pi_k + \pi_l} \end{cases} \tag{2-9}$$

如果$\pi_k + \pi_l \geqslant 1$，则：

$$(\pi_k^*, \pi_l^*) = \begin{cases} (1, \pi_k + \pi_l - 1), & \text{概率为} \dfrac{1 - \pi_l}{2 - \pi_k - \pi_l} \\ (\pi_k + \pi_l - 1, 1), & \text{概率为} \dfrac{1 - \pi_k}{2 - \pi_k - \pi_l} \end{cases} \tag{2-10}$$

2）抽样估计与评价方法

可以建立基于霍维兹-汤普森（Horvitz-Thompson，HT）方法的总体数据估计模型并进行方差估计。

$$\hat{t}_{\text{HT},y} = \sum_{i \in s} \pi_i^{-1} y_i \tag{2-11}$$

$$\hat{V}(t_{\text{HT},y}) = \frac{n}{n-1} \sum_{i \in s} \left(\frac{y_i}{\pi_i} - \frac{1}{n} \sum_{j \in s} \frac{y_i}{\pi_i} \right)^2 \tag{2-12}$$

采用相对误差r来衡量样本外推总体的误差大小，r越大，抽样误差就大，其计算公式为：

$$r = \frac{|\hat{t}_{\text{HT},y} - t_y|}{t_y} \times 100\% \tag{2-13}$$

同时通过变异系数CV评价根据样本推断总体的稳定性，其计算公式为：

$$CV = \frac{\sqrt{\hat{V}(\hat{t}_{\mathrm{HT},y})}}{\hat{t}_{\mathrm{HT},y}} \times 100\% \tag{2-14}$$

2.2　业务规则和空间位置结合的业务数据治理技术

随着数字交通的不断完善，交通运输部门业务系统建设形成海量数据，为综合交通运输规划提供数据支撑。可以以公路超限执法业务为例，建立形成交通运输领域业务数据治理的流程和模型，并进行算例验证。

2.2.1　公路超限执法业务数据概况

全国公路超限治理系统可划分为三级：检测站点信息管理系统、省级综合管理系统和部级综合管理系统。治超检测站点（简称治超站）采集存储了本站点的预检、初检、执法和复检车辆的明细数据。

（1）初检数据。

预检单号、车牌号码、检测时间、轴数、车速、车货总重、轴重1（即称重的第1轴重量，以下类似）、轴重2、轴重3、轴重4、轴重5、轴重6、轴重7、轴重8、超限量、车型代码、车头照片、检测站号、车道号、车牌类型、站点唯一标识、上传标识、处理机构、处理单位、处理时间、处理人员、状态、更新时间、删除标志、视频。

（2）精检数据。

检测单号、货车牌号、车货限重、车辆标记总质量、核定载质量、初检时间、轴数、初检总重、初检轴重1、初检轴重2、初检轴重3、初检轴重4、初检轴重5、初检轴重6、初检轴重7、初检轴重8、超限量、超载量、初检车货总长、初检车货总宽、初检车货总高、超长量、超宽量、超高量、初检车头照片、初检操作员、检测站号、初检车道、复检时间、复检总重、复检轴重1、复检轴重2、复检轴重3、复检轴重4、复检轴重5、复检轴重6、复检轴重7、复检轴重8、已卸载量、复检车货总长、复检车货总宽、复检车货总高、复检车头照片、复检操作员、复检车道。

2.2.2　公路超限执法业务数据治理流程

公路超限治超数据处理流程（图2-2）如下：

（1）判断治超站的类别与位置。按照高速预检和低速精检治超站进行标识，在空间上确认治超站的位置，包括路线、桩号、经纬度等信息。

（2）治超站原始数据汇总成小时数据。将治超站采集的原始记录按照小时进行汇总。

（3）生成治超站交通指标。高速预检治超站形成检测断面货车分轴数的断面流量数据、货车轴数、轴重和车货总重等交通指标；低速精检治超站形成检测断面抽检货车分轴数的断面流量、轴数、轴重和车货总重。

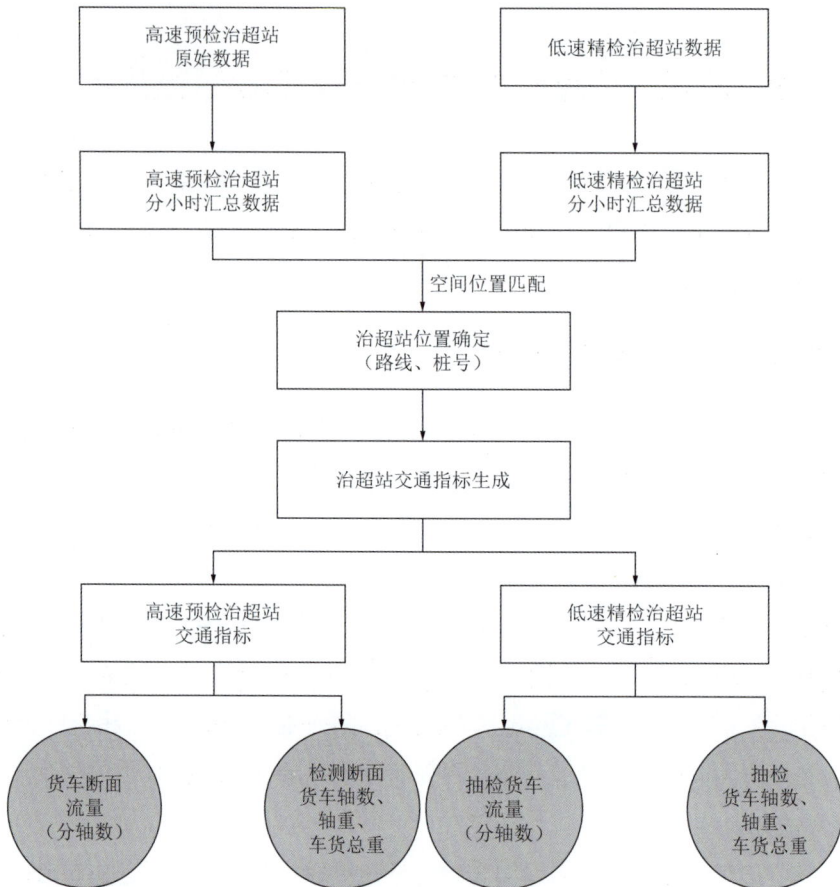

图 2-2 公路超限治超数据处理流程图

2.2.3 考虑业务规则和空间位置的数据治理模型

（1）原始数据。

从治超站检测的原始记录中提取可转换成交通指标的字段。

对于高速预检治超站，主要包括检测站号、路线、初检时间、轴数、初检重量、车货限重、货车牌号、车速等字段。

对于低速精检治超站，主要包括检测站号、路线、初检时间、轴数、初检重量、车货限重、货车牌号、复检重量、超限量、卸载量等字段。

将原始数据以小时为统计周期进行汇总，形成分车道分时间段的汇总数据。

（2）汇总数据。

记治超站 i 车道 j 在时间段 t 的汇总数据为：

$$X = \begin{pmatrix} X_{11} & \cdots & X_{1n} \\ \vdots & \ddots & \vdots \\ X_{51} & \cdots & X_{5n} \end{pmatrix} \tag{2-15}$$

式中，矩阵的行 X_{1j}、X_{2j}、X_{3j}、X_{4j}、X_{5j} 分别表示治超站轴数为 j 的货车的数量、总重、车速、超限量、车牌号，矩阵的列表示轴数，j 的取值一般在 2～6 之间。

则某一个治超站断面的交通指标计算公式如下：

货车断面流量合计 $X_{1\,合计} = \sum\limits_{j=1}^{n} X_{1j}$；

货车总重 $X_{2\,合计} = \sum\limits_{j=1}^{n} X_{2j}$；

货车车速 $X_{3\,合计} = \dfrac{\sum\limits_{j=1}^{n} X_{3j}}{n}$；（仅限于高速预检治超站）

超限量合计 $X_{4\,合计} = \sum\limits_{j=1}^{n} X_{4j}$；

车牌号 $X_{4\,合计} = (a_1, \cdots, a_{31})$；［分别代表 31 个省（区、市）车牌号所属省（区、市）的简写，例如京、津、冀……］

（3）空间位置匹配。

确认治超站所在的路线、桩号和经纬度信息。由于目前治超信息系统中只有路线信息，因此需要人工确认桩号和经纬度信息。

（4）统计数据。

根据 t 时段的汇总数据可生成按日统计的数据。在此时段以小时为最小单位进行统计。货车断面流量、货车总重、超限量、车牌号 4 项指标进行求和，车速求算数平均，形成交通量数据。

2.2.4　计算实例

以某年某市某具体站点超限执法数据为例。

（1）原始数据。

从治超系统中导出包括车籍、轴数、限重、治超站编号、日期、车道号、车货总重、轴重 1、轴重 2、轴重 3、轴重 4、轴重 5、轴重 6 字段的数据，原始数据样式如表 2-1 所示。

（2）汇总数据。

按照小时生成汇总数据。

（3）空间位置匹配。

由于治超站信息表中没有桩号和经纬度等空间信息，需要人工进行确认。

（4）统计数据。

按照日生成统计数据，如表 2-2 所示。

（5）交通组成数据。

按照车籍和轴数等分析交通组成情况，如图 2-3 所示。

业务系统原始数据

表 2-1

车牌号码	轴数	限重（t）	治超站编号	车道号	车货总重（t）	轴重 1（t）	轴重 2（t）	轴重 3（t）	轴重 4（t）	轴重 5（t）	轴重 6（t）
（略）	6	55000	（略）	3	54960	4620	4840	15540	5960	8700	15300
（略）	6	55000	（略）	3	55800	5200	10540	9580	10980	8900	10600
（略）	6	55000	（略）	3	55400	4120	4760	13980	9940	9180	13420
（略）	6	55000	（略）	3	55120	4780	4660	13560	10180	9460	12480
（略）	6	55000	（略）	2	55660	5000	5560	16900	9840	9020	9340
（略）	6	55000	（略）	2	54700	4720	4640	16200	9720	9700	9720
（略）	6	55000	（略）	2	52420	3920	4540	16400	9280	9060	9220
（略）	6	55000	（略）	2	50400	5400	7500	8240	10020	7800	11440
（略）	6	55000	（略）	3	52740	4040	5260	13880	11100	9320	9140
（略）	6	55000	（略）	1	55540	4740	9940	9900	9380	10360	11220
（略）	6	55000	（略）	3	55260	4100	4740	14320	9560	9480	13060
（略）	6	55000	（略）	1	54400	4480	4720	14380	10280	9020	11520
（略）	2	20000	（略）	1	8120	2800	5320	0	0	0	0
（略）	6	55000	（略）	1	55020	4800	5140	13880	9380	9900	11920
（略）	6	55000	（略）	1	55100	4380	4900	16800	5760	8600	14660
（略）	6	55000	（略）	1	53040	5860	3060	16480	6040	9080	12520
（略）	6	55000	（略）	1	54320	4360	4840	14780	8840	9740	11760
（略）	6	55000	（略）	1	54320	4540	4760	15600	9040	9280	11100
（略）	6	55000	（略）	1	52560	6360	8980	8780	8060	9420	10960
（略）	6	55000	（略）	1	53420	5220	4480	13740	9100	9680	11200
……	……	……	……	……	……	……	……	……	……	……	……

检测站号	路线	轴总数（轴）	轴数			
（略）	（略）	270	2轴			
			流量（辆）	轴重（t）	车牌号	
			1	8120	冀-1	
			4轴			
			流量（辆）	轴重（t）	车牌号	
			1	39080	冀-1	
			6轴			
			流量（辆）	轴重（t）	车牌号	
			44	2396200	黑-1，冀-31，津-3，鲁-3，蒙 5，豫-1	
			车货总重（t）		超限量	
			2443400		0	

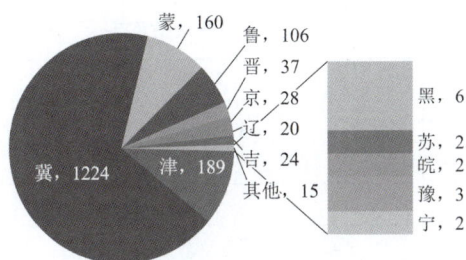

a) 按车籍分（单位：辆）

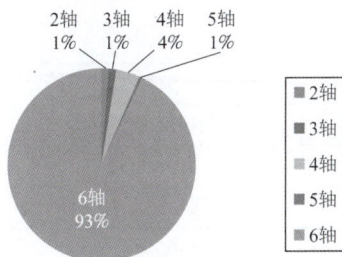

b) 按轴数分

图 2-3　交通组成分析

2.3　基于交通网络模型的企业数据治理技术

　　企业数据是综合交通运输规划中时序数据的重要来源。以高速公路运营单位的收费数据为例，可以提出基于交通网络模型的数据治理技术。

2.3.1　高速公路收费数据概况

　　高速公路联网收费系统中数据字段较多，一般包括通行信息、收费信息、车辆特性信息、设备信息等。出口收费数据记录表相对于入口收费数据记录表来说信息较为丰富。

1）出口收费数据内容

（1）系统及卡信息：卡网络编号、卡内部编号、卡物理序号、卡使用计数、卡盒编码、程序版本号。

（2）通行信息：入口网络编号、入口站编号、入口车道编号、入口日期及时间、出口站编号、出口车道编号、出口日期及时间、标识站、流水号。

（3）计重信息：总轴数、轴型、轴重、轴超限值、总重、总超限值、超载率。

（4）收费信息：交易状态、总费额、超限费额、付费方式、免费车种类。

（5）车辆特征信息：入口车型、入口车种、入口车牌号码、出口车型、出口车牌号码。

（6）收费人员信息、设备信息等其他信息。

2）电子不停车收费（Electronic Toll Collection，ETC）门架通行数据内容

ETC门架通行流水数据见表2-3。

ETC门架通行流水数据表　　　　　　　　　　　　　　　表2-3

序号	类别	字段名称	数据类型
1	通行介质信息	通行标识ID	字符串
2		通行介质编码	字符串
3		通行介质类型	分类数据
4		车载单元（OBU）序号编码	字符串
5	门架及通行信息	收费门架编号	字符串
6		收费门架HEX字符串	字符串
7		收费门架名称	字符串
8		收费单元编码组合	字符串
9		通过时间	日期，时间
10		桩号	字符串
11		经度	数值型数据
12		纬度	数值型数据
13		收费门架类型	分类数据
14		行驶方向	分类数据
15		对向门架HEX值	字符串
16		上一个门架的HEX字符串	字符串
17		通过上一个门架的时间	日期，时间
18	车辆信息	计费车辆车牌号	字符串
19		识别车辆车牌号	字符串
20		计费车型代码	分类数据
21		计费车种代码	分类数据
22		车轴数	数值型数据
23		车辆座位数或载重	数值型数据
24		车辆速度	数值型数据

2.3.2　高速公路出口收费数据治理流程

以高速公路联网出口收费数据为例，提出了高速公路出口收费数据治理流程（图 2-4）。

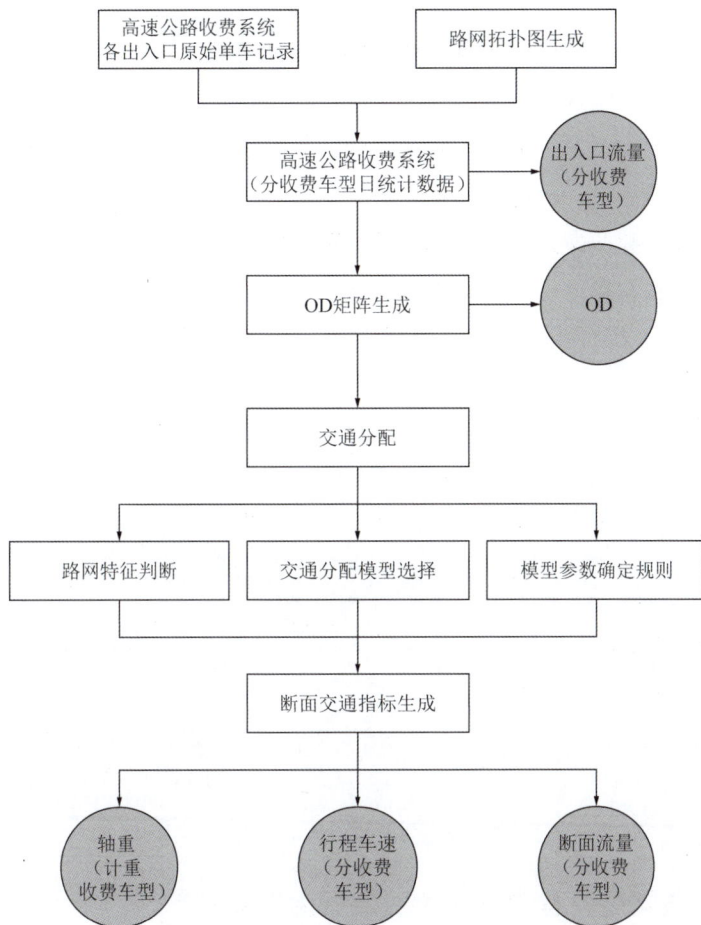

图 2-4　高速公路收费数据处理流程图

（1）构建路网拓扑图。以高速公路收费站和互通立交作为节点，形成路网拓扑图，确定两个节点之间的距离、单位里程收费标准、设计速度、车道数等基本信息。

（2）整理高速公路收费系统获取的各出入口原始单车通行记录，形成按日统计的分收费车型的统计数据，并与路网拓扑图进行匹配。在此，需要给出跨日记录的处理规则。通过本步骤可形成分收费车型的出入口流量数据。

（3）生成 OD 矩阵，确定各 OD 点的交通量。通过本步骤可形成路网的 OD。

（4）交通分配。根据路网特征选择交通分配模型，给出交通分配模型中相关参数的确定规则，完成交通分配，计算断面交通指标，形成分收费车型的断面流量、行程车速，对于计重收费的路网可形成轴重。

上述过程的关键点在于交通分配模型的选择和参数确定规则。

2.3.3 普通公路收费数据治理流程

考虑到部分普通公路建有收费系统，在高速公路收费数据基础上，完善数据治理流程（图2-5）。

（1）判断普通公路收费站的位置。在空间上确认普通公路收费站的位置，包括路线、桩号、经纬度等信息。

（2）普通公路收费站原始数据汇总成小时数据。将普通公路收费站采集的原始记录进行去噪预处理，按照小时、日进行汇总。

（3）生成普通公路收费站交通指标。普通公路收费站形成收费断面分车型的断面流量数据、轴数、轴重和车货总重等交通指标。

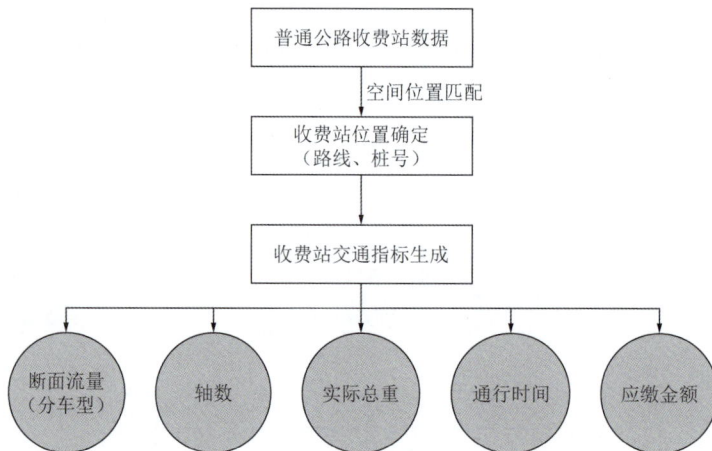

图2-5　普通公路收费数据处理流程图

2.3.4 基于交通网络模型的公路收费数据治理技术

将树状路网结构和网状路网结构相结合，可以建立公路收费数据治理模型。

1）树状路网模型算法

（1）构建路网拓扑模型。

考虑共有n个节点的树状结构图所描述的高速公路，则车辆共有C_n^2种可能的行驶路径，又考虑在这n个节点中，有a个节点为非匝道出入口节点，而在这a个节点处是不能执行车辆的收费操作的，这样任意两个同为匝道口的节点之间可以组成一条车辆行驶的路径。所以，对于车辆来说，可以驶入（出）即执行收费操作的路径共有C_{n-a}^2条，将这些路径编号为1、2、…、C_{n-a}^2（编号为i的路径也简称第i路径）。

下面引入路径-节点矩阵$\boldsymbol{G}$和路径-路段矩阵$\boldsymbol{H}$的概念。连接矩阵$\boldsymbol{P}$和属性矩阵$\boldsymbol{R}$完全描述了高速公路的物理结构，所以根据属性矩阵$\boldsymbol{R}$可以从$\boldsymbol{P}$中分离出$n-a$个匝道口节点，然后进行组合，并得到C_{n-a}^2种组合结果排列在一个$C_{n-a}^2 \times 2$的矩阵$\boldsymbol{G}$中。该矩阵$\boldsymbol{G}$即为路径-节点矩阵，它由**P**和**R**导出的过程可以用函数E来描述：

$$G = E(P, R) = [g_{ij}], \quad i = 1, 2, \cdots, C_{n-a}^2; j = 1, 2 \qquad (2\text{-}16)$$

这里定义的矩阵**G**是用来描述路径和匝道出入口节点之间的关系，因而每一个行向量g_i中的两个元素g_{i1}和g_{i2}分别代表第i路径两个端点的节点号。因此，这两个节点必然是匝道口节点，且矩阵**G**中不包含非匝道出入口节点编号。

（2）统计日收费数据，形成 OD 表。

将高速公路联网收费系统获取的各出入口原始单车通行记录进行整理，形成按日统计的分收费车型、分出入口的统计数据（表 2-4）。实际情况中存在部分车辆出入高速公路跨日的情况，针对这类不在同一日出入收费站的单车记录进行处理，在 18 时前进入高速公路的车辆计入当天日统计表，在 18 时后进入高速公路的车辆计入第 2 日统计表。

收费系统单车记录交通数据字段　　表 2-4

序号	字段名称	字段说明
1	入口网络编号	入口所在的该省联网收费系统中的收费网络编号
2	入口站编号	入口站在所属收费网络中的编号
3	入口日期及时间	车辆通过入口收费站时的日期及时间
4	出口网络编号	出口所在的该省联网收费系统中的收费网络编号
5	出口站编号	出口站在所属收费网络中的编号
6	出口日期及时间	车辆通过出口收费站时的日期及时间
7	车牌号	通行车辆的车辆牌照号
8	车型代码	依据本省的高速公路收费车型划分标准划分的收费车型代码
9	车种代码	客货车标志
10	里程	入口站与出口站之间的里程
11	总轴数	车辆的总轴数，各轴组的轴数之和
12	轴型代码	车辆各轴组的轴型代码
13	车货总重	由称重系统得到的车货总重

通过读取每条单车记录，根据出入口站编号统计某收费车站 24h 内出入口的 OD 量。针对某种收费车型的 24h 数据统计表样式如表 2-5 所示。

24h 某收费车型数据统计表　　表 2-5

出入口	出入口 A	出入口 B	……
出入口 A	—	×××	……
出入口 B	×××	—	……
……	……	……	……

目前，我国的公路收费车型依照轴数等参数分为 10 类（客车 4 类、货车 6 类）。公路交通情况调查划分车型的主要目的是反映交通量的特性，根据汽车的承载能力、轴数和轮数划分为中小客车、大客车、小型货车、中型货车、大货车、特大货车和集装箱车等 7 个类别。因此，从高速公路收费系统得到的车辆数据不能按照公路交通情况调查车型的标准直接利用转换[46]。为了统一按照公路交通情况调查的有关标准开展工作，可以考虑以下两种方式进行车型转换：

①参考近期在某个断面的一类交通调查站的调查数据，对比调查当天邻近收费站的数据记录，近似得到各种车型在这 7 类车型中的比例。

②若没有近期的调查数据，可咨询收费管理人员的意见，选择高速公路某一个收费站的高峰小时进行一个简短的补充调查，然后根据调查当天收费系统的数据记录，近似得到各种车型在这 7 类车型中的比例。

经过以上简单处理，可从高速公路收费系统数据中得到分车型在高速公路出入口之间的 OD 表。

（3）交通分配方法。

针对树状路网结构特点，利用最短路径分配法将某车型 OD 表中每条数据匹配到各个单元路段上，并对流量进行标记，对各个路段上的流量进行汇总，从而计算得到各个区间路段上的某种车型的流量。最后，可以根据数据分析的需求进行分车型的路段流量统计。

Dijkstra 算法是经典的最短路径算法，该算法的主要思想是从节点开始寻找每个节点到相邻节点的最短路径，通过层层迭代，推出从起点到讫点的最优路径。

Dijkstra 算法的基本思路是：假设每个点都有一对标号（d_j，p_j），其中d_j是从起源点s到点j的最短路径的长度（从顶点到其本身的最短路径是零路，即没有弧的路，其长度等于 0）；p_j则是从s到j的最短路径中j点的前一点。求解从起源点s到点j的最短路径算法的基本过程如下：

①初始化。起源点设置为：$d_s = 0$，p_s为空；所有其他点：$d_i = \infty$，p_i为未知；标记起源点s，记$k = s$，其他所有点设为未标记的。

②检验从所有已标记的点k到其直接连接的未标记的点j的距离，并设置：

$$d_j = \min[d_j, d_k + l_{kj}] \tag{2-17}$$

式中：l_{kj}——从点k到j的直接连接距离。

③选取下一个点。从所有未标记的结点中，选取d_j中最小的一个i：

$$d_i = \min[d_j, \text{所有未标记的点} j] \tag{2-18}$$

点i就被选为最短路径中的一点，并设为已标记的。

找到点i的前一点。从已标记的点中找到直接连接到点i的点j^*，作为前一点，设置：$i = j^*$。

④标记点i。如果所有点已标记，则算法完全退出，否则，记$k = i$，转到步骤②再继续。

在实现过程中，使用邻接矩阵储存各点间的距离，然后用动态表来储存每一次迭代过程中产生的结果。具体算法的实现流程如图 2-6 所示。

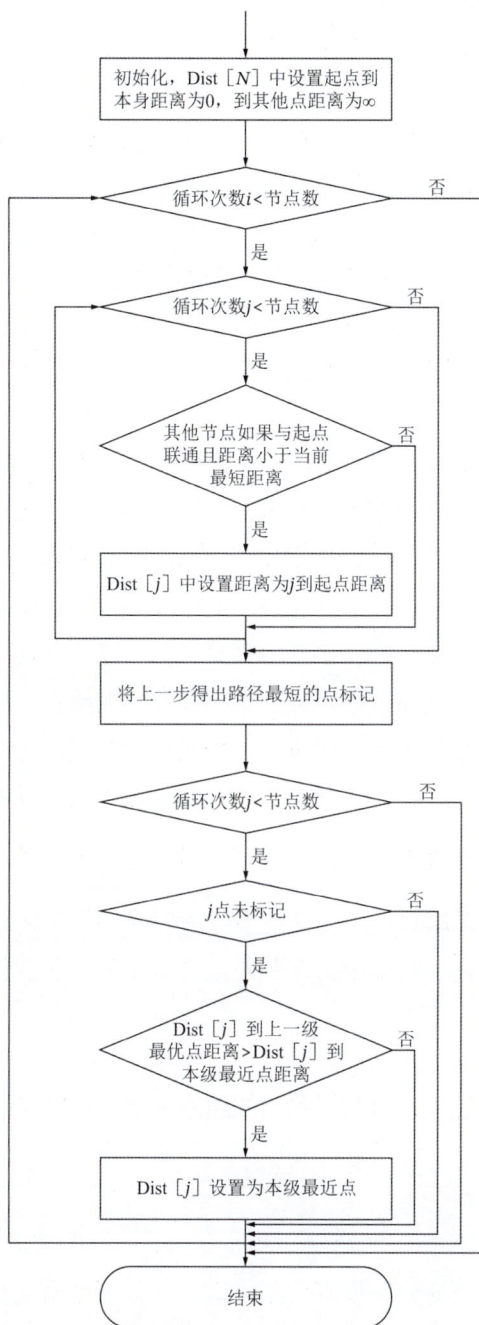

初始化，Dist［N］中设置起点到
本身距离为0，到其他点距离为∞

循环次数i＜节点数　　否

是

循环次数j＜节点数　　否

是

其他节点如果与起点
联通且距离小于当前
最短距离　　否

是

Dist［j］中设置距离为j到起点距离

将上一步得出路径最短的点标记

循环次数j＜节点数　　否

是

j点未标记　　否

是

Dist［j］到上一级
最优点距离＞Dist［j］到
本级最近点距离　　否

是

Dist［j］设置为本级最近点

结束

图 2-6　Dijkstra 算法实现流程图

下一步，为了计算路网所有单元路段的流量，对于同一时间段内有相同起点的流量数据，本次计算以数据的不同起点作为源点，带入模型迭代进行计算，直到得出起点到其他任意点之间的距离，然后代入数据的不同的终点，倒推得出数据经过的所有单元路段并累加单元路段的流量。

需要注意的是，对应一个断面的路段共有两个，分别为上行路段和下行路段。两者的合计值才是路段区间的断面交通量。

2）网状路网模型算法

考虑到人们一般的心理并结合大量数据统计的结果，具体的拆分方法应贯彻"抓大顾小"的原则，即在不新增加土建设施的条件下，采取"最短路径为主体、多路径概率分配为补充"的方法。"抓大"是指以路网中大部分驾驶员选择的最短路径作为拆分方法的主要依据。"顾小"是指仅对一小部分出、入收费站间形成的通行量，采取概率拆分的方法在多条路径间进行分配，这些出、入收费站间均符合共同的特征，即存在一条或更多条路径，其里程与最短路径里程相差不大，可以采用标识站或者利用多路径概率分配的方法，确定 O 点和 D 点之间车辆走最短路径和其他路径的比率，以确保多路径分配的相对合理。

（1）构建路网拓扑模型。

在实际路网中，对于某一个地区的高速公路结构图，不可能出现全部结构图是连通图的情况，只可能在结构图中的一部分出现多路径连通的情况，其他部分仍然保持单路径（树状结构），这种情况下的高速公路结构图为部分连通图，如图 2-7 所示。

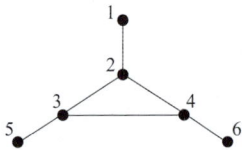

考虑在部分连通图的 n 个节点中，有 a 个节点为非匝道出入口节点，有 $n-a$ 个节点为匝道出入口节点，这样任意两个同为匝道口的节点之间可以组成一条车辆行驶的路径。所以，对于车辆来说，可以驶入（出）即执行收费操作的路径共有 C_{n-a}^2 条，将这些路径编号为 1、2、…、C_{n-a}^2。与树状结构不同的是在多路径图中，每个入口

图 2-7 部分连通图

收费站 O 出口收费站 D 之间的 OD 点对的路径最多有 $\sum_{i=0}^{n-2} P_{n-2}^i$ 条，将其中的最短路径记为 1、2、…、C_{n-a}^2 条路径。对应每一个 OD 点对，一定时期内车辆通过此 OD 点对之间最短路径和其他路径数量的比率，需要根据在路段上设置车辆检测器作为标识站或者利用布瑞尔交通分配方法来判断。

（2）统计日收费数据，形成 OD 表。

网状结构路网的数据统计过程与树状结构路网一致，最终形成分车型在高速公路出入口之间的 OD 表。

（3）交通分配方法。

①标识站法。

在实际路网中，由于高速公路投资费用极高，一般不会出现相邻收费站间有两条或以上的路段直接相连的情况，路网中的环路都是间接环路，路网的结构图一般都是简单图。间接环网指两个相邻节点间直接相连的路段只有一条，但不相邻的节点间存在多条路径，如图 2-8 所示。

树的性质决定了树状路网是否需要进行路径识别，如果能把一个环变成一棵树，那么图中的路径也就唯一确定了，可以采用图的支撑树理论来确定路网中标识站的位置和数量，并证明路径可唯一标定。

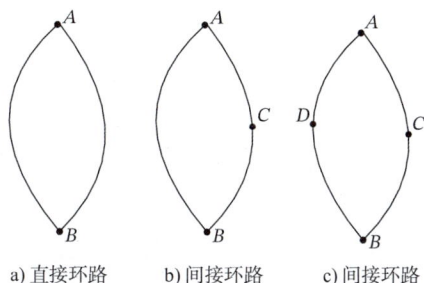

a) 直接环路　　　　b) 间接环路　　　　c) 间接环路

图 2-8　不同路段的连接情况示意图

如图 2-9 所示，节点表示各个站点，节点中的数字表示站点的编号，各边的权值表示两站点间的路径长度。

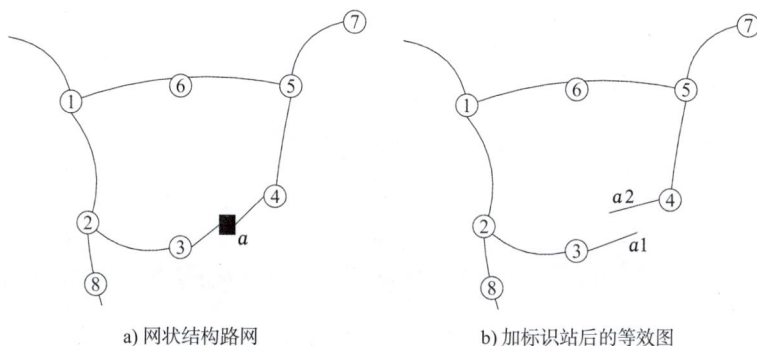

a) 网状结构路网　　　　　　　　b) 加标识站后的等效图

图 2-9　加标识站的路径识别示意图

以标识站为分界点，将原边分开为两条不连通的边，则网状结构转化为等效的树状结构，如图 2-9b）。以节点 7、8 间的路径为例：若路径不经过标识站，则其所有组成路段都分布在支撑树上，如路径(7,8)，显然是唯一的；若路径经过某标识站，则将其分解，如$(7,a,8) \rightarrow (7,a2) + (a1,8)$，因为这两条子路径是唯一的，且这 2 条子路径在组成路径的过程中的排列顺序也是唯一的，所以$(7,a,8)$唯一地标识了起点 7 与终点 8 之间的一条路径。所以，根据起点、终点和适量的标识点信息，任意路径在路网中都可被唯一确定。

对于有n个节点、s条边的网状路网，若要其实现路径识别，需加入的标识点数目z为：

$$z = s - n + 1.$$

车辆通过该站点时，实施路径标识，即在车辆携带的通行卡/电子标签/非现金支付卡等通行凭证上写入必要的信息进行标识，通过入口、出口、路段三种信息准确地实现日交通量的统计。

②多路径概率分配。

多路径概率分配的流程如图 2-10 所示，基本思想是认为能够拟合实际路段交通量的路径分配概率是路网中最可能的车辆出行路径选择概率，其核心是通过对选择概率调整的方法，使得模拟的路段交通量与调查交通量相吻合，以实现环状结构路网的路径识别。概率选择的标定可以通过布瑞尔交通分配模型来计算。

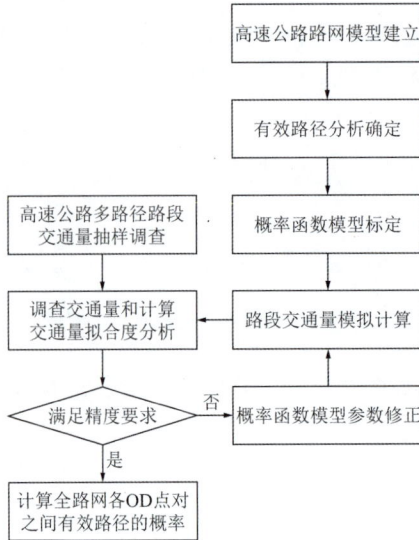

图 2-10　基于概率分析的路径识别方法流程

根据布瑞尔概率分配，也称 Logit 模型，考虑驾驶员的路径选择影响因素，路径 k 被选择的概率为：

$$P(k) = \mathrm{e}^{-\theta^{H_k}} \Big/ \sum_{i=1}^{n} \mathrm{e}^{(-\theta^{H_i})}, \quad 1 \leqslant k \leqslant n \tag{2-19}$$

式中：$P(k)$——选择路径 k 的概率；

$\quad\quad H_k$——路径 k 上与驾驶员路径选择行为特性相关的阻抗；

$\quad\quad \theta$——交通转换参数，一般在 0.2～0.3 之间；

$\quad\quad n$——为起点与终点之间可行路径数。

布瑞尔交通分配模型求路径选择概率时要把多路径点对间所有路径都找出来，当节点比较多时，可以预见路网两端节点间的多路径数量将会很庞大，这其实是一项非常困难的工作，并且在所有的多路径中有些还可能不是合理多路径。在改进的模型中，充分考虑到合理多路径的概念，通过引进量化指标临界绝对值 Δ，对有效路径及有效路段进行了重新定义。临界绝对值 Δ 定义为所选路径的里程与最短路径的里程的相对值。

3）行程时间数据治理

行程时间数据治理主要包括异常数据剔除、分布类型拟合、行程车速计算等，以提高收费数据治理的质量。

（1）异常数据剔除。

判断数据为异常值的简便方法是：针对 24h 收费站某车型同行驶路径 OD 统计表，凡是落在表达式 G 间之外的数据皆判断为异常值。区间的上、下限分别为数据的上、下截断点，该方法可称为四分位法。

$$G = [M_{0.25} - 1.5R, M_{0.75} + 1.5R] \tag{2-20}$$

$$R = M_{0.75} - M_{0.25} \tag{2-21}$$

以上两式中，G 表示有效数据区间，$M_{0.75}$、$M_{0.25}$ 分别为上、下四分位值，R 表示四分位极差。

（2）分布类型拟合。

非拥挤状态下的行程时间分布一般可以用正态分布拟合，拥挤状态下符合对数正态分布。我们利用正态分布处理通畅条件下的行程时间数据。根据行程时间的正态分布特性，可以得到行程时间均值 μ：

$$\mu = M_{0.5} \tag{2-22}$$

（3）行程车速计算。

由于这些 OD 具有相同的行驶路径，可以得到 O 点收费站到 D 点收费站的准确距离 s。则 O 点到 D 点的行程车速：

$$\upsilon = s/\mu \tag{2-23}$$

对于相同的 O 点到 D 点，不同的行驶路径会得到不同的行程车速，对于任一路段，可以认为该区间的行程车速为不同行驶路径下行程车速的平均值。

2.3.5　计算实例

以某年某省高速公路收费数据为例，进行高速公路收费数据治理的计算和验证。

1）原始数据

出入口收费站原始单车通行记录数据，包括入口时间、入口站、出口时间、出口站、出口车道号、出口车型、付款方式、客车货车、检测重量、检测轴数、车牌等。

2）路网拓扑图

第一，定义高速公路流量变化节点；第二，对每一个节点都进行编号；第三，确定任意两个节点之间的距离、单位里程收费标准、设计速度、车道数等基本信息，得到网状结构图，如图 2-12 所示。

3）OD 矩阵

选取原始数据，对原始单车通行记录数据进行处理，得到路网当日的 OD 点交通量矩阵。

4）交通分配

（1）根据某省高速公路路网的网状结构图，计算相邻两个站点之间的里程距离。

（2）按最短距离计算任意两个站点编号之间的里程距离。

（3）形成站点之间的 288×288 里程矩阵。

（4）按照 Dijkstra 矩阵算法进行计算，得到不同收费出入口对之间的路径，并标记在路径中每相邻两个路段中。

（5）所有路径全部标记完成后（分车型记录），倒推得出每条路径经过的所有单元路段并累加单元路段的流量。

（6）汇总各个路段上的双方向流量，从而计算得到各个区间路段上的某种车型的流量。

（7）计算得到全路网的交通量断面流量，结果如表 2-6 和表 2-7 所示。

表 2-6

OD 交通量分车型表（单位：辆）

PLAZ_NO（收费站编号）	TOTAL（总数）	KC（客车）	HC（货车）	KC1（客车1）	KC2（客车2）	KC3（客车3）	KC4（客车4）	KC5（客车5）	HC1（货车1）	HC2（货车2）	HC3（货车3）	HC4（货车4）	HC5（货车5）
0128（略）	57925	42946	14979	41187	631	478	650	0	2944	2625	1113	3568	4729
0129（略）	59063	43484	15579	41827	661	402	594	0	3398	2735	1128	3426	4892
0130（略）	58032	42988	15044	41211	631	488	658	0	2892	2549	1124	3672	4807
0131（略）	58646	44010	14636	42203	625	506	676	0	2827	2436	1106	3602	4665
0132（略）	54614	40140	14474	38495	613	426	606	0	2598	2423	1126	3622	4705
0133（略）	50224	36004	14220	34463	553	396	592	0	2472	2334	1104	3626	4684
0134（略）	47118	31827	15291	30330	497	390	610	0	2529	2408	1171	3985	5198
0135（略）	51374	35299	16075	33740	537	406	616	0	2653	2498	1177	4449	5298
0136（略）	43924	27803	16121	26450	463	334	554	2	2309	2347	1134	4586	5745
0137（略）	43946	27497	16449	26220	439	312	524	2	2394	2436	1146	4700	5773
0138（略）	46322	28613	17709	27268	443	348	552	2	2572	2818	1231	5011	6077
0139（略）	49569	30166	19403	28807	471	354	532	2	2945	2960	1297	5085	7116
0140（略）	40053	22651	17402	21604	349	274	422	2	2327	2337	1160	5285	6293
0141（略）	52230	31469	20761	29920	449	420	674	6	2958	2793	1360	5529	8121
0142（略）	52688	31940	20748	30411	453	426	644	6	3022	2835	1320	5691	7880
0143（略）	54828	34153	20675	32610	459	386	692	6	3062	2794	1324	5644	7851
0144（略）	52307	33118	19189	31729	423	344	616	6	2806	2368	1130	5315	7570
0145（略）	52290	32912	19378	31539	401	348	618	6	2671	2352	1131	5437	7787
0146（略）	32493	20582	11911	19525	245	302	504	6	1703	1979	1052	1266	5911
0147（略）	31468	19692	11776	18653	233	306	494	6	1576	1973	1046	1258	5923

续上表

PLAZ_NO（收费站编号）	TOTAL（总数）	KC（客车）	HC（货车）	KC1（客车1）	KC2（客车2）	KC3（客车3）	KC4（客车4）	KC5（客车5）	HC1（货车1）	HC2（货车2）	HC3（货车3）	HC4（货车4）	HC5（货车5）
0148（略）	30526	18875	11651	17820	215	318	516	6	1519	1930	1034	1263	5905
0149（略）	29984	19519	10465	18482	219	316	496	6	1444	1619	890	1183	5329
0150（略）	30133	19903	10230	18844	229	326	500	4	1456	1527	894	1181	5172
0151（略）	29730	19811	9919	18796	193	318	500	4	1389	1425	865	1136	5104
0152（略）	36388	25777	10611	24702	231	316	524	4	1714	1649	905	1246	5097
0153（略）	40759	28823	11936	27496	255	380	692	0	2153	1996	942	1370	5475
0154（略）	48664	35369	13295	33816	397	408	748	0	2930	2392	1026	1348	5599
0155（略）	66284	50495	15789	48462	567	514	952	0	4324	3055	1120	1466	5824
0156（略）	75467	57761	17706	55490	669	528	1070	4	5334	3542	1221	1557	6052
0157（略）	84127	69842	14285	67382	750	564	1142	4	5620	3489	881	363	3932
0158（略）	67655	60991	6664	59077	622	412	876	4	3263	1674	395	152	1180
0167（略）	18296	11347	6949	11058	131	92	66	0	1499	954	536	1328	2632
0168（略）	17604	11093	6511	10812	135	88	58	0	1136	915	529	1478	2453
0169（略）	16540	10690	5850	10408	124	104	54	0	973	649	469	1873	1886
0171（略）	24826	15651	9175	15327	228	42	54	0	3212	2210	673	397	2683
0172（略）	15114	10353	4761	10131	156	32	34	0	1747	1125	371	124	1394
0173（略）	10271	7043	3228	6899	108	16	20	0	1125	709	248	74	1072
0174（略）	8341	5705	2636	5607	78	10	10	0	840	523	214	70	989
0175（略）	5800	3911	1889	3849	54	8	0	0	523	347	174	52	793
0176（略）	3703	2372	1331	2338	26	8	0	0	295	228	151	24	633

续上表

PLAZ_NO (收费站编号)	TOTAL (总数)	KC (客车)	HC (货车)	KC1 (客车1)	KC2 (客车2)	KC3 (客车3)	KC4 (客车4)	KC5 (客车5)	HC1 (货车1)	HC2 (货车2)	HC3 (货车3)	HC4 (货车4)	HC5 (货车5)
0177 (略)	3365	2700	665	2596	42	14	48	0	290	185	46	12	132
0178 (略)	4770	3802	968	3668	60	18	56	0	430	274	70	24	170
0179 (略)	6867	5430	1437	5248	104	24	54	0	676	442	85	28	206
0180 (略)	7663	5976	1687	5790	106	26	54	0	767	496	90	30	304
0181 (略)	8357	6372	1985	6160	130	32	50	0	811	550	103	32	489
0182 (略)	4563	3324	1239	3276	28	8	12	0	542	376	50	19	252
0183 (略)	3560	2594	966	2550	24	8	12	0	433	285	38	13	197
0184 (略)	3543	2648	895	2604	22	10	12	0	419	269	36	7	164
0185 (略)	3620	2794	826	2742	22	10	20	0	398	253	34	7	134
0186 (略)	2851	2188	663	2148	22	10	8	0	237	176	60	60	130
0223 (略)	42442	23002	19440	22054	340	288	318	2	1568	1888	1737	2667	11580
0224 (略)	42811	22963	19848	21965	338	304	354	2	1577	1896	1763	2719	11893
0226 (略)	41253	22180	19073	21246	308	274	350	2	1551	1707	1704	2441	11670
0227 (略)	40869	21417	19452	20481	314	276	344	2	1647	1747	1718	2546	11794
0228 (略)	40987	21272	19715	20334	338	278	320	2	1746	1827	1722	2562	11858
0229 (略)	39967	20733	19234	19839	286	284	322	2	1649	1722	1706	2428	11729
0230 (略)	29201	11862	17339	11288	184	210	180	0	995	1317	1600	2248	11179
0231 (略)	25556	8720	16836	8250	156	182	132	0	723	1189	1594	2246	11084
0232 (略)	27382	9311	18071	8841	180	156	132	2	713	1210	1757	2512	11879
0233 (略)	1458	598	860	572	24	0	2	0	144	218	97	120	281

续上表

PLAZ_NO (收费站编号)	TOTAL (总数)	KC (客车)	HC (货车)	KC1 (客车1)	KC2 (客车2)	KC3 (客车3)	KC4 (客车4)	KC5 (客车5)	HC1 (货车1)	HC2 (货车2)	HC3 (货车3)	HC4 (货车4)	HC5 (货车5)
0234（略）	3228	2520	708	2360	56	30	74	0	222	141	37	44	264
0235（略）	2974	2374	600	2234	40	32	68	0	181	114	35	28	242
0236（略）	2446	1946	500	1888	32	16	10	0	139	81	26	24	230
0237（略）	1355	998	357	962	14	16	6	0	82	66	17	8	184
0238（略）	1142	894	248	868	10	14	2	0	66	55	17	4	106
0438（略）	41634	23027	18607	22031	372	326	290	8	1419	1347	1777	483	13581
0439（略）	42530	23319	19211	22271	382	342	316	8	1515	1433	1853	507	13903
0440（略）	42765	23217	19548	22133	390	358	328	8	1520	1460	1899	541	14128
0441（略）	43762	23683	20079	22447	414	398	416	8	1542	1514	2006	543	14474
0442（略）	46227	24517	21710	23223	422	430	430	12	1724	1725	2138	547	15576
0443（略）	51292	25878	25414	24378	510	498	476	16	2017	2092	2347	643	18315
0444（略）	50668	24630	26038	23148	500	486	474	22	1964	2144	2437	679	18814
0445（略）	49595	22856	26739	21466	454	488	426	22	1775	2296	2628	697	19343
0446（略）	58091	25569	32522	23665	532	660	698	14	2147	2575	2714	805	24281
0447（略）	58291	25855	32436	23919	548	672	702	14	2206	2606	2688	803	24133
0448（略）	59121	23924	35197	22082	520	652	656	14	2099	2501	2733	831	27033
0449（略）	57231	22400	34831	20866	458	616	446	14	1999	2367	2728	1086	26651
0450（略）	55134	20958	34176	19490	444	580	428	16	1976	2373	2759	830	26238
0451（略）	56676	21168	35508	19786	450	538	380	14	2039	2926	3036	822	26685
0452（略）	55886	20658	35228	19310	432	530	372	14	1933	2858	3027	820	26590

续上表

PLAZ_NO (收费站编号)	TOTAL (总数)	KC (客车)	HC (货车)	KC1 (客车1)	KC2 (客车2)	KC3 (客车3)	KC4 (客车4)	KC5 (客车5)	HC1 (货车1)	HC2 (货车2)	HC3 (货车3)	HC4 (货车4)	HC5 (货车5)
0453 （略）	51809	17764	34045	16480	386	528	356	14	1717	2559	2811	792	26166
0454 （略）	49434	16638	32796	15418	376	508	322	14	1509	2173	2593	732	25789
0455 （略）	50379	17340	33039	16100	388	510	328	14	1549	2173	2643	733	25941
0456 （略）	46825	15220	31605	14046	352	488	320	14	1386	1792	2486	709	25232
0457 （略）	47450	16552	30898	14826	450	458	344	474	1279	1705	2384	657	24873
0458 （略）	2288	1992	296	1328	116	48	40	460	16	35	17	8	220
0459 （略）	27052	16563	10489	15713	240	256	348	6	1507	1354	532	255	6841
0460 （略）	23661	13927	9734	13061	232	258	370	6	1440	1291	499	238	6266
0461 （略）	23339	13226	10113	12366	284	234	338	4	1535	1385	539	348	6306
0462 （略）	14607	8322	6285	7768	134	152	264	4	943	779	389	324	3850
0463 （略）	11838	7008	4830	6518	100	142	244	4	725	595	320	206	2984
0464 （略）	11304	6342	4962	5948	186	102	106	0	952	863	219	110	2818
0465 （略）	11895	6974	4921	6582	192	104	96	0	943	921	227	128	2702
0466 （略）	10918	6394	4524	6058	174	88	74	0	781	859	206	126	2552
0467 （略）	12738	7993	4745	7671	128	128	66	0	657	408	142	54	3484
0468 （略）	9632	5340	4292	5124	88	94	34	0	495	313	110	50	3324
0469 （略）	9648	5450	4198	5230	88	94	38	0	490	284	109	50	3265
0470 （略）	9777	5670	4107	5446	92	92	40	0	492	280	111	40	3184
0471 （略）	9626	5598	4028	5378	92	92	36	0	466	272	113	42	3135
0472 （略）	6905	3078	3827	2932	56	62	28	0	370	262	113	34	3048

续上表

PLAZ NO（收费站编号）	TOTAL（总数）	KC（客车）	HC（货车）	KC1（客车1）	KC2（客车2）	KC3（客车3）	KC4（客车4）	KC5（客车5）	HC1（货车1）	HC2（货车2）	HC3（货车3）	HC4（货车4）	HC5（货车5）
0473（略）	12512	7960	4552	7500	120	104	236	0	767	560	197	369	2659
0474（略）	11146	7108	4038	6700	96	88	224	0	601	482	162	359	2434
0475（略）	11081	6928	4153	6516	96	88	228	0	593	516	145	365	2534
0476（略）	12642	7966	4676	7564	120	104	178	0	632	674	145	401	2824
0477（略）	12635	7694	4941	7300	106	104	184	0	741	716	157	399	2928
0481（略）	7403	5612	1791	5430	66	54	56	6	529	467	101	51	643
0482（略）	5156	3940	1216	3790	50	46	48	6	403	269	60	39	445
0483（略）	5305	4140	1165	3988	42	50	54	6	405	278	46	39	397
0484（略）	3277	2382	895	2278	22	30	46	6	261	227	30	30	347
0486（略）	3903	2894	1009	2790	22	30	46	6	323	269	26	30	361
0487（略）	3862	2900	962	2812	22	22	38	6	299	247	26	30	360
0488（略）	2486	1664	822	1612	18	8	20	6	196	192	28	32	374
0521（略）	22480	14371	8109	13968	217	90	96	0	1605	2424	785	749	2546
0523（略）	37570	22147	15423	21332	397	220	196	2	3147	3206	1211	2885	4974
0524（略）	61578	24142	37436	22997	463	416	260	6	5932	6518	3012	3558	18416
0525（略）	64325	28590	35735	27351	509	422	300	8	5148	5498	3072	3520	18497
0526（略）	41639	21112	20527	20257	379	248	226	2	4260	4502	1620	3225	6920
0527（略）	5578	1818	3760	1748	28	20	22	0	776	981	345	222	1436
0529（略）	37273	21043	16230	20234	377	236	194	2	3517	3405	1237	2893	5178
0530（略）	38686	22459	16227	21622	407	228	200	2	3498	3392	1242	2907	5188

续上表

PLAZ_NO（收费站编号）	（略）	TOTAL（总数）	KC（客车）	HC（货车）	KC1（客车1）	KC2（客车2）	KC3（客车3）	KC4（客车4）	KC5（客车5）	HC1（货车1）	HC2（货车2）	HC3（货车3）	HC4（货车4）	HC5（货车5）
0531	（略）	19369	12833	6536	12445	204	88	94	2	1328	1760	637	553	2258
0532	（略）	23511	16512	6999	15912	260	198	140	2	1558	1855	662	560	2364
0534	（略）	49014	17845	31169	16928	373	346	190	8	3621	4860	2763	3275	16650
0535	（略）	61975	29744	32231	28451	515	412	358	8	3707	4949	3045	3280	17250
0536	（略）	56562	23100	33462	21995	491	370	236	8	4698	5482	2820	3311	17151
0537	（略）	56621	23154	33467	22049	491	370	236	8	4699	5478	2820	3313	17157
0540	（略）	28733	20193	8540	19661	254	130	144	4	1715	2496	851	731	2747
0541	（略）	83144	74593	8551	72703	998	348	542	2	2211	2402	789	709	2440
0542	（略）	18962	12452	6510	12083	191	86	90	2	1298	1848	635	667	2062
0543	（略）	18629	12407	6222	12041	188	86	90	2	1276	1744	617	591	1994
0544	（略）	69242	65329	3913	63662	931	308	426	2	1524	1133	300	66	890
0545	（略）	22630	19136	3494	18494	285	185	170	2	1229	942	281	48	994
0546	（略）	22412	18908	3504	18278	267	185	176	2	1218	981	283	40	982
0547	（略）	21390	18058	3332	17456	227	187	184	4	1166	924	273	36	933
0549	（略）	21466	18066	3400	17470	217	183	192	4	1195	936	265	36	968
0550	（略）	22489	18577	3912	17957	221	197	202	0	1380	1031	319	74	1108
0551	（略）	19165	15513	3652	14542	273	354	344	0	1518	764	281	74	1015
0552	（略）	20118	15855	4263	14862	301	356	336	0	1834	869	301	78	1181
0553	（略）	17531	12671	4860	11883	218	210	360	0	1820	956	330	68	1686
0554	（略）	12869	8921	3948	8519	170	148	84	0	1132	820	304	80	1612

续上表

PLAZ NO（收费站编号）	TOTAL（总数）	KC（客车）	HC（货车）	KC1（客车1）	KC2（客车2）	KC3（客车3）	KC4（客车4）	KC5（客车5）	HC1（货车1）	HC2（货车2）	HC3（货车3）	HC4（货车4）	HC5（货车5）
0555（略）	10536	7165	3371	6893	116	80	76	0	853	708	282	106	1422
0556（略）	10544	7412	3132	7150	116	72	74	0	868	641	263	104	1256
0557（略）	10008	7232	2776	6964	114	72	82	0	817	601	233	106	1019
0558（略）	12651	9838	2813	9518	134	98	88	0	994	624	227	108	860
0559（略）	9139	7363	1776	7139	104	62	58	0	598	415	131	84	548
0560（略）	11200	9056	2144	8808	128	62	58	0	769	463	126	189	597
0561（略）	15166	11322	3844	10838	248	64	170	2	1181	1178	313	78	1094
0562（略）	12390	10406	1984	9998	176	64	168	0	675	620	156	30	503
0563（略）	13332	10628	2704	10202	136	98	192	0	648	822	178	120	936
0564（略）	12206	9854	2352	9454	116	94	190	0	577	733	166	102	774
0565（略）	10910	5890	5020	5544	98	104	144	0	495	597	244	112	3572
0566（略）	5107	3506	1601	3386	36	40	44	0	256	288	70	65	922
0567（略）	4577	3158	1419	3056	24	36	42	0	209	239	63	61	847
0568（略）	21326	17893	3433	17287	219	185	200	2	1147	942	295	70	979
0569（略）	23277	20050	3227	19387	310	177	174	2	1202	865	262	62	836
0570（略）	67493	63841	3652	62226	909	284	420	2	1444	1038	284	68	818
0571（略）	67798	64111	3687	62498	909	284	418	2	1451	1054	280	68	834
0624（略）	7232	5473	1759	5243	106	52	72	0	727	372	76	57	527
0625（略）	6493	4779	1714	4581	90	54	54	0	676	372	71	61	534
0626（略）	7323	5164	2159	4924	110	70	60	0	884	465	112	63	635

续上表

PLAZ_NO (收费站编号)	TOTAL (总数)	KC (客车)	HC (货车)	KC1 (客车1)	KC2 (客车2)	KC3 (客车3)	KC4 (客车4)	KC5 (客车5)	HC1 (货车1)	HC2 (货车2)	HC3 (货车3)	HC4 (货车4)	HC5 (货车5)
0627 (略)	5295	3812	1483	3632	74	52	54	0	705	298	98	59	323
0628 (略)	6175	4618	1557	4416	74	70	58	0	780	320	99	51	307
0629 (略)	7750	5658	2092	5392	96	92	78	0	1045	453	122	81	391
0630 (略)	11743	9355	2388	8979	108	132	136	0	1150	547	137	102	452
0631 (略)	11871	9652	2219	9220	126	172	134	0	1099	496	104	82	438
0632 (略)	12792	10516	2276	9928	136	290	162	0	1152	508	99	92	425
0633 (略)	13744	11376	2368	10776	142	286	172	0	1190	501	112	112	453
0634 (略)	13734	11440	2294	10850	140	284	166	0	1143	473	103	112	463
0635 (略)	16486	13834	2652	13132	182	288	232	0	1248	587	142	182	493
0636 (略)	18571	15586	2985	14854	206	292	234	0	1395	687	179	196	528
0637 (略)	23218	19219	3999	18398	251	314	256	0	1796	849	241	264	849
0638 (略)	24274	20053	4221	19174	289	320	270	0	1905	889	257	266	904
0640 (略)	12495	10260	2235	9822	128	174	136	0	1099	494	101	94	447
0641 (略)	6655	4848	1807	4626	74	86	62	0	885	393	116	73	340
0642 (略)	29550	22588	6962	22064	300	102	122	0	2243	1405	510	563	2241
0643 (略)	26506	21883	4623	21042	305	298	238	0	2009	951	321	288	1054
0644 (略)	25946	19454	6492	19014	262	90	88	0	1997	1339	493	537	2126
0645 (略)	22061	15972	6089	15626	222	56	68	0	1728	1211	499	482	2169
0646 (略)	3634	2198	1436	2064	52	44	38	0	411	330	84	8	603
0647 (略)	3791	2312	1479	2180	50	44	36	2	431	341	86	8	613

续上表

PLAZ_NO (收费站编号)	TOTAL (总数)	KC (客车)	HC (货车)	KC1 (客车1)	KC2 (客车2)	KC3 (客车3)	KC4 (客车4)	KC5 (客车5)	HC1 (货车1)	HC2 (货车2)	HC3 (货车3)	HC4 (货车4)	HC5 (货车5)
0648（略）	3801	2294	1507	2206	36	34	16	2	382	324	105	10	686
0649（略）	8008	5893	2115	5671	54	76	90	2	679	472	144	10	810
0650（略）	8771	6257	2514	5953	68	106	128	2	779	526	185	18	1006
0651（略）	7548	5133	2415	4859	68	88	116	2	708	544	179	18	966
0652（略）	8426	5679	2747	5401	72	88	116	2	763	666	190	40	1088
0653（略）	9085	5795	3290	5517	86	88	104	0	772	641	183	186	1508
0654（略）	8538	5147	3391	4863	122	74	88	0	718	647	155	264	1607
0655（略）	2979	2115	864	2047	32	12	24	0	373	205	59	58	169
0656（略）	3275	2029	1246	1937	16	26	50	0	481	356	69	59	281
0657（略）	3271	2021	1250	1923	20	28	50	0	427	352	67	81	323
0658（略）	3253	1907	1346	1813	16	28	50	0	468	363	99	89	327
0659（略）	5017	3183	1834	3053	32	38	60	0	784	438	165	103	344
0660（略）	5450	3519	1931	3385	40	32	62	0	832	474	174	103	348
0661（略）	5683	3729	1954	3593	40	34	62	0	813	448	184	157	352
0721（略）	22359	14456	7903	14078	206	70	102	0	1805	2193	1129	349	2427
0722（略）	23054	16029	7025	15157	274	352	238	8	1475	1311	416	382	3441
0723（略）	23498	15797	7701	15015	236	318	220	8	1513	1460	445	480	3803
0724（略）	19934	13547	6387	12819	198	298	224	8	1099	1221	389	468	3210
0725（略）	20884	14510	6374	13764	204	304	230	8	1108	1218	414	452	3182
0726（略）	18552	12990	5562	12280	174	296	232	8	987	1121	370	366	2718

续上表

PLAZ_NO（收费站编号）	TOTAL（总数）	KC（客车）	HC（货车）	KC1（客车1）	KC2（客车2）	KC3（客车3）	KC4（客车4）	KC5（客车5）	HC1（货车1）	HC2（货车2）	HC3（货车3）	HC4（货车4）	HC5（货车5）
0727（略）	12727	8256	4471	7764	104	212	168	8	751	820	261	346	2293
0728（略）	10748	6951	3797	6593	82	126	142	8	622	737	205	306	1927
0729（略）	9997	6453	3544	6111	72	126	136	8	521	667	195	300	1861
0730（略）	9924	6465	3459	6113	70	128	146	8	502	634	197	298	1828
0731（略）	6036	3357	2679	3085	50	106	108	8	246	382	145	266	1640
0732（略）	5663	3109	2554	2839	54	102	106	8	241	342	143	228	1600
0733（略）	5110	2721	2389	2555	48	68	42	8	215	297	137	226	1514
0734（略）	6136	4892	1244	4632	56	128	76	0	331	318	81	18	496
0735（略）	5729	4624	1105	4378	56	114	76	0	284	256	79	16	470
0736（略）	5640	4520	1120	4280	56	108	76	0	292	251	71	16	490
0737（略）	3672	2924	748	2762	32	68	62	0	158	196	42	10	342
0738（略）	2432	1844	588	1702	22	62	58	0	83	155	36	10	304
0739（略）	2285	1866	419	1788	24	38	16	0	168	56	47	0	148
0740（略）	1374	830	544	782	18	22	8	0	104	141	31	122	146
0741（略）	1821	1190	631	1134	18	28	10	0	149	159	41	122	160
0742（略）	3881	2876	1005	2788	34	38	16	0	319	216	70	122	278
0743（略）	1962	1160	802	1078	20	44	18	0	251	150	57	156	188
0744（略）	1879	1120	759	1038	20	44	18	0	246	148	47	156	162
0745（略）	1804	1022	782	944	16	44	18	0	255	154	51	158	164
0746（略）	2418	1474	944	1370	18	68	18	0	349	216	55	158	166

续上表

PLAZ_NO（收费站编号）	TOTAL（总数）	KC（客车）	HC（货车）	KC1（客车1）	KC2（客车2）	KC3（客车3）	KC4（客车4）	KC5（客车5）	HC1（货车1）	HC2（货车2）	HC3（货车3）	HC4（货车4）	HC5（货车5）
0747（略）	2461	1544	917	1432	20	74	18	0	342	196	55	158	166
0748（略）	4631	3602	1029	3468	36	74	24	0	415	216	57	170	171
0749（略）	4379	3354	1025	3240	40	50	24	0	381	227	52	186	179
0750（略）	4566	3496	1070	3382	38	52	24	0	408	237	56	186	183
0751（略）	4854	3738	1116	3610	44	52	32	0	440	247	52	186	191
0752（略）	4570	3528	1042	3406	42	50	30	0	406	225	44	184	183
0753（略）	4272	3290	982	3174	44	42	30	0	374	216	42	182	168
0754（略）	4120	3166	954	3058	48	32	28	0	345	207	44	182	176
0821（略）	3754	1800	1954	1602	54	90	52	2	171	284	192	305	1002
0822（略）	3264	1748	1516	1596	46	66	38	2	166	231	153	43	923
0823（略）	3268	1696	1572	1542	50	64	38	2	195	223	153	43	958
0824（略）	3997	2002	1995	1836	62	64	38	2	264	285	166	43	1237
0825（略）	9180	7606	1574	7332	160	6	108	0	462	329	76	146	561
0826（略）	10749	8156	2593	7868	170	10	108	0	548	489	133	230	1193
0827（略）	9035	6260	2775	6040	106	8	106	0	473	453	133	266	1450
0828（略）	4205	1274	2931	1202	24	4	44	0	115	270	116	224	2206
0829（略）	7133	3940	3193	3714	82	66	78	0	321	312	165	29	2366
0830（略）	5030	2108	2922	1952	54	66	36	0	198	210	152	21	2341
0831（略）	15430	10442	4988	10000	184	118	140	0	604	623	273	48	3440
0832（略）	5592	2218	3374	2042	74	66	36	0	235	227	160	21	2731

续上表

PLAZ_NO (收费站编号)	TOTAL (总数)	KC (客车)	HC (货车)	KC1 (客车1)	KC2 (客车2)	KC3 (客车3)	KC4 (客车4)	KC5 (客车5)	HC1 (货车1)	HC2 (货车2)	HC3 (货车3)	HC4 (货车4)	HC5 (货车5)
0833 (略)	13680	8904	4776	8512	162	108	122	0	523	556	269	46	3382
0834 (略)	13863	9048	4815	8652	158	110	124	4	539	547	281	44	3404
0835 (略)	5347	3884	1463	3700	80	26	76	2	277	323	150	18	695
0836 (略)	4848	3560	1288	3386	78	24	72	0	239	313	151	16	569
0837 (略)	4922	3640	1282	3494	74	24	48	0	239	300	148	8	587
0838 (略)	4644	3252	1392	3126	66	24	36	0	249	324	144	6	669
0839 (略)	6638	4826	1812	4676	68	32	50	0	470	410	156	20	756
0840 (略)	10863	8164	2699	7862	96	78	128	0	679	507	164	180	1169
0841 (略)	12029	8822	3207	8488	108	82	144	0	896	585	199	176	1351
0842 (略)	10957	7942	3015	7646	96	92	108	0	898	503	197	144	1273
0843 (略)	7786	5570	2216	5346	78	58	88	0	558	379	183	60	1036
0844 (略)	4076	2782	1294	2654	64	18	46	0	267	191	124	44	668
0845 (略)	3820	2612	1208	2472	74	18	48	0	245	228	121	12	602
0846 (略)	3508	2442	1066	2312	70	12	48	0	194	210	117	2	543
0847 (略)	12371	7760	4611	7450	126	88	94	2	499	439	260	52	3361
0848 (略)	5329	2864	2465	2714	42	38	70	0	265	286	92	147	1675
0849 (略)	5081	2784	2297	2630	42	36	76	0	257	262	84	99	1595
0850 (略)	4042	2092	1950	1968	28	32	64	0	197	191	74	67	1421
0851 (略)	3843	2002	1841	1892	28	32	50	0	201	171	72	67	1330
0852 (略)	3768	2016	1752	1904	36	30	46	0	225	157	69	67	1234

续上表

PLAZ_NO (收费站编号)	TOTAL (总数)	KC (客车)	HC (货车)	KC1 (客车1)	KC2 (客车2)	KC3 (客车3)	KC4 (客车4)	KC5 (客车5)	HC1 (货车1)	HC2 (货车2)	HC3 (货车3)	HC4 (货车4)	HC5 (货车5)
0853 （略）	3000	1584	1416	1540	24	2	18	0	200	130	63	55	968
0854 （略）	8593	6186	2407	5948	126	10	102	0	425	436	131	232	1183
0921 （略）	8473	6328	2145	6056	98	78	96	0	445	387	145	20	1148
0922 （略）	8565	6592	1973	6356	90	82	64	0	386	342	139	24	1082
0923 （略）	6231	4230	2001	4026	62	76	66	0	374	336	139	32	1120
0924 （略）	8915	6238	2677	6012	96	62	68	0	489	446	172	227	1343
0925 （略）	16548	12724	3824	12396	172	84	72	0	875	654	239	261	1795
0926 （略）	10382	6751	3631	6517	130	56	48	0	751	580	176	154	1970
0928 （略）	8227	4484	3743	4268	96	66	54	0	574	575	184	210	2200
0929 （略）	5323	3159	2164	3027	62	42	24	4	352	399	105	166	1142
0930 （略）	4829	2732	2097	2606	56	42	24	4	326	376	103	164	1128
0931 （略）	6198	3612	2586	3458	76	48	26	4	466	554	161	194	1211
0932 （略）	2691	1356	1335	1296	32	18	8	2	232	243	67	104	689
0933 （略）	2961	1514	1447	1416	68	20	10	0	314	272	73	102	686
0934 （略）	2941	1526	1415	1428	70	18	10	0	322	279	73	100	641
0935 （略）	41389	21990	19399	21026	314	288	360	2	1634	1772	1734	2451	11808

断面分车型流量表（单位：辆）　　表 2-7

收费站区间	TOTAL（总数）	KC（客车）	HC（货车）	KC1（客车1）	KC2（客车2）	KC3（客车3）	KC4（客车4）	KC5（客车5）	HC1（货车1）	HC2（货车2）	HC3（货车3）	HC4（货车4）	HC5（货车5）
0128~0129	52657	38852	13805	37367	535	384	566	0	2683	2285	1010	3352	4475
0129~0523	28962	17835	11127	17134	329	194	178	0	2233	1795	765	2769	3565
0129~0540	18852	15319	3533	14923	168	102	126	0	720	769	307	587	1150
0130~0128	56249	42148	14101	40411	611	478	648	0	2762	2399	997	3504	4439
0131~0130	56074	41900	14174	40151	613	484	652	0	2685	2328	1090	3554	4517
0132~0131	52971	38970	14001	37453	585	378	554	0	2485	2277	1086	3596	4557
0133~0132	47939	34190	13749	32717	529	368	576	0	2285	2202	1092	3608	4562
0134~0133	39851	27259	12592	25934	427	342	556	0	2001	1954	1018	3556	4063
0134~0926	2820	1742	1078	1658	28	24	32	0	231	211	43	132	461
0135~0134	45263	30537	14726	29056	483	390	608	0	2412	2292	1139	3981	4902
0136~0135	39898	25491	14407	24238	409	310	534	0	1987	2003	1050	4427	4940
0137~0136	41283	25899	15384	24648	421	308	520	2	2142	2132	1097	4570	5443
0138~0137	41892	25833	16059	24632	409	300	490	2	2210	2336	1128	4698	5687
0139~0138	43544	26448	17096	25225	401	324	496	2	2383	2636	1219	4997	5861
0139~0466	7272	4674	2598	4480	92	46	56	0	479	520	129	96	1374
0140~0139	36590	21165	15425	20206	305	262	390	2	2003	2068	1084	4971	5299
0140~0463	768	86	682	82	4	0	0	0	32	24	16	8	602
0140~0654	1498	810	688	762	4	12	32	0	131	147	18	220	172
0141~0140	36454	20839	15615	19850	327	264	396	2	1892	2092	1025	5235	5371
0142~0141	41319	23208	18111	21901	317	378	606	6	2141	2250	1190	5367	7163

续上表

收费站区间	TOTAL（总数）	KC（客车）	HC（货车）	KC1（客车 1）	KC2（客车 2）	KC3（客车 3）	KC4（客车 4）	KC5（客车 5）	HC1（货车 1）	HC2（货车 2）	HC3（货车 3）	HC4（货车 4）	HC5（货车 5）
0143~0142	50399	30249	20150	28828	425	366	624	6	2810	2687	1304	5580	7769
0144~0143	50091	31620	18471	30259	403	340	612	6	2538	2249	1100	5232	7352
0145~0144	50301	31892	18409	30547	383	344	612	6	2570	2184	1101	5229	7325
0146~0145	30940	19216	11724	18185	231	292	502	6	1600	1934	1047	1256	5887
0147~0146	29686	18202	11484	17205	211	294	486	6	1491	1899	1036	1226	5832
0148~0147	28962	17637	11325	16640	209	298	484	6	1398	1853	1012	1243	5819
0149~0148	27743	17729	10014	16736	199	302	486	6	1223	1505	863	1181	5242
0150~0149	28979	19057	9922	18038	213	312	490	4	1340	1435	845	1173	5129
0151~0150	27593	18041	9552	17094	181	292	470	4	1238	1355	857	1126	4976
0152~0151	28597	19087	9510	18126	183	298	476	4	1294	1354	858	1107	4897
0153~0152	35916	25525	10391	24482	223	306	514	0	1687	1597	865	1230	5012
0154~0153	38114	27325	10789	26052	239	364	670	0	1874	1743	891	1298	4983
0154~0181	6110	4794	1316	4602	116	26	50	0	537	390	74	30	285
0155~0154	48420	35215	13205	33662	397	408	748	0	2918	2382	1022	1342	5541
0156~0155	65209	49815	15394	47852	551	490	922	0	4226	2968	1087	1436	5677
0157~0156	57957	47150	10807	45194	548	432	972	4	3817	2601	715	333	3341
0157~0645	425	274	151	270	4	0	0	0	26	29	6	8	82
0158~0157	57708	52077	5631	50325	536	378	834	4	2658	1470	352	134	1017
0167~0156	15425	9317	6108	9070	97	84	66	0	1226	774	470	1168	2470
0167~0157	1416	1110	306	1074	28	8	0	0	162	76	32	0	36

续上表

收费站区间	TOTAL（总数）	KC（客车）	HC（货车）	KC1（客车1）	KC2（客车2）	KC3（客车3）	KC4（客车4）	KC5（客车5）	HC1（货车1）	HC2（货车2）	HC3（货车3）	HC4（货车4）	HC5（货车5）
0168~0167	14647	8989	5658	8770	93	68	58	0	900	661	456	1310	2331
0169~0168	10678	6580	4098	6448	66	40	26	0	622	425	356	1388	1307
0171~0157	15499	9585	5914	9403	124	20	38	0	2118	1460	413	111	1812
0171~0158	8	8	0	8	0	0	0	0	0	0	0	0	0
0171~0645	7227	4608	2619	4480	92	20	16	0	807	623	224	282	683
0172~0171	13264	8945	4319	8741	140	30	34	0	1540	986	351	118	1324
0173~0172	9911	6743	3168	6599	108	16	20	0	1101	693	244	74	1056
0174~0173	7999	5451	2548	5355	76	10	10	0	806	501	206	68	967
0175~0174	5672	3815	1857	3753	54	8	0	0	511	335	172	48	791
0176~0175	3703	2372	1331	2338	26	8	0	0	295	228	151	24	633
0177~0178	3365	2700	665	2596	42	14	48	0	290	185	46	12	132
0178~0179	4497	3582	915	3460	54	16	52	0	396	271	70	24	154
0179~0180	6485	5124	1361	4942	104	24	54	0	632	412	83	28	206
0180~0181	7003	5498	1505	5326	106	18	48	0	677	442	78	28	280
0181~0153	543	332	211	330	2	0	0	0	47	23	7	2	132
0181~0182	1422	1034	388	1022	10	2	0	0	191	117	12	0	68
0182~0153	842	536	306	530	6	0	0	0	105	82	9	7	103
0182~0154	1937	1544	393	1516	10	6	12	0	198	118	12	12	53
0183~0182	3077	2200	877	2162	18	8	12	0	381	258	36	13	189
0184~0183	3044	2222	822	2182	22	6	12	0	384	242	31	7	158

续上表

收费站区间	TOTAL（总数）	KC（客车）	HC（货车）	KC1（客车 1）	KC2（客车 2）	KC3（客车 3）	KC4（客车 4）	KC5（客车 5）	HC1（货车 1）	HC2（货车 2）	HC3（货车 3）	HC4（货车 4）	HC5（货车 5）
0185~0184	3230	2470	760	2426	22	10	12	0	368	231	28	7	126
0185~0186	520	350	170	346	4	0	0	0	80	52	12	0	26
0185~0635	318	262	56	254	0	0	8	0	23	13	6	0	14
0186~0634	272	170	102	170	0	0	0	0	37	27	8	2	28
0223~0535	40350	21386	18964	20512	308	270	294	2	1411	1728	1697	2657	11471
0224~0223	41388	22199	19189	21277	320	286	314	2	1493	1809	1717	2655	11515
0226~0224	40775	21888	18887	20960	302	274	350	2	1509	1679	1688	2439	11572
0227~0935	38984	20103	18881	19203	282	272	344	2	1507	1658	1668	2446	11602
0228~0227	35021	16060	18961	15246	262	250	300	2	1416	1643	1686	2510	11706
0229~0228	38825	19829	18996	18945	284	278	320	2	1568	1641	1699	2418	11670
0230~0229	28479	11408	17071	10846	172	210	180	0	924	1220	1577	2232	11118
0231~0230	25445	8666	16779	8198	154	182	132	0	709	1167	1594	2238	11071
0231~0821	27	12	15	6	4	2	0	0	1	2	0	2	10
0232~0231	24257	7913	16344	7549	136	128	100	0	593	999	1575	2212	10965
0233~0229	959	288	671	282	6	0	0	0	88	154	82	106	241
0233~0230	311	170	141	164	6	0	0	0	39	43	13	12	34
0233~0234	188	140	48	126	12	0	2	0	17	21	2	2	6
0234~0229	2734	2198	536	2056	40	30	72	0	170	81	33	42	210
0234~0230	52	40	12	38	2	0	0	0	8	2	0	0	2
0235~0234	2865	2292	573	2154	40	30	68	0	174	110	35	26	228

续上表

收费站区间	TOTAL（总数）	KC（客车）	HC（货车）	KC1（客车1）	KC2（客车2）	KC3（客车3）	KC4（客车4）	KC5（客车5）	HC1（货车1）	HC2（货车2）	HC3（货车3）	HC4（货车4）	HC5（货车5）
0236~0235	2193	1712	481	1656	32	14	10	0	125	79	25	24	228
0237~0236	1351	994	357	958	14	16	6	0	82	66	17	8	184
0238~0237	1142	894	248	868	10	14	2	0	66	55	17	4	106
0438~0525	27303	10503	16800	10021	178	192	104	8	946	1158	1694	465	12537
0439~0438	41485	22891	18594	21899	368	326	290	8	1410	1347	1775	483	13579
0440~0439	41861	22845	19016	21805	376	340	316	8	1457	1378	1839	505	13837
0441~0440	42030	22715	19315	21647	382	354	324	8	1438	1395	1889	533	14060
0442~0441	43044	23111	19933	21909	402	388	404	8	1483	1484	2003	543	14420
0442~0928	525	252	273	248	0	4	0	0	68	48	14	12	131
0443~0442	42798	21742	21056	20490	396	418	426	12	1535	1610	2109	535	15267
0443~0928	4209	2078	2131	1954	68	38	18	0	210	209	106	56	1550
0443~0929	1907	976	931	918	38	16	0	4	119	95	52	22	643
0444~0443	48998	24078	24920	22626	490	482	464	16	1882	1945	2322	635	18136
0445~0444	46097	20844	25253	19596	430	412	386	20	1528	2025	2418	673	18609
0445~0481	1456	1072	384	1040	8	12	10	2	115	121	13	4	131
0446~0445	38828	15289	23539	14155	338	420	364	12	1147	1648	2299	615	17830
0446~0459	16363	8672	7691	8030	150	196	294	2	805	739	341	146	5660
0447~0446	56402	24725	31677	22857	512	652	690	14	2027	2478	2667	797	23708
0448~0447	51901	20864	31037	19184	472	576	618	14	1749	2224	2622	785	23657
0449~0448	49319	17170	32149	15752	404	574	426	14	1472	2069	2569	773	25266

续上表

收费站区间	TOTAL（总数）	KC（客车）	HC（货车）	KC1（客车1）	KC2（客车2）	KC3（客车3）	KC4（客车4）	KC5（客车5）	HC1（货车1）	HC2（货车2）	HC3（货车3）	HC4（货车4）	HC5（货车5）
0449~0473	3501	1898	1603	1854	30	10	4	0	218	118	62	301	904
0450~0449	53625	20458	33167	19006	434	580	424	14	1829	2178	2687	808	25665
0451~0450	53669	20036	33633	18698	418	532	374	14	1786	2288	2750	802	26007
0452~0451	53527	18654	34873	17334	410	526	370	14	1788	2810	3009	814	26452
0453~0452	50591	16820	33771	15556	382	520	348	14	1624	2509	2785	786	26067
0454~0453	49141	16524	32617	15316	374	504	316	14	1468	2147	2577	732	25693
0455~0454	48437	16082	32355	14880	368	502	318	14	1397	2029	2567	730	25632
0456~0455	46427	15068	31359	13900	348	486	320	14	1302	1734	2460	703	25160
0457~0456	45662	14764	30898	13666	346	430	308	14	1279	1705	2384	657	24873
0458~0457	2288	1992	296	1328	116	48	40	460	16	35	17	8	220
0459~0445	3617	2665	952	2615	40	4	6	0	181	188	86	30	467
0460~0459	19417	10257	9160	9521	188	222	320	6	1190	1184	469	221	6096
0461~0460	21182	12164	9018	11416	202	214	328	4	1216	1171	468	232	5931
0461~0464	9222	5212	4010	4876	164	82	90	0	657	651	155	54	2493
0462~0461	13269	7498	5771	6976	120	150	248	4	822	696	358	288	3607
0462~0463	11838	7008	4830	6518	100	142	244	4	725	595	320	206	2984
0462~0464	314	152	162	144	8	0	0	0	40	25	13	24	60
0463~0141	11070	6922	4148	6436	96	142	244	4	693	571	304	198	2382
0465~0464	10278	6028	4250	5656	178	100	94	0	768	655	187	104	2536
0466~0140	318	162	156	162	0	0	0	0	65	35	16	10	30

续上表

收费站区间	TOTAL（总数）	KC（客车）	HC（货车）	KC1（客车1）	KC2（客车2）	KC3（客车3）	KC4（客车4）	KC5（客车5）	HC1（货车1）	HC2（货车2）	HC3（货车3）	HC4（货车4）	HC5（货车5）
0466~0465	10918	6394	4524	6058	174	88	74	0	781	859	206	126	2552
0467~0447	3787	3071	716	2955	54	30	32	0	276	162	38	8	232
0467~0448	6388	2608	3780	2464	38	74	32	0	263	192	91	44	3190
0468~0467	9034	4962	4072	4756	80	92	34	0	384	256	106	48	3278
0469~0468	9024	4972	4052	4762	82	94	34	0	425	256	103	44	3224
0470~0469	7990	4116	3874	3916	72	92	36	0	382	241	99	40	3112
0471~0470	9220	5286	3934	5074	84	92	36	0	442	252	107	38	3095
0472~0471	5849	2242	3607	2126	40	56	20	0	299	189	93	32	2994
0472~0835	798	584	214	562	14	2	6	0	56	55	3	4	96
0473~0448	6399	3962	2437	3590	78	70	224	0	372	318	106	44	1597
0474~0473	10962	7002	3960	6600	90	88	224	0	587	456	162	357	2398
0475~0474	10341	6504	3837	6106	86	88	224	0	534	465	139	359	2340
0476~0475	10409	6472	3937	6130	86	84	172	0	520	475	133	357	2452
0477~0476	9278	4854	4424	4576	86	64	128	0	509	609	139	397	2770
0477~0848	3614	1700	1914	1600	34	22	44	0	163	185	51	137	1378
0481~0446	832	624	208	600	22	0	2	0	46	42	14	2	104
0481~0459	5088	3898	1190	3772	36	42	44	4	368	303	74	45	400
0482~0481	4933	3760	1173	3616	46	44	48	6	389	263	60	39	422
0483~0482	4405	3548	857	3412	38	44	48	6	291	164	39	39	324
0483~0484	3014	2186	828	2086	22	26	46	6	221	211	29	30	337

续上表

收费站区间	TOTAL（总数）	KC（客车）	HC（货车）	KC1（客车1）	KC2（客车2）	KC3（客车3）	KC4（客车4）	KC5（客车5）	HC1（货车1）	HC2（货车2）	HC3（货车3）	HC4（货车4）	HC5（货车5）
0484~0486	2958	2176	782	2078	20	30	42	6	224	201	26	30	301
0486~0487	3674	2748	926	2662	20	22	38	6	297	241	22	30	336
0487~0488	1824	1182	642	1156	6	2	12	6	171	151	22	26	272
0488~0834	958	696	262	664	12	8	8	4	37	69	13	6	137
0521~0541	13540	7509	6031	7266	103	62	78	0	1066	1731	585	667	1982
0523~0540	8180	4120	4060	4006	68	26	18	2	800	1341	438	110	1371
0524~0525	53862	21166	32696	20103	407	408	242	6	4473	4890	2724	3418	17191
0524~0536	47964	16093	31871	15258	327	322	180	6	4195	4981	2678	3292	16725
0524~0561	7372	4970	2402	4782	94	34	60	0	690	758	168	58	728
0525~0526	37223	19170	18053	18395	331	222	220	2	3813	3764	1418	3027	6031
0526~0529	34674	19316	15358	18551	341	234	188	2	3208	3160	1153	2873	4964
0527~0526	5578	1818	3760	1748	28	20	22	0	776	981	345	222	1436
0529~0530	35788	20377	15411	19594	365	226	190	2	3198	3165	1186	2871	4991
0530~0523	36489	21431	15058	20640	383	216	190	2	3054	3088	1165	2873	4878
0531~0543	17998	12273	5725	11909	186	86	90	2	1195	1540	587	525	1878
0532~0531	16270	10744	5526	10392	178	86	86	2	1129	1467	574	519	1837
0534~0535	46271	17107	29164	16202	365	344	188	8	2917	4231	2661	3145	16210
0535~0721	15798	10094	5704	9896	146	34	18	0	1072	1605	849	179	1999
0536~0537	56504	23062	33442	21957	491	370	236	8	4686	5476	2820	3311	17149
0537~0534	48059	17504	30555	16597	367	342	190	8	3420	4600	2728	3275	16532

续上表

收费站区间	TOTAL（总数）	KC（客车）	HC（货车）	KC1（客车1）	KC2（客车2）	KC3（客车3）	KC4（客车4）	KC5（客车5）	HC1（货车1）	HC2（货车2）	HC3（货车3）	HC4（货车4）	HC5（货车5）
0540~0541	25898	18447	7451	17961	220	122	142	2	1457	2162	753	695	2384
0542~0521	18760	12392	6368	12029	187	86	90	0	1266	1800	619	655	2028
0543~0542	18411	12341	6070	11975	188	86	90	2	1235	1675	603	587	1970
0544~0570	66934	63337	3597	61722	909	284	420	2	1431	1030	276	66	794
0545~0569	21976	18886	3090	18262	281	171	170	2	1149	826	257	48	810
0546~0545	21869	18488	3381	17868	263	185	170	2	1183	925	273	40	960
0547~0546	21008	17714	3294	17138	217	183	174	2	1140	914	273	36	931
0549~0547	20800	17546	3254	16976	209	181	176	4	1138	904	255	36	921
0550~0568	19856	16651	3205	16085	197	175	194	0	1055	870	281	68	931
0551~0550	11893	8855	3038	8572	121	78	84	0	931	741	281	72	1013
0552~0551	18673	15037	3636	14092	269	346	330	0	1504	764	281	74	1013
0553~0552	14129	10623	3506	9999	174	148	302	0	1481	727	262	64	972
0553~0921	2555	1384	1171	1260	36	36	52	0	224	181	64	4	698
0554~0553	12717	8841	3876	8441	168	148	84	0	1114	810	304	68	1580
0555~0554	10202	6941	3261	6671	114	80	76	0	807	694	278	76	1406
0556~0555	9137	6264	2873	6018	102	70	74	0	709	595	257	104	1208
0557~0556	9490	6930	2560	6682	106	72	70	0	767	534	215	90	954
0558~0557	9363	6950	2413	6688	110	72	80	0	759	546	207	106	795
0559~0558	8791	7079	1712	6879	80	62	58	0	558	395	131	84	544
0560~0559	8000	6526	1474	6348	86	46	46	0	528	342	100	66	438

收费站区间	TOTAL（总数）	KC（客车）	HC（货车）	KC1（客车1）	KC2（客车2）	KC3（客车3）	KC4（客车4）	KC5（客车5）	HC1（货车1）	HC2（货车2）	HC3（货车3）	HC4（货车4）	HC5（货车5）
0560~0754	935	664	271	654	4	6	0	0	75	57	9	110	20
0561~0536	4869	3898	971	3732	98	22	44	2	244	318	121	16	272
0562~0561	12000	10154	1846	9754	172	62	166	0	637	561	152	28	468
0562~0931	758	612	146	596	16	0	0	0	57	33	16	4	36
0563~0562	10048	8734	1314	8416	96	62	160	0	388	440	120	26	340
0563~0931	1819	926	893	880	12	10	24	0	138	209	40	78	428
0564~0563	12024	9760	2264	9362	114	94	190	0	538	701	164	102	759
0564~0832	312	198	114	180	14	4	0	0	25	39	6	2	42
0565~0564	4172	3056	1116	2900	24	38	94	0	215	317	62	82	440
0565~0832	4901	1988	2913	1834	56	62	36	0	189	182	152	19	2371
0566~0565	5013	3456	1557	3338	34	40	44	0	244	282	70	63	898
0567~0566	4577	3158	1419	3056	24	36	42	0	209	239	63	61	847
0568~0549	20643	17559	3084	16983	211	181	182	2	1063	860	257	36	868
0569~0544	22982	19850	3132	19193	306	175	174	2	1184	817	252	62	817
0570~0571	67276	63643	3633	62034	905	284	418	2	1437	1034	278	68	816
0571~0521	7742	6280	1462	6140	98	28	14	0	393	473	138	28	430
0571~0541	59938	57729	2209	56264	805	254	404	2	1046	577	142	40	404
0624~0560	3605	2931	674	2829	50	16	36	0	291	137	31	13	202
0624~0625	6076	4575	1501	4385	88	48	54	0	595	313	61	55	477
0624~0754	1004	676	328	622	26	12	16	0	123	78	15	12	100

续上表

收费站区间	TOTAL（总数）	KC（客车）	HC（货车）	KC1（客车1）	KC2（客车2）	KC3（客车3）	KC4（客车4）	KC5（客车5）	HC1（货车1）	HC2（货车2）	HC3（货车3）	HC4（货车4）	HC5（货车5）
0625～0626	5858	4350	1508	4156	86	54	54	0	519	331	67	61	530
0626～0627	4494	3168	1326	3008	62	48	50	0	618	270	88	57	293
0626～0646	2267	1556	711	1488	38	20	10	0	193	152	20	6	340
0627～0628	5051	3646	1405	3472	68	52	54	0	680	279	94	51	301
0627～0646	371	308	63	302	4	0	2	0	33	6	2	0	22
0628～0641	5894	4432	1462	4230	74	70	58	0	730	307	95	41	289
0629～0630	6550	4690	1860	4436	84	92	78	0	862	421	111	81	385
0630～0631	9403	7754	1649	7436	90	116	112	0	802	369	83	61	334
0630～0655	1785	1189	596	1143	12	10	24	0	263	142	44	33	114
0631～0640	11543	9420	2123	8996	120	170	134	0	1051	470	96	82	424
0632～0633	12162	10086	2076	9510	134	284	158	0	1054	436	97	90	399
0633～0634	13148	10952	2196	10366	136	284	166	0	1091	447	101	112	445
0634～0185	1167	870	297	860	4	6	0	0	131	114	8	4	40
0634～0635	12070	10230	1840	9654	134	278	164	0	939	319	85	106	391
0635～0186	2059	1668	391	1632	18	10	8	0	120	97	40	58	76
0635～0636	16256	13666	2590	12968	182	286	230	0	1206	575	142	182	485
0636～0637	18294	15382	2912	14656	204	292	230	0	1352	668	179	196	517
0637～0638	22755	18869	3886	18056	247	314	252	0	1728	824	239	264	831
0638～0643	23655	19557	4098	18768	277	284	228	0	1829	852	255	266	896
0640～0632	11718	9632	2086	9204	118	174	136	0	1026	466	93	90	411

续上表

收费站区间	TOTAL（总数）	KC（客车）	HC（货车）	KC1（客车1）	KC2（客车2）	KC3（客车3）	KC4（客车4）	KC5（客车5）	HC1（货车1）	HC2（货车2）	HC3（货车3）	HC4（货车4）	HC5（货车5）
0641~0629	6373	4680	1693	4458	74	86	62	0	804	381	105	73	330
0642~0168	5398	3550	1848	3450	48	30	22	0	352	372	137	50	937
0642~0169	3037	1774	1263	1748	26	0	0	0	187	152	87	384	453
0642~0044	24450	18316	6134	17900	248	84	84	0	1879	1205	477	501	2072
0643~0168	967	665	302	628	11	16	10	0	99	56	24	24	99
0643~0169	2825	2336	489	2212	32	64	28	0	164	72	26	101	126
0643~0642	19443	16020	3423	15644	214	64	98	0	1579	729	253	85	777
0644~0645	21189	15458	5731	15118	216	56	68	0	1655	1144	465	466	2001
0645~0158	9939	8906	1033	8744	86	34	42	0	605	204	43	18	163
0646~0647	3487	2090	1397	1960	50	44	36	0	390	320	84	8	595
0647~0648	3339	2046	1293	1962	36	30	16	2	329	274	79	8	603
0648~0649	3089	1776	1313	1710	28	24	12	2	275	274	90	10	664
0649~0650	7376	5353	2023	5133	54	74	90	2	641	440	142	10	790
0650~0651	7125	4791	2334	4517	68	88	116	2	673	510	173	18	960
0651~0652	7398	5047	2351	4773	68	88	116	2	672	536	175	18	950
0652~0653	7677	5291	2386	5031	72	84	104	0	654	584	158	40	950
0653~0654	6807	4009	2798	3883	74	24	28	0	585	490	141	186	1396
0654~0139	2779	2087	692	2013	26	20	28	0	229	172	62	14	215
0654~0466	3328	1558	1770	1416	82	42	18	0	237	304	61	20	1148
0655~0631	861	730	131	710	18	2	0	0	71	35	7	11	7

续上表

收费站区间	TOTAL（总数）	KC（客车）	HC（货车）	KC1（客车1）	KC2（客车2）	KC3（客车3）	KC4（客车4）	KC5（客车5）	HC1（货车1）	HC2（货车2）	HC3（货车3）	HC4（货车4）	HC5（货车5）
0655~0656	1933	1283	650	1245	10	10	18	0	277	154	34	47	138
0656~0631	566	330	236	328	2	0	0	0	94	62	11	2	67
0656~0657	2885	1865	1020	1773	16	26	50	0	310	308	64	59	279
0657~0658	2959	1779	1180	1687	16	26	50	0	388	329	67	81	315
0658~0659	2814	1569	1245	1477	16	28	48	0	412	333	96	89	315
0659~0660	4899	3115	1784	2991	32	32	60	0	753	427	163	103	338
0660~0661	5115	3343	1772	3213	36	32	62	0	748	421	172	97	334
0661~0143	2732	1597	1135	1493	18	32	54	0	354	279	155	88	259
0661~0144	1534	1146	388	1136	8	2	0	0	197	62	13	63	53
0721~0532	12838	8296	4542	8108	140	34	14	0	979	1318	505	261	1479
0722~0532	8312	6601	1711	6239	98	156	106	2	317	289	115	252	738
0722~0535	8367	4246	4121	4030	94	94	22	6	611	760	206	94	2450
0722~0721	4785	3766	1019	3608	44	32	82	0	481	212	77	28	221
0723~0722	21703	14841	6862	14073	226	316	218	8	1400	1284	399	382	3397
0724~0723	19301	13067	6234	12355	194	294	216	8	1037	1180	375	464	3178
0725~0724	16882	11086	5796	10406	166	286	220	8	887	1051	374	438	3046
0726~0725	17945	12548	5397	11848	170	296	226	8	926	1067	364	362	2678
0726~0734	5402	4352	1050	4140	50	102	60	0	250	281	61	18	440
0727~0726	11402	7412	3990	6964	88	190	162	8	610	700	229	334	2117
0728~0727	9827	6259	3568	5925	74	118	134	8	551	664	198	302	1853

续上表

收费站区间	TOTAL（总数）	KC（客车）	HC（货车）	KC1（客车1）	KC2（客车2）	KC3（客车3）	KC4（客车4）	KC5（客车5）	HC1（货车1）	HC2（货车2）	HC3（货车3）	HC4（货车4）	HC5（货车5）
0729~0728	9854	6343	3511	6001	72	126	136	8	508	655	189	300	1859
0730~0729	9440	6067	3373	5735	66	126	132	8	473	609	184	294	1813
0731~0730	5961	3323	2638	3051	50	106	108	8	241	380	139	264	1614
0732~0731	5500	3029	2471	2767	46	102	106	8	212	331	134	226	1568
0733~0732	5110	2721	2389	2555	48	68	42	8	215	297	137	226	1514
0734~0727	333	260	73	250	4	6	0	0	28	9	12	0	24
0734~0728	214	140	74	138	0	2	0	0	31	24	3	0	16
0734~0735	5590	4506	1084	4262	54	114	76	0	275	250	75	16	468
0735~0736	5385	4336	1049	4100	54	106	76	0	263	239	69	16	462
0736~0737	3349	2690	659	2544	28	58	60	0	138	173	34	10	304
0737~0738	2432	1844	588	1702	22	62	58	0	83	155	36	10	304
0737~0739	104	78	26	78	0	0	0	0	12	8	2	0	4
0739~0736	1455	1152	303	1080	20	36	16	0	92	44	33	0	134
0741~0740	1374	830	544	782	18	22	8	0	104	141	31	122	146
0742~0739	1909	1572	337	1544	20	6	2	0	141	51	33	0	112
0742~0741	1746	1136	610	1084	14	28	10	0	144	145	41	122	158
0743~0742	1370	760	610	710	12	26	12	0	133	134	43	122	178
0744~0743	1853	1100	753	1018	20	44	18	0	240	148	47	156	162
0745~0744	1653	934	719	856	16	44	18	0	214	140	47	156	162
0746~0745	1661	934	727	862	16	38	18	0	224	146	47	158	152

续上表

收费站区间	TOTAL（总数）	KC（客车）	HC（货车）	KC1（客车1）	KC2（客车2）	KC3（客车3）	KC4（客车4）	KC5（客车5）	HC1（货车1）	HC2（货车2）	HC3（货车3）	HC4（货车4）	HC5（货车5）
0747~0746	2287	1426	861	1322	18	68	18	0	312	188	45	158	158
0748~0747	2022	1280	742	1184	20	58	18	0	240	147	51	156	148
0749~0748	3730	2952	778	2852	34	46	20	0	298	156	35	156	133
0750~0749	4212	3224	988	3112	38	50	24	0	351	226	52	186	173
0751~0750	4255	3248	1007	3136	38	50	24	0	369	221	52	186	179
0752~0751	4510	3480	1030	3358	42	50	30	0	400	219	44	184	183
0753~0752	4194	3228	966	3114	42	42	30	0	360	214	42	182	168
0754~0753	3957	3038	919	2936	44	30	28	0	332	197	42	182	166
0821~0232	3125	1398	1727	1292	44	28	32	2	120	211	182	300	914
0822~0821	3122	1684	1438	1538	42	64	38	2	158	213	149	41	877
0823~0822	3087	1614	1473	1466	44	64	38	2	153	209	151	43	917
0824~0823	3190	1640	1550	1486	50	64	38	2	179	219	152	43	957
0824~0827	885	418	467	400	16	2	0	0	67	71	34	30	265
0825~0935	52	50	2	46	4	0	0	0	0	0	0	0	2
0826~0825	8931	7420	1511	7156	150	6	108	0	431	316	70	146	548
0826~0854	8359	6094	2265	5858	124	10	102	0	403	408	119	230	1105
0827~0828	2379	860	1519	794	18	4	44	0	70	215	89	216	929
0827~0829	2015	1786	229	1722	24	2	38	0	88	67	6	8	60
0828~0824	86	54	32	52	2	0	0	0	9	15	2	0	6
0829~0824	2874	1456	1418	1314	42	62	38	0	152	175	128	13	950

续上表

收费站区间	TOTAL（总数）	KC（客车）	HC（货车）	KC1（客车1）	KC2（客车2）	KC3（客车3）	KC4（客车4）	KC5（客车5）	HC1（货车1）	HC2（货车2）	HC3（货车3）	HC4（货车4）	HC5（货车5）
0829~0828	1740	360	1380	356	4	0	0	0	36	40	25	8	1271
0830~0829	4934	2046	2888	1894	54	62	36	0	196	200	152	21	2319
0831~0564	7049	6174	875	5964	76	46	88	0	261	292	79	12	231
0831~0565	6169	2452	3717	2284	66	66	36	0	242	244	176	30	3025
0832~0830	4875	1966	2909	1810	54	66	36	0	194	209	152	21	2333
0833~0831	12737	8128	4609	7750	150	106	122	0	449	521	259	44	3336
0834~0833	13194	8572	4622	8186	158	106	122	0	468	505	265	42	3342
0835~0847	4425	3228	1197	3072	62	22	70	2	206	255	143	14	579
0836~0835	4405	3258	1147	3092	70	24	72	0	208	269	145	16	509
0837~0836	4338	3198	1140	3066	72	22	38	0	198	275	144	8	515
0838~0837	4071	2934	1137	2818	64	22	30	0	196	248	132	6	555
0839~0477	695	398	297	380	10	2	6	0	46	54	8	8	181
0839~0838	3726	2418	1308	2326	52	18	22	0	213	300	144	6	645
0840~0477	6278	4708	1570	4510	44	62	92	0	338	206	54	170	802
0840~0839	4105	3158	947	3076	48	14	20	0	291	252	101	10	293
0840~0848	139	110	29	106	0	2	2	0	4	9	0	0	16
0841~0840	10505	7864	2641	7574	90	78	122	0	656	492	164	174	1155
0842~0841	9417	6858	2559	6604	86	80	88	0	739	430	161	144	1085
0842~0843	6672	4708	1964	4522	60	56	70	0	474	334	175	60	921
0844~0843	3965	2722	1243	2600	62	14	46	0	253	176	120	44	650

续上表

收费站区间	TOTAL（总数）	KC（客车）	HC（货车）	KC1（客车1）	KC2（客车2）	KC3（客车3）	KC4（客车4）	KC5（客车5）	HC1（货车1）	HC2（货车2）	HC3（货车3）	HC4（货车4）	HC5（货车5）
0845~0844	3540	2498	1042	2372	62	18	46	0	199	173	108	12	550
0846~0845	3508	2442	1066	2312	70	12	48	0	194	210	117	2	543
0847~0472	5212	1964	3248	1852	36	58	18	0	242	140	94	30	2742
0847~0488	725	480	245	466	2	0	10	2	49	31	10	14	141
0847~0834	10765	6528	4237	6234	122	88	84	0	402	382	246	38	3169
0848~0839	1461	1006	455	966	6	12	22	0	88	78	37	2	250
0848~0849	4717	2502	2215	2364	42	32	64	0	228	255	82	97	1553
0849~0850	3960	2030	1930	1914	28	32	56	0	195	181	72	67	1415
0850~0851	3725	1934	1791	1832	24	32	46	0	175	162	72	67	1315
0851~0852	3579	1918	1661	1818	28	30	42	0	188	144	68	67	1194
0852~0853	3000	1584	1416	1540	24	2	18	0	200	130	63	55	968
0854~0827	7940	5660	2280	5452	100	8	100	0	406	416	117	222	1119
0921~0552	3800	3406	394	3344	40	12	10	0	90	76	29	14	185
0922~0921	7725	5908	1817	5698	78	72	60	0	328	320	137	20	1012
0922~0923	5627	3832	1795	3638	58	74	62	0	314	312	129	24	1016
0923~0924	5871	4010	1861	3830	62	56	62	0	336	300	131	32	1062
0924~0925	8061	5504	2557	5290	92	58	64	0	445	408	166	225	1313
0925~0133	6311	5532	779	5416	60	36	20	0	246	180	54	58	241
0925~0134	3245	2178	1067	2108	32	20	18	0	206	152	88	185	436
0925~0926	5699	3950	1749	3846	74	20	10	0	378	230	95	16	1030

收费站区间	TOTAL（总数）	KC（客车）	HC（货车）	KC1（客车1）	KC2（客车2）	KC3（客车3）	KC4（客车4）	KC5（客车5）	HC1（货车1）	HC2（货车2）	HC3（货车3）	HC4（货车4）	HC5（货车5）
0926~0133	1261	815	446	777	24	8	6	0	71	62	16	4	293
0926~0928	7237	4120	3117	3934	88	54	44	0	468	455	154	154	1886
0928~0929	2146	1204	942	1138	18	24	24	0	164	214	41	138	385
0929~0442	968	835	133	829	4	2	0	0	46	31	2	0	54
0929~0930	3982	2174	1808	2054	50	42	24	4	247	284	89	162	1026
0930~0931	4584	2590	1994	2470	54	42	20	4	298	355	95	158	1088
0931~0932	1727	690	1037	670	12	6	0	2	120	169	59	100	589
0932~0562	226	154	72	154	0	0	0	0	35	11	2	0	24
0932~0563	623	444	179	410	14	12	8	0	48	53	4	4	70
0932~0933	2379	1166	1213	1108	32	18	8	0	185	219	65	100	644
0933~0934	2698	1346	1352	1254	64	18	10	0	291	258	69	100	634
0934~0825	197	136	61	130	6	0	0	0	31	13	6	0	11
0934~0826	1313	448	865	428	16	4	0	0	81	134	51	84	515
0935~0226	39834	21076	18758	20162	288	274	350	2	1456	1629	1694	2427	11552
0935~0826	329	194	135	194	0	0	0	0	16	23	8	0	88
0935~0934	908	608	300	566	20	14	8	0	123	71	10	16	80

2.4　数据质量控制关键技术

2.4.1　数据质量控制策略

分析实际数据，总结提出异常数据判定规则，将数据分成正确数据、错误数据和缺失数据。对正确数据，进入数据库进行分析应用；对错误数据进行剔除；对缺失数据采用插值法、预测法等修复算法进行数据修复。公路数据质量控制流程如图 2-11 所示。

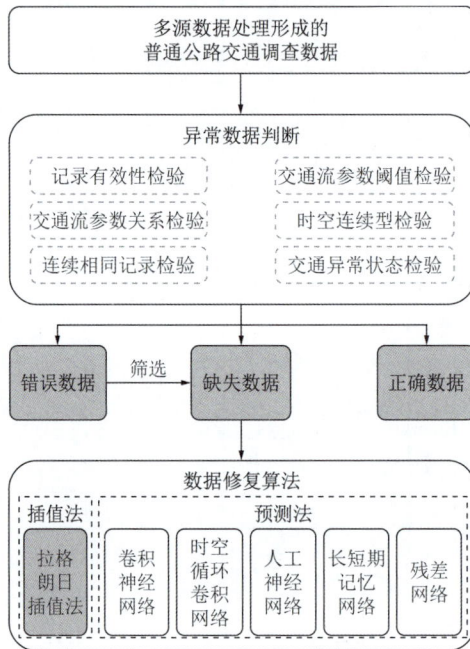

图 2-11　公路数据质量控制流程

2.4.2　异常数据判别规则

1）有效性检验

有效性检验主要目的是检测上传的记录数据格式是否规范、是否存在数据缺失、是否出现错误代码等，具体检测内容包括：

（1）是否存在错误代码。

（2）是否存在数据缺失。

（3）各字段是否有效。

（4）时间间隔是否正确。

（5）是否存在重复记录。

以上检验项结合具体的通信协议即可确定，属于最基本的数据有效性检验，规则简单明确，执行速度快，应当作为基本的检验首先进行。

2）交通流单参数阈值检验

交通流单参数阈值检验主要通对交通流参数中的流量、速度、占有率分别确定阈值区间，筛除明显不符合实际情况的数据。

（1）流量阈值。

较短的采集周期由于波动性较大，通常采用较高的阈值。采集周期为 5min 时，流量的阈值上限基本都集中在 250～260 标准车当量数（即 3000～3120 标准车当量/h），部分实际应用中对于较短的采集周期也采用接近的值。

由于可能会出现 5min 内无车辆通过的情况，流量的阈值下限可以直接取为 0，上限可以采用多种方式对比确定。

对江苏省普通公路 2018 年 10 月数据进行统计分析，实际数据按自然量大小进行排序，取实际数据中流量最大的 5% 作样本进行统计分析，结果如下：自然量均值约 61 标准车当量/5min，标准差约 16.79，分布如图 2-12 所示。

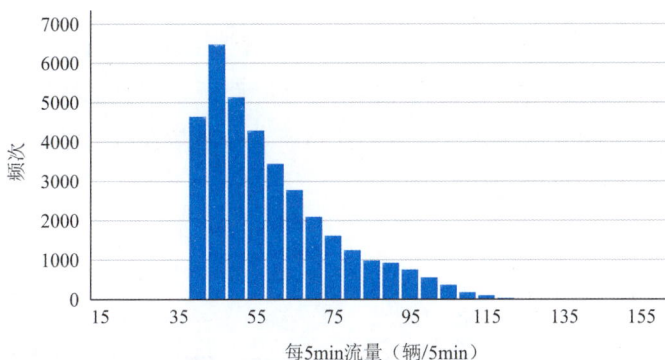

图 2-12　自然量 5% 最大值分布图

考虑到由于车辆混行等原因，实际的交通流绝大多数无法达到饱和流量，采用全部现有数据统计的方法意义不大。因此，根据数据分析的结果，参考国内外研究的基础，流量上限阈值推荐的取值区间定为：[2000,2100] 标准车当量/h。

（2）速度阈值。

国外已经投入应用的系统速度阈值设置如表 2-8 所示。

国外应用系统速度阈值设置表　　　　　　　　　　　　　　　　　表 2-8

管理部门	采集周期	速度（km/h）	
		下限	上限
Virginia DOT（弗吉尼亚运输部）	1min	0	193
Caltrans（加州交通运输部）	5min	0	161
Maryland State Highway Administration（马里兰州公路局）	5min	8	129
Florida DOT（佛罗里达交通运输厅）	30s	—	161

续上表

管理部门	采集周期	速度（km/h）	
		下限	上限
Federal Highway Administration（美国联邦公路管理局）	20/30s	8	161
	1/5/15min	8	129
Kentucky Transportation Cabinet（肯塔基州运输内阁）	15min	8	129
Maricopa County DOT（马里科帕县运输部）	20s	0	225
	15min	0	137
Oregon DOT（俄勒冈州运输部）	20s	8	161

由上表可以看出速度的阈值下限一般都采用 0 或者较小的值；同时采样周期越短，考虑到个体车辆对于周期平均速度的影响越大，速度阈值上限设置得也相对较大。采样周期为 5min 的速度上限阈值通常设置为 130～160km/h。

考虑到拥堵的可能性，速度的下限阈值可以直接设置为 0；上限阈值代表了检测周期内通过检测器的车辆可能达到的最大平均速度，采用实际数据统计分析并结合国内外经验确定。

由于可能的速度最大值容易受到检测器附近实际路况、驾驶员特性、车辆性能等因素的影响，相对流量存在更大的不确定性，因此将所有检测数据统一排序，取速度值最大的 5% 进行统计分析，分布如图 2-13 所示。

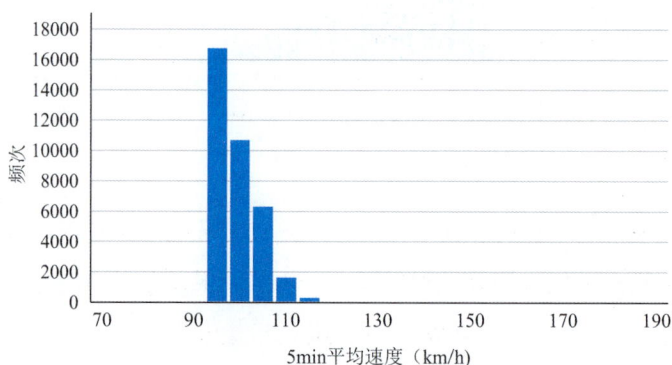

图 2-13　速度 5% 最大值分布图

样本共 35848 个，均值约 101.55km/h，标准差约 5.49，最小值 95km/h，最大值 167km/h。由上图可以看出，在 5% 最大速度记录中，大多数都分布在 90～120km/h 的范围内。速度在 120km/h 以上样本的数量及其占全样本的比例如表 2-9 所示。

速度积累比例表　　　　　　　　　表 2-9

速度（km/h）	样本数量	占全样本的比例
> 160	24	0.069%
> 150	44	0.1227%

速度（km/h）	样本数量	占全样本的比例
> 140	70	0.1953%
> 130	81	0.226%
> 120	205	0.5719%

由表 2-9 可以看出，由于采样周期为 5min，相对较长的周期平滑了个体车辆可能出现的较大速度。5min 平均速度大于 140km/h 的样本量仅占全体样本的 0.195%；同时注意到平均速度 120～140km/h 的区间样本数量有较大增长，而平均速度大于 160km/h 的样本仅占全体样本的 0.069%，结合国外应用系统的取值，速度阈值的取值区间可以设为：[0,[160,180]]km/h。

（3）占有率阈值。

国内外已经投入应用的系统和文献研究的占有率上限阈值设置如表 2-10 和表 2-11 所示。

国外应用系统占有率上限阈值表　　　　　　　表 2-10

数据管理部门	采集周期	占有率上限
Virginia DOT（弗吉尼亚运输部）	1min	100%
Caltrans（加州交通运输部）	5min	100%
Maryland State Highway Administration（马里兰州公路局）	5min	80%
Florida DOT（佛罗里达交通运输厅）	30s	100%
Federal Highway Administration（美国联邦公路管理局）	20/30s	95%
	1/5/15min	80%
Kentucky Transportation Cabinet（肯塔基州运输内阁）	15min	80%
Maricopa County DOT（马里科帕县运输部）	20s	100%
	15min	50%
Oregon DOT（俄勒冈州运输部）	20s	95%
Virginia DOT（弗吉尼亚运输部）	5min	100%

国内外文献研究流量阈值表　　　　　　　表 2-11

文献作者（时间）	采集周期	占有率上限
Nihan et al.（1990 年）	20s	90%
Jacobson（1990 年）	5min	90%
Turochy（2000 年）	20s	95%
Turner（2001 年）	5min	95%
裴玉龙（2003 年）	1h	95%

对于占有率的阈值下限，可以直接采用 0；对阈值上限取占有率值最大的 5%进行统计分析，分布如图 2-14 所示。

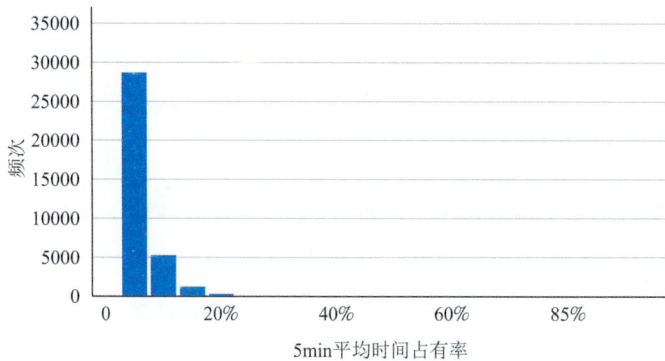

图 2-14　占有率 5%最大值分布图

样本共 35848 个，均值约 8.30，标准差约 4.20，最小值 5.25，最大值 89.25。由图 2-14 可以看出在 5%最大占有率记录中，大多数都分布在 20%以内，占有率在 20%以上样本的数量及其占 5%最大时间占有率样本总体的比例如表 2-12 所示。

占有率积累比例表　　　　　　　　　　　　　　　表 2-12

占有率（%）	样本数量	占全样本的比例
> 80	1	0.0028%
> 60	12	0.0335%
> 40	96	0.2678%
> 20	671	1.8718%

由表 2-12 可以看出，占有率的分布比例类似于速度累积比例，但一方面相近比例对应的占有率值跨度更大，从 20%到 90%，若直接修正将导致较大的改动；另一方面考虑到高占有率的比例很小，完全可能是由于拥堵、异常驾驶行为等导致，较大的值可能反映了真实的情况，特别是考虑到动态数据处理应当能够实时反映客观交通情况的拥堵、事故等，因此，占有率的阈值区间设定为：[0,[90,100]]%。

3）基于交通流规律的检验

基于交通流规律的检验在部分文献中又称为多参数阈值规则，即基于交通流等理论，利用交通多个参数间的相关性，设定相应的阈值区间检验以识别异常数据[47]。

（1）0 值检验。

根据国外应用经验，在实时处理阶段通常采用较为保守的 0 值检验。0 值检验是基本的多参数检验，主要特征是在考虑交通流基本规律的同时，围绕流量、速度、占有率三参数的基本关系，结合在实际中设备对数据的处理方式设定一系列逻辑检验，共同特点是对某一参数为 0 与否时的情况进行判断，具体包括：

①若速度 = 0，流量 ≠ 0，则检测数据无效。

②若速度 ≠ 0，流量 = 0，则检测数据无效。

③若占有率 > 0，流量 = 0，速度 = 0，则检测数据无效。

④若占有率 = 0，则流量应当小于一定的阈值。

前三条规则是简单的逻辑判断。对于第四条规则，考虑是检测设备处理过程中，由于精度要求可能对占有率数值进行四舍五入或直接截断小数部分。因此当占有率为 0 而流量不为 0 时，流量应当小于一定的值，避免在该流量下占有率可能会由于数据处理精度的原因出现 0 值。

根据某省的数据分析，原始数据中占有率为 0 而流量不为 0 的记录数约占全部记录的 12.7%。

由占有率和速度估算流量：

$$q = \frac{v \times o \times t}{l} \qquad (2\text{-}24)$$

式中：q——某时段的估算流量值（辆/h）；

　　　v——地点平均速度（km/h）；

　　　o——时间占有率；

　　　t——统计时间（min）；

　　　l——平均车辆长度（m）。

当占有率为 0 时，最大可能的流量形成的占有率不应超过 1%，考虑检测误差和流量估计中可能出现的误差，式(2-24)中各值均取保守值：占有率取为 1%，平均车辆长度取 5m，时间间隔为 5min，带入式(2-24)简化可得：

$$q_{\max} = \frac{v(\text{km/h})}{6} \qquad (2\text{-}25)$$

由上式可以看出，当流量不为 0 而占有率为 0 时，允许的流量最大值与速度成正比。利用上式对某省的实际数据进行分析，占有率为 0 的流量均小于上式计算得到的最大流量值。该式与实际情况能够较好地吻合。

重点针对车速为 0 而流量不为 0，或流量为 0 而车速不为 0 的情况进行判断。经筛选，共有 122 条数据（表 2-13），8 个站点方向存在这种情况，且均为流量不为 0 而速度为 0，其中普通公路有 109 条数据存在这种情况，共计 6 个站点方向。

不符合交通流理论的站点方向　　　　　　　　　表 2-13

观测站编号	观测站名称	上下方向	异常数
（略）	（略）	下行	24
	（略）	上行	24
（略）	（略）	下行	24
	（略）	上行	24

续上表

观测站编号	观测站名称	上下方向	异常数
（略）	（略）	下行	7
	（略）	上行	6
（略）	（略）	上行	6
	（略）	下行	7

（2）AEVL 检验。

仅采用 0 值检验可能会造成漏检不符合交通流规律的数据。为了对参数间相互关系进行进一步的检验，可以利用检测得到的流量、速度、占有率参数估算平均有效车辆长度，如下式：

$$AEVL = \frac{10 \times \upsilon \times o}{Q} \tag{2-26}$$

式中：AEVL——平均有效车辆长度（min）；

　　　υ——平均速度（km/h）；

　　　o——占有率（%）；

　　　Q——小时交通自然量。

根据国内外研究，该方法存在两个前提条件：一是计算公式的导出的前提假设是占有率和速度之间存在线性关系。有研究表明，如果车辆长度、速度和车头时距基本相同，且在一定范围内（如占有率介于8%到20%之间），可以近似得到线性关系。二是上式中速度为区间速度，实际中通常采用地点车速的调和平均值进行估算；而检测设备采集的平均速度通常是地点车速的算术平均值。算术平均值通常大于调和平均值，因而可能导致计算结果偏高。通常认为这两个限定条件对 AEVL 的计算不会有太大影响，但为了补偿上述条件不完全满足而对结果造成的影响，应适当扩大 AEVL 的阈值区间。

根据数据分析，各检测点的 AEVL 均有相近的结果，均值在 4～4.5m，标准差在 0.3～1.4m，其分布也有类似的形式，如图 2-15 所示。

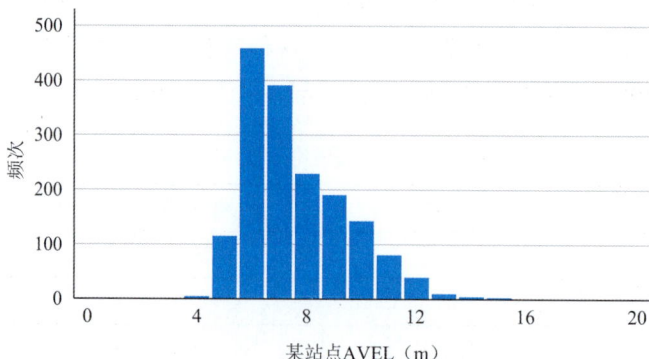

图 2-15　某站点 AEVL 频数分布图

某站点 AEVL 最小值为 3.65m，最大值为 17.17m，均值约为 8.10m，标准差为 2.00m。对该站点数据分布情况进一步分析，如表 2-14 所示。

某站点 AEVL 分布表　　　　　　　　　　　　　　表 2-14

AEVL（m）	比例
0 < AEVL ≤ 3	0.00%
3 < AEVL ≤ 5	0.65%
5 < AEVL ≤ 10	81.96%
10 < AEVL ≤ 20	17.39%
> 20	0

以数据测量占有率的检测器为视频检测器为例（线圈等检测占有率应相应调整阈值），AEVL 不应小于普通小汽车的长度（如 3.2m），不应大于大型货车的长度（如 12m），超过该范围则可以认为数据存在异常。由于公式的假设条件造成误差等因素，可以适当地扩大允许 AEVL 的取值范围（如扩大至 2.7～18m）。根据数据分析结果，推荐的允许 AEVL 取值范围表示为：[[2.6,3.2],[16,20]]m。

4）连续性检验

连续性检验是对采集到的多组数据进行时间、空间上连续性、一致性的检验。由于实时异常数据识别需要实时查询，要求尽量反映变动的道路交通情况，为了能够较好地反映突发事件，宜采用较保守的处理策略，仅进行基本的处理。

（1）时间连续性检验。

时间连续性检验是将采集到的数据与基础历史数据进行比较，判断是否差异过大。基础的历史数据可以是前一年同一天、前几个月同一天、前几个星期同一天等数据。这里为了突出动态检验的特点，出于尽量保留数据特征反映交通实时交通情况的考虑，采用前几个没有被判断为数据错误的数据采集周期的数据作为基础历史数据进行数据时间连续性的检验。

某观测站 2018 年 10 月 13 日一天的单车道平均交通量时变图如图 2-16 所示。

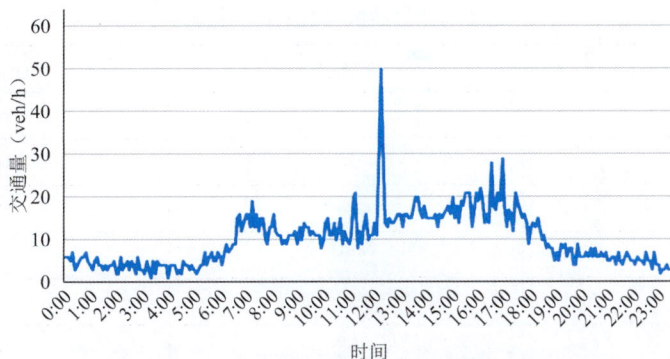

图 2-16　某观测站一日交通量时变图

由图 2-16 可以看出在 12 点半附近存在一个采集周期，其交通量显著高于前后时段，相对整个流量趋势出现明显的偏差。这类孤立的突变点在国内外系统中普遍存在，可能是由于检测系统问题造成的较大误差。同时考虑到这类突变信息对最终的出行信息系统和实时检测系统应用并没有实质性作用，因此这类异常数据应当在实时数据检验中进行处理。

具体的识别方法是比较上一周期的数据与当前周期的数据，若上一周期的值与当前值的差异超过一定的阈值，则判断该数据出现异常。采用对历史数据进行分析确定阈值，确定当前时段的数据波动情况。为了较好地反映由于交通状况引起的数据异常，该方法主要针对单个异常数据，在实时处理中对连续出现的多个异常数据应谨慎处理。

具体的计算指标为同一检测点当前周期自然量减去前一周期自然量的差，如下式：

$$x = q_k - q_{k-1} \tag{2-27}$$

式中：x——连续周期自然量差值，时间连续性检验指标；

q_k——周期k的自然量数值。

根据数据分析结果，不同检测点的连续周期自然量差值均接近为均值为 0 的正态分布，如图 2-17 所示。

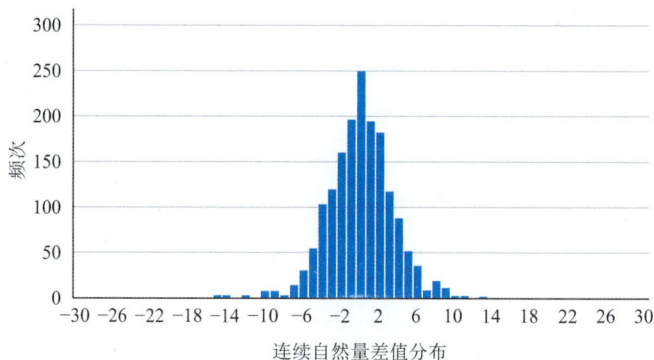

图 2-17　某观测站连续周期自然量差值分布图

数据分析取多个观测站点进行，不同观测站点的标准差如表 2-15 所示。

连续周期自然量差值的标准差表　　　　　　　　　　　　　　表 2-15

观测站名称	地市名称	指标的标准差
（略）	（略）	6.56
（略）	（略）	11.20
（略）	（略）	9.84
（略）	（略）	5.42
（略）	（略）	3.05
（略）	（略）	3.67
（略）	（略）	3.18

观测站名称	地市名称	指标的标准差
（略）	（略）	3.36
（略）	（略）	3.46
（略）	（略）	3.61
（略）	（略）	4.02
（略）	（略）	4.16
（略）	（略）	5.14

由表 2-15 可知，作为时间连续性检验指标的连续周期自然量差值的标准差基本分布在 3～12，若采用 3 倍标准差的异常数据判断准则，则容许的连续周期自然量差值应当在 9 到 36 的范围内，考虑到保守性检验的基本原则，作为时间连续性检验指标的连续周期自然流量差值的推荐允许取值区间为：[36,50]。

具体的数值可以根据道路的实际情况的选定。

（2）空间连续性检验。

空间连续性检验是将采集到的数据结合相关联的基础空间数据进行比较，判断是否差异过大。相关联的基础空间数据可以是上下游检测站数据等，其中如果上下游检测站相距较远还应当考虑时间上的延后。这里为了突出动态检验的特点，出于尽量保留数据特征反映实时交通情况的考虑，采用相同断面同方向同一时间邻近车道的数据作为相关联的基础空间数据进行数据空间连续性的检验。因此该方法仅适用于多车道道路。

根据交通流数据特征分析的结果，相邻车道的检测数据通常具有较强的相关性，表现为自然量差异通常在一定的范围内。因此可以根据统计分析的结果，将临近车道的自然量差异作为比较标准，设置相应的阈值，以检验数据的有效性。

5）连续相同记录检验

（1）流量为 0 的检验。

在低流量情况下，车辆可视为随机到达，到达的规律将近似服从泊松分布。对于单个 0 流量检测值的记录，可以采用泊松分布计算在当前交通需求情况下单个记录流量为 0 的概率。泊松分布如下式：

$$P(x) = \frac{m^x \cdot \mathrm{e}^{-m}}{x!}, \quad x = 0,1,2\cdots \tag{2-28}$$

式中：$P(x)$——采集周期内到达 x 辆车的概率；

　　　　m——采集周期内平均流量，可取前几个周期流量的均值；

x 取值为 0，实际的采集周期内平均流量可以取前 3 个周期的流量平均值。则上式简化为：

$$P_i(0) = \mathrm{e}^{-\overline{q}_i} \tag{2-29}$$

式中：$\bar{q}_i$——实际的采集周期内平均流量，$\bar{q}_i = \frac{q_{i-1}+q_{i-2}+q_{i-3}}{3}$；

$\quad\quad q_i$——i检测周期的流量。

对于单个 0 流量记录的检测，可以首先取定一个显著水平，即"当前周期流量为 0"假设的拒绝域，当计算结果在该区域内则拒绝接受"当前周期流量为 0"的假设。利用上式计算在当前交通需求情况下单个记录周期流量为 0 的概率，比较计算结果和显著水平，若计算结果小于显著水平，则认为 0 流量记录存在数据异常。例如取显著水平 0.01，前 3 个周期的流量均值$\bar{q}_i$为 4.0，带入上式计算得到$P_i(0) = 0.0183$，大于显著水平，则认为该记录通过检验，不存在异常。

为提高计算效率，也可以将选定的显著水平带入公式，计算对应于一定显著水平的流量域值，如下式：

$$q_t = -\ln P \tag{2-30}$$

式中：P——选定的显著水平，可以取 0.05、0.01、0.001 等；

$\quad\quad q_t$——对应于显著水平的流量阈值。

将计算的流量阈值q_t与前几个周期的平均值进行比较，当实际的平均值不超过计算得到的阈值时，可以认为当前检测到的 0 流量是合理的，否则认为当前数据存在异常。例如当流量检测值为 0 时，取显著水平 0.01，带入上式解得q_t值为 6.9。即只有当前几个周期的实际流量平均值小于 6.9 时，当前流量为 0 的记录通过检验。

对于连续k个检测周期的流量均为 0 的情况，假设检测系统正常工作，则认为道路交通流在连续多个采集周期没有车辆通过，其概率为多个 0 流量记录的概率连续相乘，即：

$$P^k(0) = \prod_{i=1}^{k} P_i(0) \tag{2-31}$$

具体的计算方法如下：

①对第一条流量为 0 记录的判断方法与单个流量为 0 记录的检验相同。取该记录之前 3 条记录的平均值为当前每个采集周期内实际平均流量$\bar{q}_i$，设定一个显著水平，如 0.01，利用泊松分布计算在实际平均流量$\bar{q}_i$下当前周期的流量不为 0 的概率，如下式：

$$P_i(0) = e^{-\bar{q}_i} \tag{2-32}$$

若计算结果在显著水平范围内，则认为当前流量记录不应当为 0，判断当前流量记录为异常数据。

②若第一条流量为 0 的记录通过了检验，采用泊松分布计算第二条流量为 0 的记录的发生概率时，单个采集周期内实际的平均流量$\bar{q}_{i+1}$采用前 4 条记录的平均值，即流量为 0 记录的前 3 条记录加上通过了检验的第一条流量为 0 的记录，即：

$$\bar{q}_{i+1} = \frac{q_i + q_{i-1} + q_{i-2} + q_{i-3}}{4} = \frac{3}{4}\bar{q}_i \tag{2-33}$$

连续两条流量为 0 的记录的概率为两条记录的概率之积为：

$$P_{i+1}(0)P_i(0) = \mathrm{e}^{-\left(1+\frac{3}{4}\right)\overline{q}_i} \tag{2-34}$$

③以此类推，可以得到：

$$P^k(0) = \mathrm{e}^{-\left(1+\frac{3}{4}+\frac{3}{5}+\cdots+\frac{3}{3+k}\right)\overline{q}_i} \tag{2-35}$$

式中：k——流量连续为 0 的记录数量；

$\overline{q}_i$——第一条流量为 0 记录之前的 3 条记录流量的平均值。

根据上式，连续 0 流量记录数的最大值主要与第一条流量为 0 记录之前的 3 条记录流量的平均值 $\overline{q}_i$ 和取定的显著水平有关。取不同的显著水平，可以得到第一条 0 流量记录之前的 3 条记录流量均值与允许的最大连续 0 流量记录之间的关系，如图 2-18 所示。

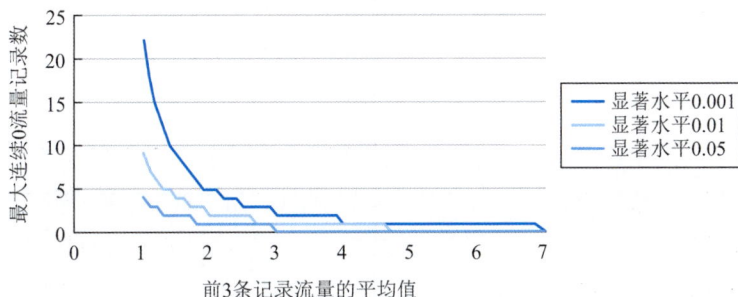

图 2-18　显著水平下平均流量与允许最大连续 0 流量记录数关系图

由图 2-18 可以看出，随着 0 流量记录之前的平均流量减小，连续 0 流量记录数的最大值迅速增大，当现状流量均值接近 0 时，连续 0 流量记录数趋近无穷大（图中没有标示）。此外不同显著水平呈现出明显的区别，随着实际流量均值的减小，较小的显著水平（较小的拒绝域）允许的最大连续 0 流量记录数增加速度更快，当流量均值为 1 时，显著水平 0.001、0.01 和 0.05 的最大连续 0 流量记录数分别为 22、9 和 4，对应的流量均值的阈值（即流量均值若大于该值则不接受任何一个 0 流量记录的出现）分别为 6.9、4.6、2.9。

为了便于应用，不同显著水平下，不同连续 0 流量记录数对应的平均流量最大值如表 2-16 所示。

显著水平下不同连续 0 流量记录数的平均流量最大值　　　　　　表 2-16

连续 0 流量记录数	显著水平		
	0.001	0.01	0.05
1 次	6.9	4.6	2.9
2 次	3.9	2.6	1.7
3 次	2.9	1.9	1.2
4 次	2.4	1.6	1

连续 0 流量记录数	显著水平		
	0.001	0.01	0.05
5 次	2.1	1.4	0.9
6 次	1.8	1.2	0.8

筛选数据连续 5h 为 0 的情况为异常，共有 123721 条数据，350 个站点方向存在类似情况，其中普通公路共有 48298 条连续为 0 的异常数据，266 个站点方向存在此类情况。数据连续 5h 为 0 的前十位站点记录如表 2-17 所示。

数据连续 5h 为 0 的前十位站点记录表　　　表 2-17

观测站编号	观测站名称	上下方向	异常数
（略）	（略）	上行	8651
（略）	（略）	下行	8651
（略）	（略）	下行	6681
（略）	（略）	上行	6293
（略）	（略）	下行	6293
（略）	（略）	下行	4399
（略）	（略）	下行	4330
（略）	（略）	上行	4172
（略）	（略）	下行	4158
（略）	（略）	下行	4124

（2）连续相同不为 0 记录的检验。

根据国内外经验，检测数据中可能出现连续记录的流量、速度和占有率完全相同的情况，因此应当设置连续相同记录数量的上限阈值，若连续相同记录超过该值则认为存在数据异常。

国外部分应用系统对连续相同记录设定了上限阈值，见表 2-18。

国外应用系统设置连续相同记录上限表　　　表 2-18

数据管理部门	采集周期	连续相同记录上限
Virginia DOT（弗吉尼亚运输部）	1min	8
Maryland State Highway Administration（马里兰州公路局）	5min	8
Federal Highway Administration（美国联邦公路管理局）	20/30s	8
	1/5/15min	
Kentucky Transportation Cabinet（肯塔基州运输内阁）	15min	8
Maricopa County DOT（马里科帕县运输部）	20s	8
	15min	

由表 2-18 可以看出，虽然采集周期不同，但国外应用系统对连续相同记录上限的阈值均设定为 8。考虑到实际交通情况随机波动的性质，多个不为 0 的参数连续完全相同的可能性很小，出于较保守检验的考虑，参照连续 0 流量的最大记录数规律，结合国外应用系统取值，该域值可以取为[4,8]。

对于一个检测器来说，常态下错误值出现的概率非常小，但一旦出现错误便有很大概率出现大跨度时间范围上的数据错误，这种现象出现的原因是检测器出现故障，而且没有进行检修。图 2-19、图 2-20 是某路段上行的交通状态监测结果，可以看出绝大部分的数据记录都呈现错误状态。由图 2-19、图 2-20 可以看出是速度恒为定值（120km/h）造成的。

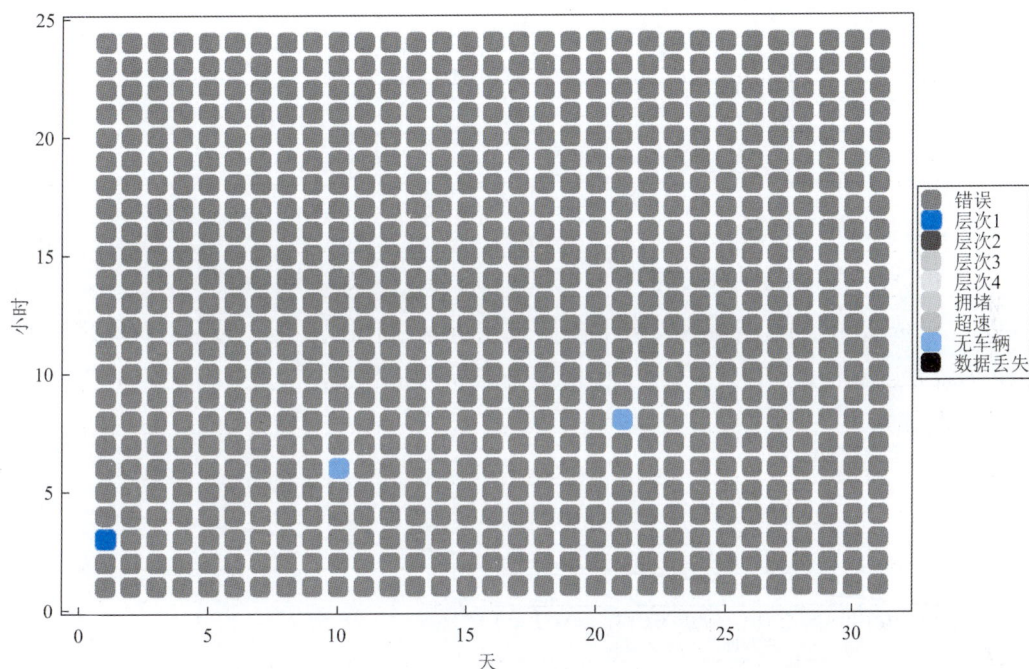

图 2-19　带有错误值现象的时序交通状态图

指标	流量	速度	天	小时	目标
11	1.78×10^3	120	1	12	0
12	1.12×10^3	120	1	13	0
13	1.14×10^3	120	1	14	0
14	1.5×10^3	120	1	15	0

图 2-20　部分错误值数据记录

分析确定的异常情况为机动车速度连续 5h 相同且不为 0，经筛选 2017 年某省连续型交通调查数据这种条件下的异常值数为 13074 条，共有 21 个站点方向存在此类情况，数据主要集中在观测站编号为 G2L104321300 的上行方向和下行方向数据，该站点速度全年各个时间点均为 120km/h。而此条件下普通公路共有 528 条异常数据，共有 17 个站点方向存在此类情况。机动车速度存在问题的前十位站点记录如表 2-19 所示。

机动车速度存在问题的前十位站点记录 　　　　　　表 2-19

观测站编号	观测站名称	上下方向	异常数
（略）	（略）	下行	5975
（略）	（略）	上行	5905
（略）	（略）	下行	665
（略）	（略）	下行	372
（略）	（略）	上行	46
（略）	（略）	上行	38
（略）	（略）	下行	27
（略）	（略）	下行	16
（略）	（略）	上行	14
（略）	（略）	下行	3

6）交通状态异常检测

交通状态异常值标定的核心是对一次标定中的交通特殊状态（拥堵、超速、无车）进行分析，从而对其进行二次标定。对于在某一固定时段的路段而言，若某一特殊状态在连续的 n 天或者连续的上下时刻中只出现一次，则被认为是一条异常记录。图 2-21 为异常值分析的具体流程。

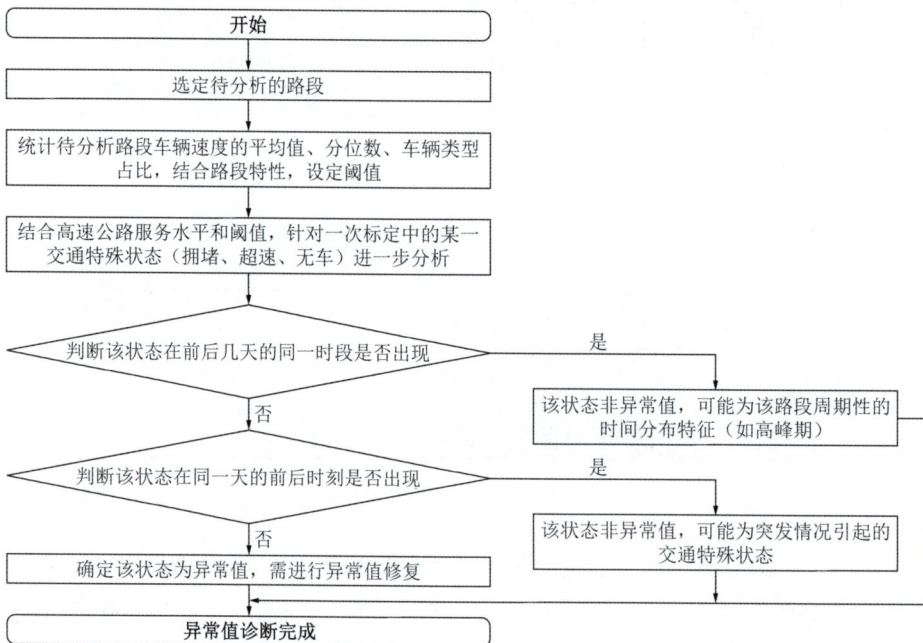

图 2-21　异常值分析流程图

如图 2-22 所示，某观测站上行路段的交通状态中，在某日 16 时发生拥堵状况，而其相邻时间却无拥堵状态发生，因此其数据真实性就值得怀疑，先暂时假定为错误值。

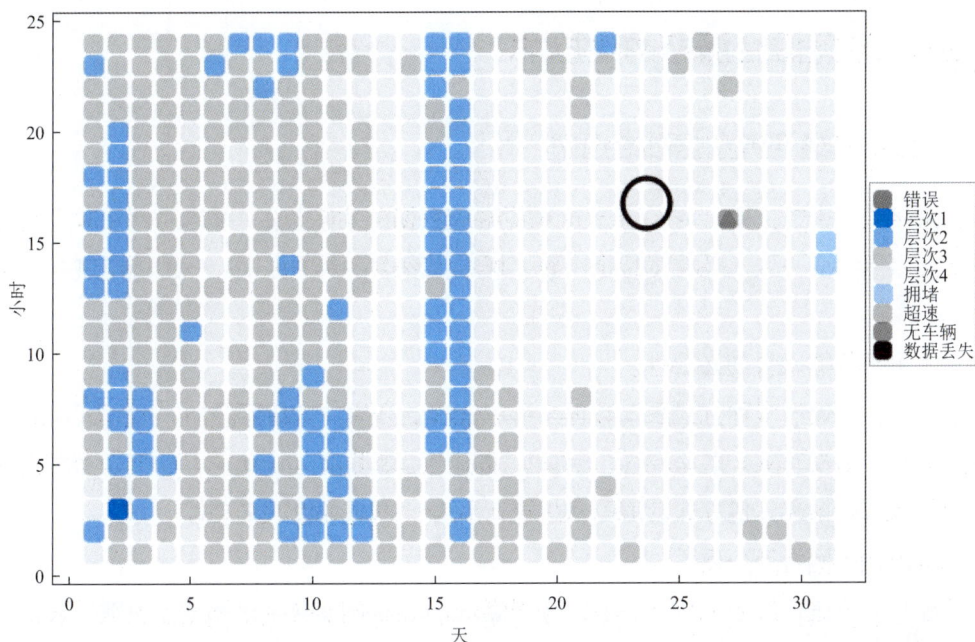

图 2-22　错误值二次标定

接着对异常时间段进行细化分析，使用时间窗为 5min 的数据。拥堵的主导因素是速度，选择异常小时及其上下半小时的速度数据进行分析，如图 2-23 所示。

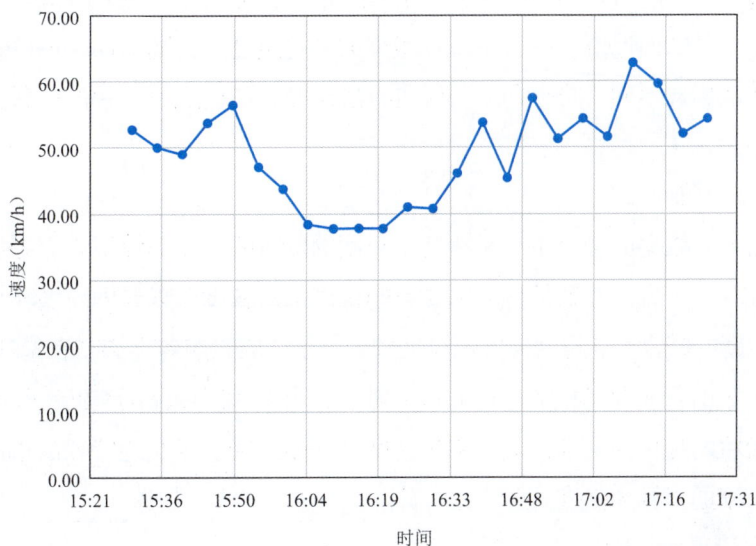

图 2-23　异常点速度序列

由图 2-23 可知，发生拥堵的片段为 16 点的前半小时，整体经历了拥堵的发生（16:00）和消散（16:35），这样便可消除数据异常的疑虑，这个单独出现的拥堵情况是正常的拥堵，而非错误数据造成。

2.5 数据融合服务构建技术

2.5.1 公路交通调查数据融合原则

公路交通调查数据融合时，应充分考虑各类数据的功能含义、样本属性和时空特征，遵循指标内涵特征一致、颗粒度特征一致、样本代表性一致的原则，以便确定融合方法和策略。

（1）识别数据融合的必要性。

数据融合是通过多种方式采集数据来形成准确的结果。如果通过单一的方式获取的数据更加准确，则没有融合的必要性。例如，采用人工观测的方式获取了某个断面准确的数据，则没有必要再和其他方式获取的数据进行融合，影响数据的准确性。

（2）确保内涵特征一致性。

多源数据所包含的指标特征一般是多内涵的，需要对各内涵特征进行识别提取，当不同数据源所包含指标的概念一致、功能属性一致时，即可进行融合预处理。若仅数据内涵概念一致，功能属性不完全对等时，需要进行抽取转换或舍弃。以某一断面交通量为例，数据可以来源于人工采集、交通调查自动化设备采集或者收费系统转换等。进行更微观的数据融合时，例如对采用车辆定位数据和线圈检测器采集的断面流量进行融合时，由于车辆定位信息能够获取通过断面的每一辆车的身份信息，而线圈检测器仅能获取断面车辆的数量信息，一个是断面速度，一个是线性距离的平均速度，都是速度指标概念样本数据，但所表达的功能属性不同，将这两个数据进行融合时，如何进行车辆的关联，决定了融合结果的准确性。

（3）颗粒度特征一致。

公路交通调查数据的融合主要是在时空角度的双重融合，应保证各类源数据所含指标的颗粒度特征尽量一致。在数据融合时，时间维度的颗粒度应以时间粒度较粗的指标为基准，进行同维度的融合；空间维度的颗粒度较为复杂，应针对各交通调查指标（例如流量、速度、车型等）的空间含义特征进行分析，对于突出空间区域路网交通特征的指标参数，以空间粒度较粗的指标为基准，对于突出空间某一路段或节点交通特征的指标参数，可以以空间粒度较细的指标为基准。

（4）样本代表性一致。

公路交通调查统计作为一般性的抽样性统计，应保证多源数据样本代表性基本一致。多源数据的采集对象和方式各有差异，各类数据样本的规模数量、覆盖率、代表程度也存在差异，应结合各类交通调查指标参数，分析各源数据样本的代表属性是否一致或接近。

对于样本代表属性严格一致的各类源数据，可直接进行决策级融合（例如，交通调查站点的断面流量与公路主线收费站的断面流量的样本代表属性基本一致）；对于样本代表属性接近的，应根据所要融合的交通指标特征而定，若该指标具有样本互补和叠加的属性特征，可作为补充相互融合，用于校验和复核，若不具备，则不予进行融合（例如，交通调查设备断面平均速度与卫星定位速度数据的代表性并不一致，但可以相互补充，可以共同用于表达一条路线的速度特征）。

（5）不同层级的融合可以相互转换和递进。

交通调查数据融合的三个层次中，数据层是最基础的，其次是特征层，决策层是最高层次。三个层次之间是相互关联和递进的，数据层形成的融合结果可以为特征层和决策层使用；在某个层面不能融合的数据，可以在另一个层面进行融合，例如，在形成道路改扩建方案时，可以采用收费数据、交通调查自动化设备采集数据、车辆检测器数据作为数据源参与融合，而在形成断面实时交通流参数时，收费数据则无法作为数据源参与融合。

2.5.2　公路交通调查数据融合方法

公路交通调查数据融合主要包括数据处理、数据匹配和融合推理三部分。数据处理是基础，完成每一类数据源从原始数据向交通数据的转换；融合推理是将已经转换的交通数据按照一定的规则得到不同特征的交通调查指标。数据融合的关键环节包括信息表示、数据关联、融合计算等。公路交通调查数据融合基本流程如图 2-24 所示。

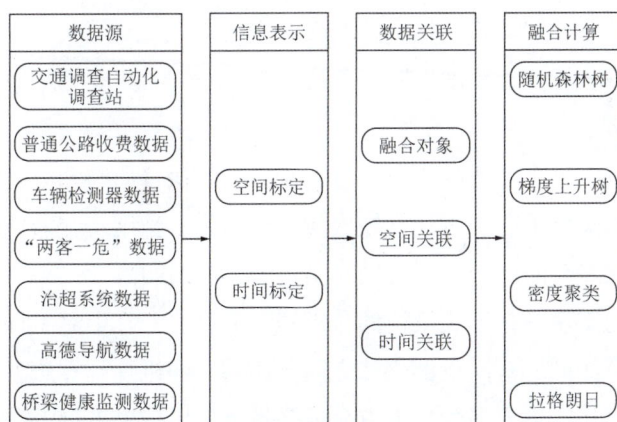

图 2-24　公路交通调查数据融合基本流程

2.5.3　公路交通调查融合算法过程

1）信息表示

（1）空间标定。

空间标定主要是确保进行融合的对象在相同或相近的空间位置。对于自动化交通调查站、车辆检测器设备、普通公路收费站、普通公路治超站和桥梁健康监测，确定站点的桩号和经纬度，对于"两客一危"卫星定位数据和互联网企业导航数据，为评估其算法准确性，需定位到自动化交通调查站附近匹配路段。

（2）时间标定。

时间标定主要是确保进行融合的对象在时间上是一致的。

2）数据关联

（1）空间关联。

公路上的监测设施在布设时一般会考虑到资源利用，因此，在同一个桩号上一般不可能同时有自动化交通调查站、车辆检测器设备、普通公路收费站、普通公路治超站和桥梁健康监测，在相关布局规划和技术要求中也提出了公路上各类监控设施互为利用的原则。因此，需要确定在一定范围内，哪些设备的数据可以作为同一个断面融合，哪些设备的数据应作为两个断面汇总统计。

结合公路网流量的特点，本书提出以下原则：定义路段为在一个区间内没有大的交叉口，即没有较大的交通量的分流（定义 30%的变化），不会引起较大波动，则进行数据融合；否则不需要融合。

（2）时间关联。

将多种数据按照统一的时钟进行时间关联。

3）融合计算

交通指标的融合计算主要是在空间上确定不同位置融合对象，根据空间关联的原则进行两类或多类数据的融合推理，得到综合的交通指标。

可以采用随机森林算法、梯度上升树算法、OPTICS 算法等算法进行数据融合。

（1）随机森林算法。

随机森林算法是一种多功能的集成学习算法，能够执行回归和分类的任务。同时，随机森林作为一种数据降维手段，可处理缺失值和异常值。当用于交通调查站数据的分析预测时，随机森林算法对交通调查数据可同时实现分类和回归。

随机森林算法的实质是基于决策树的分类器集成算法，其中每一棵树都依赖于一个随机向量，随机森林算法的所有向量都是独立同分布的。随机森林算法就是对数据集的列变量和行观测进行随机化，生成多个分类数，最终将分类树结果进行汇总。

对于交通调查站数据的融合，首先与传统机器学习算法操作相同，划分训练集和测试集。将经过归类处理后的交通调查站同期历史数据，以及对应其他交通数据，放入训练集进行模型的训练。随机森林算法中可以生成多个决策树，随机森林算法中的每一棵树（这里相当于交通调查站和其他交通历史数据）会作出分类选择，并由此进行"投票"，整体的输出结果将会是票数最多的分类选项；而在回归问题中，随机森林算法的输出等于所有决策树输出的平均值，也即将每一历史数据天的预测结果的平均值，作为流量的预测结果。

随机森林算法决策树的估计过程参考流程图 2-25。

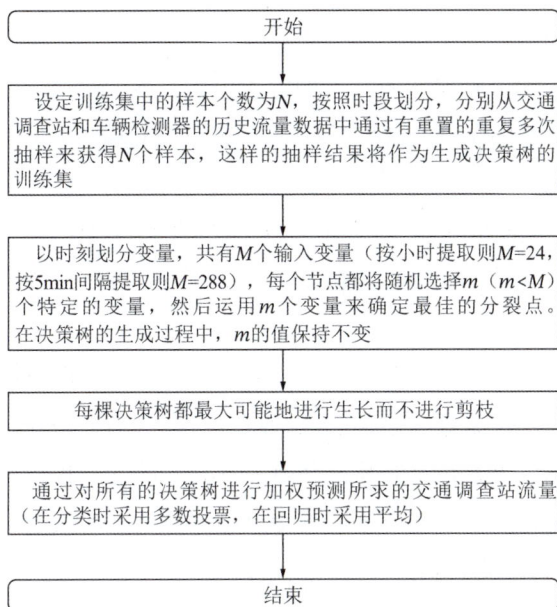

图 2-25　随机森林算法过程

随机森林算法模型中最重要的两个参数，其一是树节点预选的变量个数M，反映了单棵决策树的情况，另一个是随机森林中树的个数，体现随机森林的总体规模。每棵树生长越茂盛，组成森林的分类性能越好；每棵树之间的相关性越差，或树之间是独立的，则森林的分类性能越好。

（2）梯度上升树算法。

与随机森林算法相似，梯度上升树算法（GBDT）也是集成学习算法中的一种。但在进行分类与回归的同时，GBDT 考虑了残差的问题。GBDT 每轮迭代找到决策树，尽量减少样本损失。GBDT 使用了前向分布算法，使用 CART 回归树模型进行迭代，基函数为 CART 树，损失函数为平方损失函数。GBDT 的思想就是在每次迭代中拟合残差来学习弱学习器，残差的方向即为全局最优的方向。对于损失函数不是平方损失时，使用损失函数负梯度的方向代替残差方向，即为局部最优的方向。用每次迭代的局部最优方向代替全局最优方向。

在 GBDT 的迭代中，假设前一轮迭代得到的强学习器是$f_{t-1}(x)$，损失函数是$L(y, f_{t-1}(x))$，本轮迭代的目标是找到一个 CART 回归树模型的弱学习器$h_t(x)$，让本轮的损失函数$L(y, f_t(x)) = L(y, f_{t-1}(x) + h_t(x))$最小。每轮迭代找到决策树，应尽量降低样本的损失尽量。

（3）OPTICS 算法。

OPTICS 算法是基于密度的聚类算法，目标是将空间中的数据按照密度分布进行聚类，OPTICS 算法可以获得不同密度的聚类，即经过 OPTICS 算法的处理，理论上可以获得任意密度的聚类。因为 OPTICS 算法输出的是样本的一个有序队列，从这个队列里面可以获得任意密度的聚类。

算法的计算过程如下：

①输入：数据样本 D，初始化所有点的可达距离和核心距离、半径和最少点数。

②建立两个队列，有序队列（核心点及该核心点的直接密度可达点），结果队列（存储样本输出及处理次序）。

③如果 D 中数据全部处理完，则算法结束，否则从 D 中选择一个未处理且未核心对象的点，将该核心点放入结果队列，该核心点的直接密度可达点放入有序队列，直接密度可达点并按可达距离升序排列。

④如果有序序列为空，则回到步骤②，否则从有序队列中取出第一个点。判断该点是否为核心点，不是则回到步骤③，是核心点则将该点存入结果队列。如果该点不在结果队列，找到其所有直接密度可达点，并将这些点放入有序队列，且将有序队列中的点按照可达距离重新排序，如果该点已经在有序队列中且新的可达距离较小，则更新该点的可达距离。重复步骤③，直至有序队列为空。

● 2.6 数据融合治理的应用与实证

2.6.1 非结构化数据

相对于结构化数据（即行数据，存储在数据库里，可以用二维表结构来逻辑表达实现的数据）而言，不方便用数据库二维逻辑表来表现的数据即称为非结构化数据，包括所有格式的办公文档、文本、图片、XML、HTML、各类报表、图像和音频/视频信息等。

字段可根据需要扩充，即字段数目不定，可称为半结构化数据。

由于数据库中的数据是面向某一主题的数据的集合，这些数据从多个业务系统中抽取而来而且包含历史数据，这样就避免不了有的数据是错误数据、有的数据相互之间有冲突。要按照一定的规则开展数据清洗工作，过滤不符合要求的数据，将过滤的结果交给业务主管部门，确认是过滤还是由业务单位修正之后再进行抽取。不符合要求的数据主要是有不完整数据、错误数据、重复数据三大类。

（1）不完整数据。

这一类数据主要是信息缺失，如运营企业的名称、船舶的名称、注册地信息缺失、业务系统中主表与明细表不匹配等。对于这一类数据处理过程为：过滤数据，按缺失的内容分别写入不同 Excel 文件并提交业务部门，要求在规定的时间内补全数据，补全后写入数据仓库。

（2）错误数据。

这一类错误产生的原因是业务系统不够健全，在接收输入后没有进行判断直接写入后台数据库，比如数值数据输成全角数字字符、字符串数据后面输入回车、日期格式不正确、日期越界等。这一类数据也要分类，对于类似于全角字符、数据前后有不可见字符的问题，可使用 SQL 语句找出来，然后要求业务部门在业务系统修正之后抽取。日期格式不正确的或者是日期越界的这一类错误会导致 ETL 运行失败，这一类错误需要使用 SQL 语句在业务系统数据库中挑出来，交给业务主管部门要求限期修正，修正之后再抽取。

（3）重复数据。

对于这一类数据，将重复数据记录的所有字段导出来，请业务部门确认并整理。

数据清洗是一个反复的过程，不可能在短时间内完成，只有不断地发现问题，解决问题。对于是否过滤、是否修正一般要求客户确认，对于过滤掉的数据，写入 Excel 文件或者将过滤数据写入数据表，在 ETL 开发的初期可以每天向业务单位发送过滤数据的邮件，促使他们尽快地修正错误，同时也可以作为将来验证数据的依据。数据清洗需要注意的是不要将有用的数据过滤掉，对于每个过滤规则要认真验证，并要用户确认。

2.6.2　非结构化数据管理

随着综合交通运输行业数字化发展，非结构化数据的数量日趋增大，主要用于管理结构化数据的关系数据库显现出明显的技术局限性。数据库技术应用逐渐向非结构化数据库转变，主要是指数据库的变长记录由若干不可重复和可重复的字段组成，而每个字段又可由若干不可重复和可重复的子字段组成。简单地说，非结构化数据库就是字段可变的数据库。

1）交通地理信息数据

（1）数据采集。

交通地理信息数据的采集和更新方式主要有以下几类：

①通过空间数据管理平台实现从各业务系统数据库中抽取数据，并将这些数据按统一的标准和格式进行转换，最终加载进目标数据库。

②通过手持设备或从数据生产系统进行录入，实现数据采集与更新。

③根据需求分析提出的图层、比例尺、精度、空间参考等要求向测绘部分购买。基础地理信息数据以从测绘部门购买的以 1∶50000 矢量线划图为数据源，遥感影像数据以各类融合后的 2.5m 真彩色正射影像为主，重点区域采用 1.0m、0.61m 或 0.41m 真彩色正射影像。

（2）空间数据整合流程。

①将待整合的来自各业务单位的数据以及购买的其他矢量数据转换到统一的空间参考，统一坐标系，地图投影方式为经纬度。

②对图幅间重叠部分进行裁剪，对接边部分进行拼接处理。

③将相邻图幅的图层合并成一个新的图层。

④对图层中的要素进行拓扑化处理、实体化处理。

⑤对加工后的数据进行检查，若有误，重复以上步骤；若无误，则提交到空间数据库保存。

（3）影像数据处理流程。

①几何校正：纠正影像的几何变形，主要包括地理定位、几何精校正、正射纠正、图像配准等4种方式。

②辐射校正：纠正影像的辐射失真，是影像恢复的一个内容。主要包括传感器辐射校正、大气校正等2种方式。

③图像融合：将低分辨率的多光谱影像（高速）与高分辨率（重点区域）的单波段影像重采样生成一幅高分辨率多光谱影像的图像处理技术。

④镶嵌和裁剪：将两幅或多幅图像拼接起来形成一幅或一系列覆盖全区的较大图像。

⑤影像入库：用数据管理平台实现影像的分幅入库。

⑥影像切片：通过数据管理平台将在一定比例尺和范围的地图单元按照一定的规则进行命名并存放在一个分级索引的影像库中。

2）路网运行监测数据（静态数据）

路网运行监测数据中相对静态的数据，包括养护巡查信息、养护施工信息、路产信息、路政巡查信息、日常调度数据、预警信息等。数据采集和管理机制将基于现有公路业务数据管理方式进行设计。

（1）数据形成方案。

①养护巡查信息和养护施工信息由区县公路段采集、更新，通过公路养护管理系统直接上传到省级公路局进行存储、汇总；省级交通运输厅通过数据交换平台抽取养护巡查统计信息和养护施工信息。

②路产信息由区县公路管理部门采集、更新，通过路政管理系统直接上传到省级公路管理部门进行汇总、存储；省级交通运输厅通过数据交换平台实时抽取路产基础数据。

③路政巡查信息由区县公路管理部门采集、更新，直接上传进行汇总、存储；定期抽取路政巡查异常统计数据。

④日常调度数据由区县公路段采集、更新，直接上传进行汇总、存储；定期抽取协调调度数据。

⑤预警信息包括两部分，一部分数据来源于行业外单位（气象、公安、卫生等部门），由省级交通运输厅应急指挥中心通过数据交换平台统一负责采集、更新；新建气象检测站数据经过处理后直接接入，作为气象监测数据。

⑥突发事件（阻断）信息主要来源于路况信息管理系统、外场监控系统、公路养护管理系统（养护巡查记录、养护记录）、公路路政管理信息系统（路政巡查记录）等，开发与

各已有系统接口，实时获取不同渠道的突发事件信息。以突发事件编号和路线编号作为联合主键，将各个渠道获取并审核后的突发事件（阻断）信息进行比对，重复的只保留一条记录，内容不同的，增加相应记录。

（2）数据更新和管理机制。

公路养护巡查和养护施工信息，日常调度、路网协同调度信息采集、整合以及质量审核的责任方为省公路局。

普通公路路网运行数据由省公路局进行整合；高速公路路网运行数据由省联网中心负责整合；预警信息由厅应急指挥中心负责整合。

3）路网运行监测数据（动态数据）

路网运行监测动态数据，包括交通运行监测数据、环境监测数据、技术状况监测数据等内部业务系统产生的数据，以及从手机运营商获取的手机信令数据和从信息服务供应商（如高德、百度等）获取的众包数据。这些数据将为路网运行调度和应急处置等应用提供重要的数据支撑。

（1）数据采集方案。

各业务单位根据省级交通运输厅应急和运行监测需要上传相应的监测数据。

各业务单位需要共享的监测内容通过网络访问省级交通运输厅运行监测系统获取。

手机信令数据采用购买数据服务方式获取，一般按信息系统一般生命周期，一次性购置 5 年数据服务，并通过数据交换平台方式接入。

信息服务供应商（如高德、百度等）目前掌握大量众包数据（即通过跟踪平台用户行程信息并融合浮动车、路况采集设备等计算得出的路况信息），该数据覆盖面较广且精度较高，可通过数据交换的方式免费获取。

（2）数据整合方案。

①交通运行数据。

主要来源于交通量调查系统、营运车辆卫星定位跟踪系统、视频监控系统和高速公路联网收费系统，各系统数据互为补充，形成全面准确的交通运行数据。通过开发数据转发接口实时获取断面交通量和车速数据；营运车辆卫星定位跟踪系统可使用卫星定位数据中的位置数据和时间数据，通过地图匹配算法，计算各路段平均车速，即浮动车数据；抽取高速公路联网收费系统收费数据，对收费数据进行拆分，根据车型划分比例，转换交通量的量值（绝对数），利用人工调查方式分辨车型和获取行车速度。

基于上述内部业务系统产生的数据，结合手机信令数据和信息服务供应商数据，进行数据融合处理，形成多元化综合交通运行监测网络。其中手机信令数据侧重于拥堵点识别；信息服务供应商数据、浮动车数据、交通调查数据、收费数据、射频识别（Radio Frequency Identification，RFID）数据等则可融合处理后计算出比较准确的平均速度数据；交通调查数据、收费数据融合处理后主要侧重于交通量数据。

②公路技术状况数据。

抽取现有公路地理信息系统、路面管理系统与桥梁管理系统的公路主要构筑物信息，以路线编号为主键进行对比，数据项相同的，路面信息以路面管理系统为准，桥梁信息以桥梁管理系统为准；数据项不同的，增加相应的数据项和记录。

（3）数据更新和管理机制。

普通公路路网运行动态监测数据由公路管理机构负责采集、更新和质量审核；高速公路路网运行动态监测数据由高速公路运营管理机构（或企业）负责采集、更新和质量审核。

4）道路运输运行监测数据（静态数据）

道路运输运行数据主要包括运输市场基本信息、客货运站动态运行信息、机动车检测站动态信息。

（1）数据形成方案。

①运输市场基本信息来源于道路运输管理系统，由区县运输管理机构办理日常业务时进行采集，通过运政系统直接上传。

②客货运站动态运行信息来源于客运站智能管理系统、售票系统、客运站视频监控系统。道路运输运行监测系统通过与客运站售票系统建立接口的方式首先抽取售票信息，转换成发班率、实载率等运行数据；省交通运输厅通过数据交换平台定期抽取运输市场运行统计数据。

③机动车维修检测站信息来源于运输管理机构，检测报告数据可通过数据交换平台获取。

（2）数据管理和更新机制。

道路运输运行监测静态数据由道路运输管理机构负责采集、管理和数据质量审核。

5）车辆、船舶动态监测数据

（1）数据采集方案。

车辆卫星定位监测数据有多个数据源，包括路政、养护、综合执法车辆卫星定位动态信息、道路运输管理机构"两客一危"等车辆卫星定位动态信息；各单位通过卫星定位监控系统采集管辖范围内的车辆船舶动态监测信息。

按照行业有关标准，整合现有的路政、养护、综合执法车辆卫星定位动态信息、道路运输管理机构"两客一危"等车辆卫星定位动态信息。

（2）数据整合方案。

首先将车辆和船舶卫星定位动态信息分别通过数据导出、转换、实时导入的方式整合进入道路运输卫星定位监控平台和水上搜救系统，然后按照平台要求的统一数据格式，将目标类型、目标标识、卫星定位坐标经度和纬度、速度、移动方向等数据实时统一转发数据中心，从而实现车辆、船舶卫星定位监控统一平台，并将这些信息采用动态叠加的方式在 GIS 地图进行展示。

6）航道码头运行监测数据

航道码头运行数据主要包括船舶信息、船舶通告信息、水文气象信息等。

（1）数据形成方案。

①船舶信息：由船检系统进行采集。目前已形成船舶基础数据库，通过数据交换平台定期抽取。

②船舶通告信息：由航道运行管理系统直接采集。

③水文气象信息：气象、自然资源等部门共享的气象、地质灾害预警和监测数据由数据交换平台统一进行采集。

（2）数据管理和更新机制。

船舶信息、船舶通告信息由港航管理机构作为数据采集责任方，负责数据质量审核、更新和整合工作。

水文气象信息中来源于交通运输行业外的监测信息，包括气象、水利、自然资源等部门提供的信息由港航管理机构进行采集，进行质量审核、更新和整合。

第 3 章

综合交通运输规划位移时空
大数据治理分析与应用

交通的本质是人和货物的位移。新时期综合交通运输规划更加精细化,非集计数据采集手段的应用越来越广泛,用于分类构建交通运输出行规律特征。客货位移时空数据群支持向量机治理分析模型可以实现利用线性位移特征构建机器学习决策,挖掘分析出行位移时空特征接近或类似的客货出行 OD 估算量,有效解决了时空大数据的"维数灾难"。

3.1　客货位移时空数据群支持向量机治理分析模型

3.1.1　客货位移行为的时间维特性

客货位移行为依赖于实际的路网拓扑结构和时间演化规律,具有显著的时间维特性[48]。

(1)周期性。

单个个体的出行运输决策难以预测,局部呈现非理性特征。但是,从宏观角度来看,往往体现为明显重复的位移活动模式与明显的出行规律,交通流呈现非常明显的重复规律性,即周期性。具体表现是早晚高峰频发性交通拥堵、工作日之间的交通状态相似,即日变周期性。工作日和周末的交通状态差异较大、周末的拥堵状况一般会得到缓解,即以周为周期的规律性波动。

(2)趋势性。

客货位移规律变化具有明显的周期性,可以从多天的时间序列数据中提取出行特征的历史变化趋势。交通流的趋势性分为长期趋势性和短期趋势性,前者可以反映交通流时间序列的日相似性,后者则代表交通流序列短暂性的突变波动趋势。一般来说客货位移数据分为长期趋势部分和波动部分。通常以天为单位,提取交通流的日间长期趋势,能反映交通状态随时间变化的主要规律。

(3)时间自相关性。

时间自相关性系数可以用来分析客货位移时间序列中任意两个不同时刻的交通状态相关程度。采用 k 阶时间自相关系数来进行表征,表示时间序列 X 与 k 个单位时间滞后的时间序列之间的相关程度,计算公式为:

$$C = \frac{\sum\limits_{i-1}^{n-k}(x_i - \overline{x}_i)(x_{i+k} - \overline{x}_{i+k})}{\sqrt{\sum\limits_{i-1}^{n-k}(x_i - \overline{x}_i)^2}\sqrt{\sum\limits_{i-1}^{n-k}(x_{i+k} - \overline{x}_{i+k})^2}} \tag{3-1}$$

式中:x_i、x_{i+k}——时刻 i 和时刻 $i+k$ 的交通状态参数值;

$\overline{x}_i$——从时刻 1 到时刻 $n-k$ 的交通状态参数均值;

$\overline{x}_{i+k}$——从时刻 $k+1$ 到时刻 n 的交通状态参数均值。

3.1.2 客货位移行为的空间维特性

客货位移行为不仅在时间维度上具有复杂的时间序列特性，在空间维度上有明显的分布特征。可以从空间自相关性、空间异质性两方面分析空间维特性。

（1）空间自相关性。

空间上不同路段的交通流状态之间存在依赖性，通常采用空间自相关性来量化，能够反映不同空间位置上交通流的变化规律的相关程度。可以采用全局空间统计量和局部空间统计量两种方式来量化空间自相关性。前者是用来分析研究对象整体的空间自相关性，后者是用来分析每个空间对象与邻接对象之间的相关程度，可以反映对象在空间上的集聚特征。常用的空间自相关性指标有全局 Moran's I 指数、局部 Moran's I 指数、Geary's 指数等等。全局 Moran's I 指数的计算公式如下：

$$I = \frac{\sum\limits_{i=1}^{n}\sum\limits_{j=1,j\neq i}^{n} \boldsymbol{w}_{ij}(x_i - \overline{x})(x_j - \overline{x})}{\sum\limits_{i=1}^{n}\sum\limits_{j=1,j\neq i}^{n} \boldsymbol{w}_{ij} \frac{1}{n}\sum\limits_{i=1}^{n}(x_i - \overline{x})^2} \tag{3-2}$$

式中：$\boldsymbol{w}_{ij}$——空间权重矩阵，用以量化空间对象之间的临近程度；

x_i、x_j——位置 i 和 j 对应的属性观测值；

$\overline{x}$——所有空间对象属性值的均值。

全局 Moran's I 指数的范围是 $[-1,1]$。当 $I > 0$，代表对象之间空间正相关；当 $I < 0$，代表对象之间空间负相关；当 $I = 0$，代表对象之间空间不相关。

（2）空间异质性。

空间位置效果不仅体现在空间自相关性上，还表现为空间异质性。空间自相关性受空间异质性的影响，每一个位置的属性因为其内在的独特性，导致了空间异质性。空间异质性能够反映对研究对象在空间上分布的局部集聚特征和不稳定程度。路网交通流状态在空间上分布不均匀，呈现明显的集聚特征。中心区域的交通状态较为拥堵，距离中心区越远，路段的交通状态越畅通。西部区域的交通状态总体上比东部区域更拥堵。因此空间异质性能够在宏观层面上反映不同区域交通状态的影响范围和集聚性特征。

3.1.3 客货位移行为的时空相关性

客货位移行为数据的空间和时间属性，在静态路网空间结构上叠加动态的交通流状态变化规律，形成复杂的交通状态时空网络。路段交通流状态是相互依赖的，而不是独立的，可能受空间邻近路段或历史时段交通状态的影响，具有明显的时空相关性（Spatio-temporal correlations）。如图 3-1 所示，路网 N，t 时刻路段 r_a 的交通状态与其历史时刻 $t-1$ 或 $t-n$ 时刻的交通状态相关，同时也受其邻接路段 r_b 甚至远距离的路段 r_c 的影响。时空相关性可以用于交通流预测模型中，有助于提高预测精度。时空相关性的量化方法主要来源于对时间自相关性和空间自相关性的延伸，如时空自相关函数、时空 Moran's I 指数等等。

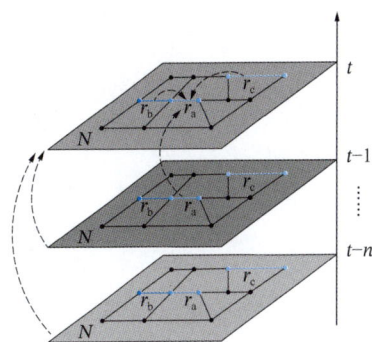

图 3-1　时空相关性示意图

3.1.4　基于支持向量机的数据治理分析框架

我国交通运输行业迅速发展，高速铁路里程、高速公路里程、集装箱港口规模、千米级跨径桥梁数量等已位居世界前列。但是，现有交通运输体系条块分割严重，各运输方式之间协同能力差，综合运输效率低、费用高，世界一流的交通基础设施并没有产生世界一流的综合运输效率与服务质量。加快建设交通强国，将引导中国交通运输行业发展重点由交通基础设施建设主导向综合交通体系效能提升主导的重大转型，将实现综合交通体系运输效率与服务质量的大幅度提升。各种运输方式之间融合发展，尤其要做好规划衔接，形成铁路、公路、水运、航空等交通基础设施统筹兼顾、融合发展。突破综合交通客货位移数据结构复杂、时空维度灾难、总成本有限等技术瓶颈，建立综合交通运输系统交通分析模型与方法体系，有力支撑综合交通运输系统一体化融合发展。

客货位移时空数据群支持向量机治理分析模型是利用支持向量机模型适宜求解多源数据凸二次规划问题的优势，分析客货车卫星定位轨迹数据、车辆收费数据、公路交通流量调查数据、船舶轨迹数据、手机信令数据等线性位移特征构建机器学习决策函数，寻找综合交通运输规划客货 OD 运输成本的最优解，进而将其转化为凸二次规划最小化问题：

$$\min f(x) = \frac{1}{2}\boldsymbol{x}^{\mathrm{T}}\boldsymbol{Q}\boldsymbol{x} + \boldsymbol{c}^{\mathrm{T}}\boldsymbol{x} \tag{3-3}$$

$$s.t. \qquad \boldsymbol{W}\boldsymbol{x} \leqslant b \tag{3-4}$$

其中，$\boldsymbol{Q}$ 为半正定矩阵，$\boldsymbol{x}$ 是优化变量，$f(x)$ 是一个凸函数，$\boldsymbol{W}\boldsymbol{x}$ 的每一行对应一个约束，b 为基于全社会客货出行总需求、额定承载力、枢纽中转服务能力、运输服务成本、安全绿色发展、时空吸引力等不等式约束条件，$\boldsymbol{c}$ 为系数向量。对同一或类似客货移动载体的时空运输行为属性高维特征进行降维学习训练，利用支持向量机求解全局客货出行 OD 运输成本的最小值，最终挖掘分析出综合交通运输规划客货出行 OD 最优解，整个治理分析计算的复杂性取决于支持向量的数目，而不是样本空间的维数，从而避免了运输行为移动时空数据的"维数灾难"。客货位移时空数据群支持向量机治理分析模型示意图如图 3-2 所示。

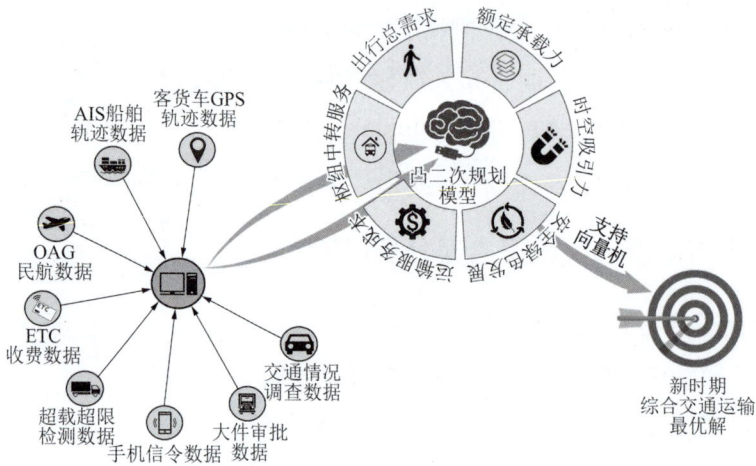

图 3-2　客货位移时空数据群支持向量机治理分析模型示意图

以公路、铁路、水运、航空、城市道路生成的时空位移特征数据为研究对象，提出了综合交通系统多源数据治理与应用分析技术框架，形成了覆盖综合网络结构、综合需求分析与综合交通分配的成套技术体系，为综合交通系统的一体化分析提出了理论模型框架支撑。

3.1.5　位移时空数据治理技术应用框架

（1）总体分析框架。

以手机信令数据、交通调查数据、运输量专项调查数据为基础，补充车辆卫星定位数据、治超数据、高速公路收费数据和互联网导航数据等多口径、多业务数据，通过清洗、处理、融合，推算不同区域之间公路交通 OD，分析主要城市之间、城市群之间、城市群内部公路交通出行规律。位移时空数据治理分析思路如图 3-3 所示。

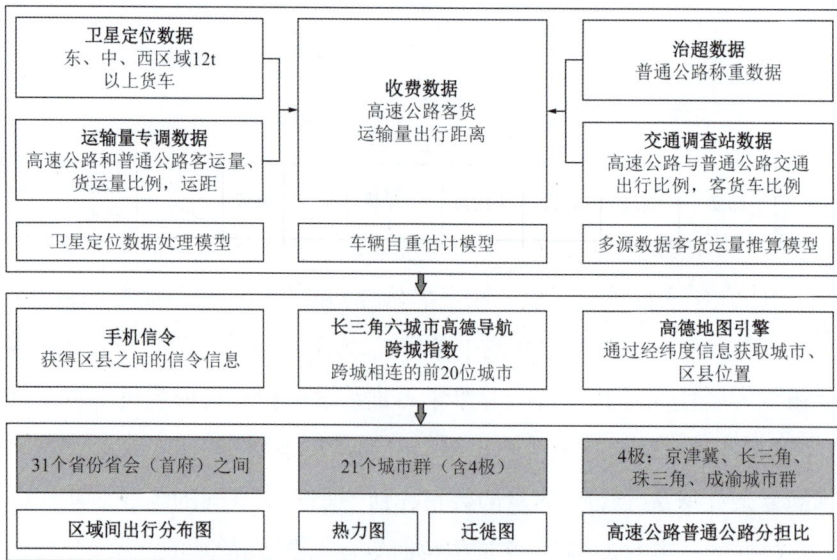

图 3-3　位移时空数据治理分析思路

（2）基础技术框架。

算法的主体思路是以车牌号归属地为一条完整出行链的起点和终点，通过追踪车牌号，识别车辆的行驶轨迹，提取完整的出行链，重点涉及数据预处理、数据结构重建和模式识别三个步骤。其中，数据预处理对算法速度影响较大的是数据重编码环节，也是出行主体隐私保护的必需环节；数据结构重建环节对算法速度影响较大的是数据表结构的设计，应尽量降低数据冗余度；轨迹提取与模式识别环节的算法则取决于数据表的具体结构。

3.2 基于抽样理论的位置关联数据治理技术

随着智能手机、卫星定位等技术广泛应用，位置关联数据可以为综合交通运输规划提供更丰富的数据支持。以卫星定位数据为例，本书提出基于抽样理论的位置关联数据治理技术。

3.2.1 位置关联数据概况

（1）互联网位置数据。

互联网位置数据源主要有两个：第一，公众数据，手机地图 App 的导航回传和车载导航设备回传的定位数据；第二，行业数据，通过置换和购买的方式获取出租车、货运车辆、班线客运车辆等定位数据。基础格式是定位点，一般隔几秒钟上传一次，它是连续点的序列信息，能够完整地复现一个用户的出行轨迹。把点匹配到地图上，可以深入了解路网运行情况，根据用户需求提供多元信息，数据量大且覆盖面广，数据实时传输，稳定性强，能在一定程度上反映路网的运行情况。

（2）卫星定位数据。

按照有关要求，道路运输管理机构建设了卫星定位系统，通过采集卫星定位数据实现对特定营运车辆的安全监控。卫星定位数据的样式与数据字段内容如表 3-1 和表 3-2 所示。

卫星定位数据表样式　　　　　　　　　　表 3-1

运营商编号	经度	纬度	速度	海拔	方向角	车机时间	装载	车辆状态	报警状态	接收时间
（略）	120.3609	32.49776	0	11	0	20171106182858	0	786433	32	20171108102728
（略）	120.3609	32.49776	0	11	0	20171106182958	0	786433	32	20171108102829
（略）	120.3609	32.49776	0	11	0	20171106183028	0	786433	32	20171108102859
（略）	120.3609	32.49776	0	11	0	20171106183128	0	786433	32	20171108103000

车辆定位信息数据表　　　　　　　　　　表 3-2

字段名	字节数	类型	描述及要求
车机时间	3	BYTES	时分秒（h、min、s）
经度	4	Uint32_t	经度，单位为 1×10^{-6} 度

字段名	字节数	类型	描述及要求
纬度	4	Uint32_t	纬度，单位为 1×10^{-6} 度
速度	2	Uint16_t	速度，指卫星定位车载终端设备上传的行车速度信息，为必填项。单位为千米每小时（km/h）
方向角	2	Uint16_t	方向，0～359，单位为度（°），正北为 0，顺时针
海拔	2	Uint16_t	海拔高度，单位为米（m）
车辆状态	4	Uint32_t	车辆状态，二进制表示，B31B30B29···B2B1B0 具体定义按照《道路运输车辆卫星定位系统 终端通讯协议及数据格式》（JT/T 808—2019）中表 24 的规定
报警状态	4	Uint32_t	报警状态，二进制表示，0 标识正常，1 表示报警：B31B30B29···B2B1B0 具体定义按照《道路运输车辆卫星定位系统 终端通讯协议及数据格式》（JT/T 808—2019）中表 25 的规定

3.2.2　卫星定位数据治理流程

卫星定位数据治理流程如图 3-4 所示。

首先，对原始的卫星定位数据进行数据预处理和地图匹配，将处理过的卫星定位数据匹配到电子地图上。其次，根据数据预处理和地图匹配的结果，推算出卫星定位车辆的行驶路径。最后，结合相应的路段与路网信息，计算得到营运车辆的行程速度数据和 OD 数据。其中，行程速度和 OD 数据通过采用时间最短路径算法来推算车辆可能走过的路段来最终确定车辆的行程速度和 OD 数据。

根据实际情况，可以提出卫星定位数据的预处理、数据样本量确定、数据采集周期确定、地图匹配、行程速度计算、OD 数据计算等技术。

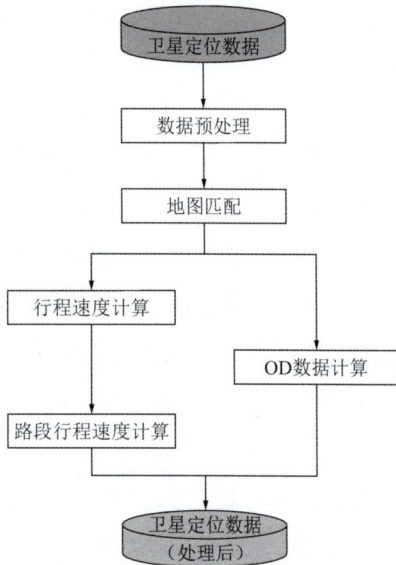

图 3-4　卫星定位数据处理技术路线

3.2.3　基于抽样理论的卫星定位数据治理技术

1）数据预处理

在对卫星定位数据处理之前，要对卫星定位数据及相应的电子地图数据进行数据预处理，主要包括坐标变换、丢失和错误数据识别、车辆分类和地图数据处理。

（1）坐标变换。

部分卫星定位数据与常用电子地图采用不同的坐标系。部分卫星定位数据使用的是 WGS-84 坐标系统，国内常用电子地图一般使用北京 54 和西安 80 坐标系的高斯平面投影。因此，要将卫星定位数据准确在电子地图上表示，需要进行坐标变换。为了提高卫星定位数据处理的实时性，在电子地图上实时显示行驶车辆目标位置，坐标变换算法要保证精度，同时尽量减少计算时间。坐标变换步骤如下：

①利用 WGS-84 大地坐标(B_{84}, L_{84}, H_{84})，计算地心直角坐标(X_{84}, Y_{84}, Z_{84})。

②通过坐标平移、旋转和缩放，把地心直角坐标(X_{84}, Y_{84}, Z_{84})变成北京 54 直角坐标(X_{54}, Y_{54}, Z_{54})或西安 80 直角坐标(X_{80}, Y_{80}, Z_{80})。

③利用北京 54 直角坐标(X_{54}, Y_{54}, Z_{54})或西安 80 直角坐标(X_{80}, Y_{80}, Z_{80})，计算北京 54 大地坐标(B_{54}, L_{54}, H_{54})或西安 80 大地坐标(B_{80}, L_{80}, H_{80})。

④利用高斯投影变换，把 54 北京大地坐标或 80 西安大地坐标转换为当地坐标椭球的高斯平面坐标(x_g, y_g)。

⑤根据在同一平面下的平面坐标相似变换原理，通过平移、旋转，把高斯坐标转换为地方独立坐标(x, y)，即导航电子地图的坐标。

其中，步骤①和③为同一坐标系(B, L, H)和(X, Y, Z)的正变换和反变换。

卫星定位数据采用 WGS-84 坐标系统是三维坐标，而电子地图一般采用的是平面坐标，因此要准确地在电子地图上显示卫星定位点，必须先经过坐标变换，将三维坐标转换为平面坐标，然后结合电子地图的道路信息等数据，利用地图匹配算法，将车辆定位到实际道路上。

（2）丢失和错误数据识别。

①丢失数据识别。

由于卫星定位的覆盖范围和通信延迟等，在卫星定位数据采集和传输的过程中会发生数据的丢失。通过把在一定时间内得到的数据定义成某一时段的数据，实现对丢失数据的识别。例如，若数据采集的时间间隔为 30s，则将在 8:00:00 到 8:00:30 这 30s 内得到的数据均视为 8:00:00 这一时段的数据，然后对数据的时段进行扫描和判断，如果在某一时段内没有得到数据，或是某一时段内有多于一组的数据，则认为该时段的数据存在问题，需要进行修复和补充处理。

②错误数据识别。

当卫星定位终端或者通信网络出现故障时，采集到的数据通常是错误的数据，不能反映真实的交通状况。通过预先给出数据参数的合理范围，然后检查所采集的数据是否在合理范围之内，实现错误数据的识别。具体的卫星定位数据的合理范围包括：

A. 车辆地点速度v。

$$0 \leqslant v \leqslant f_v V \tag{3-5}$$

式中：V——路段的限制速度（km/h），不同等级的路段限制速度不同；

　　　f_v——修正系数。

B. 行程时间t。

行程时间t的定义为在自由流状态下，车辆以最大合理速度行驶通过特定路段所用的时间。

高速公路、国省干线公路行程时间的合理范围为：

$$\frac{l}{V} \leqslant t \leqslant \frac{l}{v_b + \varepsilon} \tag{3-6}$$

式中：l——路段长度；

v_b——当路段的下游发生阻塞时沿此路段行驶的平均行程速度；

ε——大于 0 的一个极小值，以免当 $v_b = 0$ 时算法溢出。

（3）车辆分类。

原始的卫星定位数据是按时间序列进行传输和接收的，不同车辆的卫星定位数据按照时间序列分布无法进行相应的计算。因此，需要在坐标变换、坐标纠偏、丢失和错误数据识别的基础上对车辆进行分类，按照车辆编号得到一定时间间隔的车辆轨迹。

进一步，根据不同营运车辆的运行状态，进行不同层次车辆的分类。若营运车辆正处于营运状态时，此时的数据参数可以直接进行计算；当营运车辆处于非营运状态时，通过对数据参数乘以相应的修正系数后，再进行相应计算。

（4）地图数据处理。

目前国内的地图数据都是采用不同的图层来进行地图数据的显示，不同的道路信息也分布在不同的显示图层中。在进行地图匹配时，并不需要道路等级较低的路段图层显示，而且过多的地图数据会消耗相应的计算资源。因此需要对等级非常低的道路进行剔除，以加快地图匹配时算法的运行速度。

2）数据样本量确定

针对卫星定位数据，若数据样本量太小，则得到的行程速度数据和 OD 数据精度较低；若数据样本量太大，则数据的计算量较大，不仅精度不会明显提高，而且相应的数据传输、通信及计算的成本等会显著增加。因此，确定一个合理的数据样本量对于卫星定位数据处理模型来说是十分必要的。

对于单一路段的数据样本量，根据数理统计中的抽样定理，n 个卫星定位车辆的平均行程速度的估计值 $\hat{v}$ 服从正态分布 $N(v, \sigma^2/n)$，且有：

$$U = \frac{\hat{v} - v}{\sigma/\sqrt{n}} \qquad N(0,1) \tag{3-7}$$

设卫星定位车辆平均行程速度的估计值 $\hat{v}$ 与实际平均速度值 v 的误差小于给定的允许误差 ε 的概率不低于 $1 - \alpha$，$X_{\alpha/2}$ 为标准正态分布值，满足 $P\left(U > X_{\frac{\alpha}{2}}\right) = \alpha/2$，则有：

$$n \geqslant \left(\frac{\sigma}{\varepsilon} X_{\frac{\alpha}{2}}\right)^2 \tag{3-8}$$

对于路网的数据样本量，通过定义路段样本数符合率、样本规模和评价指标的关系曲线找到路网最优的数据样本量。整个路网的数据样本量的计算方法如下：

（1）确定给定条件下路网单个路段的最小卫星定位数据样本数。

（2）根据车辆编号，对一定时间间隔内的全体卫星定位数据进行抽样，逐步缩小样本规模，提取一定比例的样本集，根据新的样本集查询卫星定位数据并计算：经过路段 C 的卫星定位样本数 n_i，$i = 1, \cdots, N$，其中 N 为路网路段数。

定义路段样本数符合率 $\eta = \dfrac{\sum\limits_{i=1}^{N} \mathrm{Sgn}(n_i - n_{\min})}{N}$，计算不同卫星定位车辆样本规模下的路段样本数符合率 η，其中 N 为路网路段数，n_i 为计算周期内路段 i 上经过的卫星定位车辆样本数，$n_{\min}$ 为满足路段卫星定位数据处理要求的最小样本数，$\mathrm{Sign}(x)$ 为符号函数，当 $x \geqslant 0$ 时值为 1，否则为 0。

（3）对路段样本数符合率 η 和样本规模 x 进行离散化处理，分别计算 η 相对 x 的变化率 f' 和 f' 相对 x 的变化率 f''。

（4）定义并计算曲线曲率 $K(x) = \dfrac{|f''|}{(1+f'^2)^{2/3}}$。

（5）求解 $\dfrac{\mathrm{d}K}{\mathrm{d}x} = 0$，得到路网的最优数据样本量。

3）数据时间粒度确定

原始的卫星定位数据采集的时间间隔为 30s，数据的采集周期直接影响卫星定位数据处理的实时性和准确性。根据不同的需求，应分别确定不同的合理数据时间粒度。

对于面向路网运行和公众出行的数据需求，若数据采集时间间隔过大，虽可以降低采集成本，但同时也会漏掉大量重要数据，这会降低对路网运行监控的精度，因此在原始 30s 时间间隔采集数据的基础上，将原始数据处理成时间粒度为 5min 的分路段的数据。

对于面向综合交通运输规划或者统计应用的数据需求，若数据采集时间间隔太小，车辆的运行位置及状态只有微小的改变，对于车辆行程速度和 OD 数据的获取意义不大。因此，在原始 30s 时间间隔采集数据的基础上，对于行程速度数据，将原始数据处理成时间粒度为 1h 的数据，在时间粒度为 1h 的统计数据基础上，形成其他时间粒度的统计数据；对于 OD 数据，考虑到卫星定位车辆的 OD 点时间间距较大，将原始数据处理成时间粒度为 1 天的数据，在此基础上形成其他时间粒度的统计数据。

4）地图匹配

数据预处理和地图匹配的算法都直接影响地图匹配的精度。对于卫星定位数据的地图匹配采用基于最短路径的全局地图匹配算法。

地图匹配的算法包括路段匹配和点匹配。基于最短路径的全局地图匹配算法的基本思路是：首先，把数字地图划分成较大和较小两类栅格，较大的栅格用于收集候选路段所构成的路网，较小的栅格用于匹配路段尽可能靠近卫星定位数据点；然后，利用最短路径的搜索算法，寻找最佳的匹配路线；最后，匹配卫星定位数据点。具体的地图匹配算法如下：

（1）地图匹配。

首先，根据卫星定位数据的经纬度坐标数据，读取卫星定位车辆的出行轨迹；然后，结合地图栅格的数据,计算其所处第一类栅格,把以此栅格为中心的 9 个相邻栅格的覆盖区域作为轨迹点可能位置区域,抽取卫星定位车辆轨迹周边的路段,修正局部路网中的路段权值;最后,采用 Dijkstra 算法进行最短路径的寻优,修正起始点,确定地图匹配的路线。

(2)点匹配。

点匹配采用常用的垂直相交求垂足的方法匹配卫星定位数据点。对每个卫星定位数据点,依次求该点到最短路径上所有路段的垂足,并计算它们之间的距离,距离最短且在路段上的垂足点即是匹配点。

5)行程速度。

(1)路段划分原则。

路段行程速度计算的前提是对公路网路段的划分。影响公路网路段划分的因素包括地形条件、交通量、车辆类型构成、车道宽度、路边障碍物等因素。传统的路段划分方法包括等长度和不等长度划分方法。考虑到卫星定位车辆行驶的道路多为指定路线,而且主要分布在国省干线公路,因此,针对卫星定位车辆行程速度的计算提出了相应的路段划分原则,原则具体如下:

①不受出入口匝道、交叉口等影响的基本路段长度以 1~2km 划分为宜。

②路段的起始点宜落在道路的直线段。

③易拥堵路段、突发事件多发路段、恶劣气象条件频发路段、长下坡路段划分为单独路段。

④大型、特大桥梁,长大、特长隧道划分化单独路段,对中小型桥梁、隧道与相邻道路分为一个混合路段。

⑤高速公路、国省干线公路的互通立交、服务区、停车区、收费站、治超站等划分为单独路段。

⑥任一路段与相邻的前一路段相比,只要任一影响因素发生变化,就应当划分为单独的路段。

(2)路段行程速度计算。

路段行程速度通过计算该路段卫星定位车辆的行程速度来表示,用该路段上卫星定位车辆数据点之间的路径距离 l 除以时间 t 的差值,即:

$$\overline{v}_i = \frac{l_i}{t_{i2} - t_{i1}} \tag{3-9}$$

式中:$\overline{v}_i$——路段的平均行程速度;

$\quad\quad i$——卫星定位车辆的编号;

$\quad\quad l_i$——卫星定位车辆数据点之间的路径距离;

$\quad\quad t_{i1}$——卫星定位车辆数据的起始时刻;

t_{i2}——卫星定位车辆数据的结束时刻。

（3）路段平均行程速度计算

考虑到单一卫星定位车辆的行程速度，尤其在满载情况下行驶的相对误差较大，因此，通过上述方法计算出路段上所有卫星定位车辆的行程速度后，对该路段上得到的所有卫星定位车辆的数据，根据车辆分类、载客状态等因素进行分层次加权平均，得到路段的平均行程速度，即：

$$\overline{v} = \frac{\omega_i \sum_{i=1}^{n_i} \overline{v}_i + \omega_j \sum_{j=1}^{n_j} \overline{v}_j + \cdots + \omega_m \sum_{m=1}^{n_m} \overline{v}_m}{N} \tag{3-10}$$

式中：v_i、v_j、v_m——路段各层次车辆的路段行程速度；

n_i、n_j、n_m——各层次车辆正常速度的个数；

ω_i、ω_j、ω_m——各层次车辆速度的调整系数；

N——所有速度的总个数，$N = n_i + n_j + \cdots + n_m$。

在计算得到路段平均行程时间的基础上，形成路段、通道、路网的分路段、分车型、分时间粒度的行程速度数据。

6）OD 数据

对卫星定位数据进行数据预处理和地图匹配等流程后，利用卫星定位车辆的时间、经度、纬度、速度、车辆状态等信息，在分析得到卫星定位车辆 OD 起始点的基础上，可以直接获得卫星定位车辆的 OD 数据。卫星定位车辆的 OD 数据主要是用于综合交通运输规划、统计应用等，时间粒度按照 1 天进行计算。OD 数据获取的具体流程如下：

（1）车辆轨迹点时间序列数据读取。

根据数据预处理的车辆分类步骤，通过卫星定位数据的车辆 ID 数据项，读取每一辆卫星定位车辆在统计时间范围内的卫星定位数据，按照车辆定位时刻进行排序，形成卫星定位车辆的轨迹点时间序列。

（2）车辆 OD 点判断。

针对按定位时间排列的车辆轨迹点数据，对车辆相邻时间间隔数据的车辆状态进行判断，若车辆状态在相邻时间间隔内发生变化，且车辆状态在接下去的一定时间间隔内不发生变化，并结合旅游包车、三类以上班线客车和运输危险化学品、烟花爆竹、民用爆炸物品的道路专用车辆行驶的道路班线数据，可以初步判断相应的轨迹点为车辆 OD 点。

在对车辆状态和空间道路班线分析的基础上，再结合卫星定位车辆的速度、行驶里程、停留时间等因素进行综合分析和判断，确定车辆 OD 点。首先选出车辆速度小于最低行驶速度的低速轨迹点。判断在连续的低速轨迹点记录中是否有少数高速运行的记录，对相应的少数高速度运行记录判断为速度跳跃现象。进一步对行驶里程和行驶时间进行判断，若行驶里程小于相应的里程阈值或行驶时间大于相应的时间阈值，则可以判断车辆为非营运状态，相应轨迹点可以作为车辆的 OD 点。

（3）形成 OD 数据。

在得到所有车辆的 OD 对数据后，结合车辆的道路班线和车辆分类数据，按照相应的行政区划进行交通小区划分，对每个小区的车辆 OD 对数据进行统计，得到卫星定位车辆的 OD 矩阵、O 点主流向、D 点主来源、关键 OD 对等相应的 OD 数据，形成分地市、分车型、分时间粒度的 OD 统计数据。

3.2.4　计算示例

以某市营运车辆的卫星定位数据为例，进行数据治理分析和验证。

1）原始数据

原始数据选取某市国省道上的营运车辆卫星定位数据，包括车牌号、经度坐标、纬度坐标、日期时间、路线名称、路线编码、起始时间、结束时间、起始距离、结束距离等，原始数据样式如表 3-3 所示。

2）地图匹配

利用 GIS 软件，根据原始数据的经度坐标、纬度坐标将原始数据匹配到地图上，进行地图匹配和点匹配。点匹配以 10m 为圆心，对点数据进行搜索，以某省道线路为例，如搜索到这条线路，则认为其是这个线路上的点，如果找不到线路，则此点为无效数据，以距离最短且在路段上的垂足点作为匹配点。结果如图 3-5、图 3-6 所示。

图 3-5　某市卫星定位数据分布图　　　　图 3-6　某省道线路点匹配数据分布图

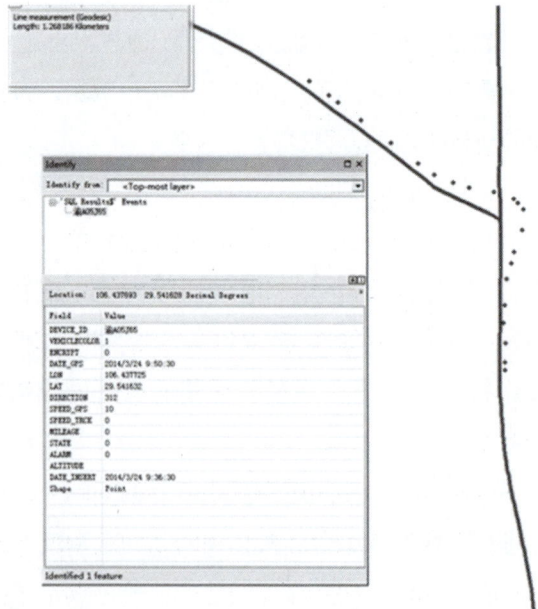

营运车辆卫星定位原始数据

表 3-3

DEVICE_ID	NEAR_X	NEAR_Y	DATE_GPS	LXBM	LXMC	MAX_DATE	MIN_DATE	MIN_DISTANCE	MAX_DISTANCE
（略）	107.08747	29.156435819	2014/3/24 9:40:00	S413	（略）	2014/3/24 9:50:30	2014/3/24 9:40:00	44.16262749	45.39212869
（略）	107.09485107	29.16070502	2014/3/24 9:50:30	S413	（略）	2014/3/24 9:50:30	2014/3/24 9:40:00	44.16262749	45.39212869
（略）	107.06317763	29.0688048	2014/3/24 9:39:38	S413	（略）	2014/3/24 9:44:38	2014/3/24 9:39:38	59.45815245	69.70722701
（略）	107.08302521	29.009330719	2014/3/24 9:44:38	S413	（略）	2014/3/24 9:44:38	2014/3/24 9:39:38	59.45815245	69.70722701
（略）	107.08759904	29.048305343	2014/3/24 9:55:19	S413	（略）	2014/3/24 9:55:19	2014/3/24 9:00:12	63.86576135	63.86576135
（略）	107.08759904	29.048305343	2014/3/24 9:00:12	S413	（略）	2014/3/24 9:55:19	2014/3/24 9:00:12	63.86576135	63.86576135
（略）	107.08759904	29.048305343	2014/3/24 9:00:30	S413	（略）	2014/3/24 9:12:31	2014/3/24 9:00:30	63.86576135	63.86576135
（略）	107.08759904	29.048305343	2014/3/24 9:12:31	S413	（略）	2014/3/24 9:12:31	2014/3/24 9:00:30	63.86576135	63.86576135
（略）	107.12920791	28.995339644	2014/3/24 9:13:01	S413	（略）	2014/3/24 9:32:41	2014/3/24 9:13:01	82.1306081	82.1306081
（略）	107.12920791	28.995339644	2014/3/24 9:32:41	S413	（略）	2014/3/24 9:32:41	2014/3/24 9:13:01	82.1306081	82.1306081
（略）	107.08759904	29.048305343	2014/3/24 9:00:30	S413	（略）	2014/3/24 9:32:34	2014/3/24 9:00:30	63.86576135	63.86576135
（略）	107.08759904	29.048305343	2014/3/24 9:32:34	S413	（略）	2014/3/24 9:32:34	2014/3/24 9:00:30	63.86576135	63.86576135
（略）	107.08759904	29.048305343	2014/3/24 9:42:16	S413	（略）	2014/3/24 9:42:16	2014/3/24 9:00:10	63.86576135	63.86576135
（略）	107.08759904	29.048305343	2014/3/24 9:00:10	S413	（略）	2014/3/24 9:42:16	2014/3/24 9:00:10	63.86576135	63.86576135
……	……	……	……	……	……	……	……	……	……

3）行程速度

（1）路段划分。

将某市国省道路线按照区县进行分段。

（2）行程速度计算。

根据路段起始桩号，按车辆车牌号进行分类，将卫星定位数据按时间序列进行排序。按照 5min 间隔，以车辆开始时间点为起点，终点时间为结束点，记录开始时间的位置为起始位置，并算出起点距离，终点时间的位置为终点位置，并算出终点距离。按照形成速度计算公式计算得到每辆车的行程速度。

计算时考虑一条线路上的点存在间断点，比如 A 车在 S413 行驶了一段距离后，在 S412 行驶，行驶 30min 后回到 S413。因此判断两个点时间差小于 5min 为有效样本。计算结果如表 3-4 所示。

（3）路段平均行程速度计算。

对计算得到的路段行程速度进行分层次加权平均，得到路段的平均行程速度，S413 分路段车辆行程速度如表 3-4 所示，平均行程速度如表 3-5 所示。

S413 分路段行程速度表　　　　　　　　　　　　　　　表 3-4

序号	路段	起始桩号	车牌号	路段行程速度（km/h）
1	路段一	0～7.13	（略）	22.01
2			（略）	27.28
3	路段二	7.13～14.44	（略）	22.70
4			（略）	25.55
5			（略）	33.12
6	路段三	14.44～21.301	（略）	26.52
7			（略）	27.33
8	路段四	21.301～28.13	（略）	40.25
9			（略）	36.21
10			（略）	26.34
11			（略）	26.73
12			（略）	26.46
13			（略）	27.78
14			（略）	27.09
15			（略）	34.45
16	路段五	28.13～44	（略）	25.82
17			（略）	33.01
18			（略）	28.12

续上表

序号	路段	起始桩号	车牌号	路段行程速度（km/h）
19			（略）	22.87
20			（略）	61.93
21			（略）	54.42
22			（略）	35.20
23			（略）	53.28
24			（略）	54.83
25			（略）	78.67
26			（略）	59.59
27			（略）	41.70
28			（略）	24.13
29			（略）	35.85
30			（略）	55.80
31			（略）	39.06
32			（略）	23.48
33			（略）	67.26
34			（略）	24.66
35	路段五	28.13～44	（略）	51.37
36			（略）	36.41
37			（略）	29.50
38			（略）	51.24
39			（略）	53.92
40			（略）	20.09
41			（略）	26.87
42			（略）	40.91
43			（略）	72.86
44			（略）	29.84
45			（略）	35.88
46			（略）	31.06
47			（略）	28.53
48			（略）	23.24
49			（略）	38.62
50			（略）	68.28
51			（略）	40.20

序号	路段	起始桩号	车牌号	路段行程速度（km/h）
52	路段五	28.13～44	（略）	37.12
53			（略）	31.09
54			（略）	30.50
55			（略）	24.53
56			（略）	34.99
57			（略）	78.18
58			（略）	32.90
59	路段六	51.99～74.49	（略）	76.54
60			（略）	64.83
61			（略）	21.86
62			（略）	26.93
63			（略）	39.66
64			（略）	55.60
65			（略）	69.39
66			（略）	33.38
67			（略）	31.40
68			（略）	73.80
69			（略）	72.51
70			（略）	24.83
71			（略）	79.21
72			（略）	45.75

S413 分路段平均行程速度表 表 3-5

序号	路段	起始桩号	路段平均速度（km/h）
1	路段一	0～7.13	24.64
2	路段二	7.13～14.44	27.12
3	路段三	14.44～21.301	26.93
4	路段四	21.301～28.13	30.66
5	路段五	28.13～44	41.11
6	路段六	51.99～74.49	49.84

第 4 章

综合交通运输规划时空复合的
多尺度空间数据治理

空间数据是综合交通运输规划尤其是交通空间规划的核心支撑和基本要素。针对综合交通网总体规划与详细规划、多方式综合交通运输规划与单一综合交通运输规划、五年发展规划与中长期规划之间的在空间尺度与建设时序的多层次需求，研究提出基于"多规合一"与不同空间尺度、不同时序单元的综合交通运输规划空间数据治理框架，探索建立了综合交通运输规划时空复合图谱分析理论体系和关键技术。

4.1　基于"多规合一"与多维综合交通运输规划时空复合图谱理论模型

2019 年 5 月，中共中央、国务院发布《关于建立国土空间规划体系并监督实施的若干意见》(以下简称为《意见》)，《意见》中提出建议国土空间规划体系并监督实施，将主体功能区规划、土地利用规划、城乡规划等空间规划融合为统一的国土空间规划，实现"多规合一"。经过长期以来的努力，各类交通专项规划已经与国土空间规划形成了较好的互动关系，但在不同运输方式、不同空间尺度、不同时序单元多层面与国土空间要素关联分析等方面，研究仍处于空白状态。

2021 年 2 月，中共中央、国务院印发了《国家综合立体交通网规划纲要》，指出交通运输发展应有效促进国土空间开发保护、城乡区域协调发展、生产力布局优化，为经济社会发展充分发挥基础性、先导性、战略性和服务性作用。综合立体交通网规划要与国土空间总体规划有效衔接，在采用交通领域经典的交通量预测、线路布设等技术方法的基础上，在编制内容、方案精度等方面重点加强匹配衔接。

本书以地学信息图谱理论方法、地理信息系统时空复合体模型为依据，提出了基于"多规合一"与不同空间尺度、不同时序单元的综合交通运输规划时空复合图谱理论模型，将"表示综合交通运输网络空间特征的图"与"表示综合交通运输网络变化之起点与过程的谱"合二为一，成为综合交通运输规划时空复合图谱，建立综合交通运输规划的"图谱单元"，即进行"空间与过程研究"的时空复合体，并用同时反映空间差异和时序变化过程的状态变量 $P_{s,t}$ 进行描述。

$$P_{s,t} = (P_{1,s,t}, P_{2,s,t}, P_{3,s,t}, \cdots, P_{n,s,t})$$

其中，$P_{n,s,t}$ 可以代表综合交通的任何性质，包括人口、经济实力、技术水平、分方式客货运量、分方式客货周转量、分方式客货平均运距、机动车保有量、运输路线质量、运输路线长度等，还包括使用各类算法或者数据模型把多种属性集成后得到的各种综合性指标，如枢纽服务能力、运输密度、运输强度、能力利用率、通达效果等。s 代表空间位置，t 代表时间位置，对于其中任意一个性质，其图谱时空复合代码均可描述为：

$$P_{n,s,t} = C_{n,s,1} \times 10^{t-1} + C_{n,s,2} \times 10^{t-2} + \cdots + C_{n,s,t} \times 10^{t-t}$$

复合代码表示对于空间位置 s，经过 t 期专项规划数据合成的具有 t 位编码的时空复合数据代码，并无数学意义，$C_{n,s,1}$、$C_{n,s,2}$、$\cdots$、$C_{n,s,t}$表示属性n第 1、2、$\cdots$、t期在空间位置s的特征数据。

通过建立信息重映射表对图谱单元时空复合信息进行重新分类、提取与融合（即图谱重构），创立了综合交通运输规划时空复合一体化数据治理框架，将综合交通运输规划过程中的交通空间-规划属性-时序过程同时作为空间数据治理体系的基本要素，采用空间查询与统计分析、图谱单元分类排序、国土空间变化转移矩阵三种方法相结合，逐一分析不同时序单元、不同空间尺度下综合交通运输规划与国土空间的叠加情况和变化规律。

如图 4-1 所示，T_0、T_1、T_2、$\cdots$、T_t代表顺序出现的不同时间节点构成的时间轴，每个时间节点记录着相应时刻的空间数据和属性数据，采用空间分析地图代数的方法将相邻时间节点的数据两两合成，得到信息单元记录着T_0T_1、T_1T_2、$\cdots$、$T_{t-1}T_t$的多组变化，将空间变化、属性变化与时间变化集成为一个"过程"，实现对综合交通运输规划与国土空间规划的时间、空间、属性与过程等时空复合特征进行一体化表达。

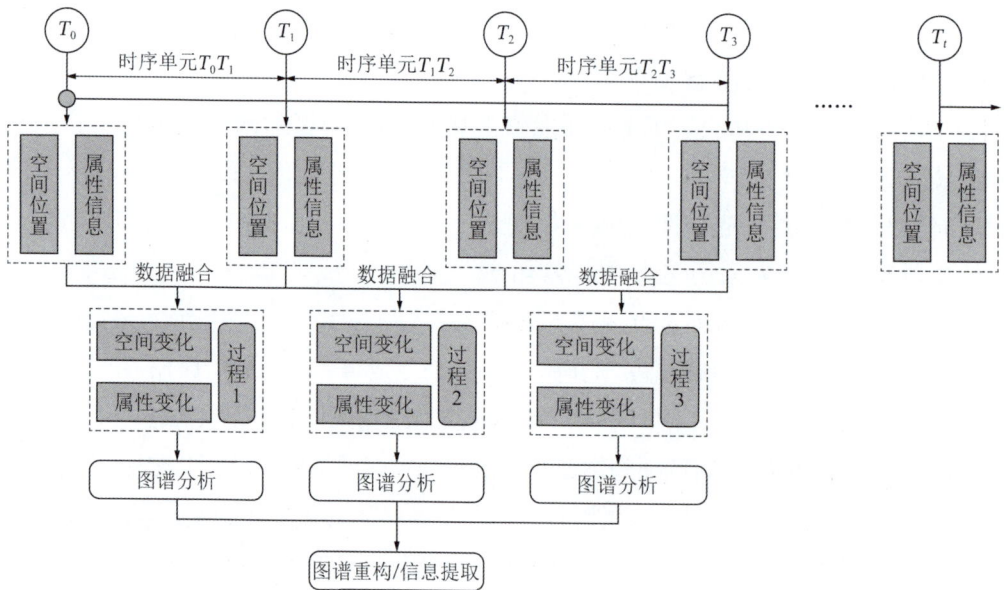

图 4-1　综合交通运输规划时空复合图谱理论模型

模型以直观、形象的方式表达综合交通网络中复杂的国土变化过程，提出了综合交通运输规划与国土空间规划"一张图"建设实施技术要求，搭建了综合交通运输规划空间要素"一张图"平台，为构建高质量发展的交通空间布局规划提供了精准支撑，有效解决了面对宏观综合交通运输网络规划与中微观规划、多运输方式设施网规划与单一运输方式设施网规划、五年发展性规划与近中期规划调整之间，在空间尺度与时序单元的多维度、多层次需求，以及"多规合一"约束条件下国土空间规划限制要素的空间约束叠加问题[49]。

4.2　多尺度空间数据治理架构

4.2.1　空间数据治理总体架构

综合交通运输规划空间数据治理要以规划信息资源为基础，建成统一的综合交通运输规划时空数据资源库，保障数据稳定和历史数据的统筹兼顾。为了兼顾规划纲要、网络布局规划和五年发展规划等规划体系的不同需要，本书提出缓冲库、现状库和历史库构成的多尺度空间数据治理架构（图 4-2）。

（1）缓冲库。

即临时数据库，新数据首先录入此库，并按照相应数据规范对新数据进行处理，以便录入现状库。

（2）现状库。

用于存储在缓冲库处理后的新数据。现状库中的当前数据备份录入历史库后，才可导入新数据。

（3）历史库。

用于存放历史数据，在现状库数据更新之前，需将现状库数据在历史库备份。

历史库的备份周期以数据更新周期为准，备份不同周期的历史数据并进行相应命名。

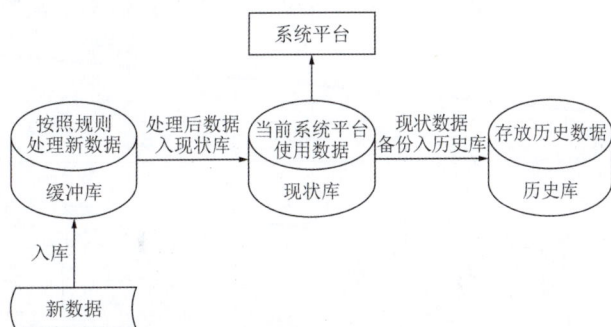

图 4-2　多尺度空间数据治理架构

4.2.2　综合交通运输规划空间信息资源

根据业务需求，信息资源分为：基础地理数据、交通专题数据（含电子海图数据）。

基础地理数据包括：数字线划图（DLG）、数字高程模型（DEM）、数字正射影像图（DOM）等。

交通专题数据包括：公路专题数据、航道专题数据、港口专题数据、铁路专题数据、机场专题数据等。

综合交通运输规划空间主要数据如表 4-1 所示。

综合交通运输规划空间主要数据　　　　　表 4-1

序号	分类	数据项
1	基础地理数据	
1.1		数字线划图（DLG）
1.2		数字高程模型（DEM）
1.3		数字正射影像图（DOM）
2	交通专题数据	
2.1		公路专题数据
2.2		航道专题数据
2.3		港口专题数据
2.4		铁路专题数据
2.5		机场专题数据
2.6		电子海图数据，参照 S-57 数据规范（IHO TRANSFER STANDARD for DIGITAL HYDROGRAPHIC DATA Edition 3.1）

4.2.3　空间数据逻辑架构

为了满足综合交通运输规划的空间数据治理需要，构建空间数据逻辑架构，由基础地理数据库、公路数据库、航道数据库、港口数据库、铁路数据库、机场数据库、相关元数据库构成，如图 4-3 所示。

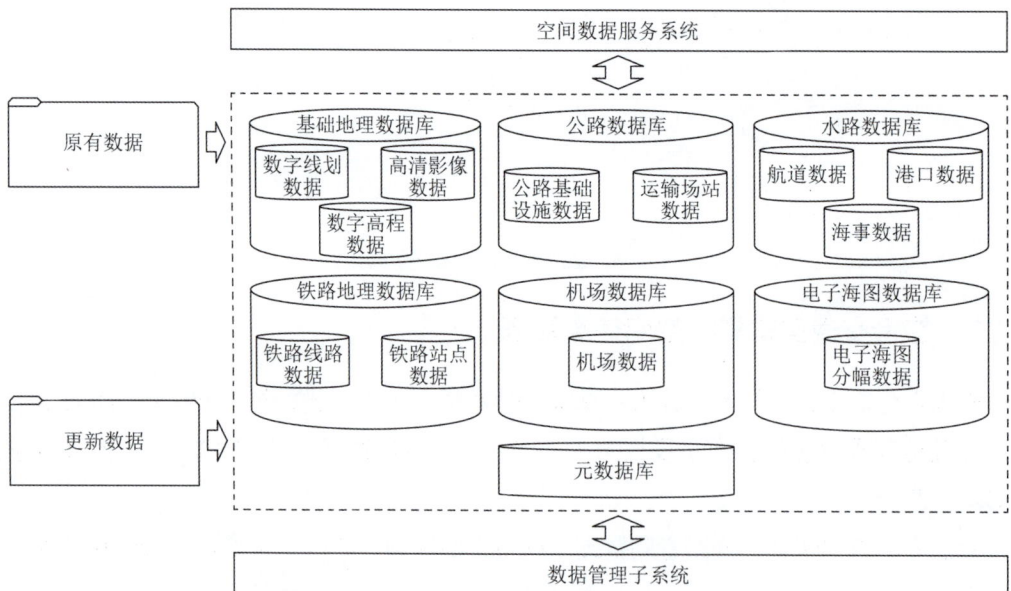

图 4-3　多尺度空间数据逻辑架构

4.3　综合交通运输规划时空复合图谱分析

综合交通运输规划是一个历史过程，需要构建满足多时间段分析的复合图谱。尤其是历史空间数据治理，要将历史综合交通运输规划数据资产纳入复合图谱体系，统一格式导入并形成统一数据资产。

4.3.1　数据模型统一

数据迁移首先要将历史规划数据转为统一的空间数据模型，包括矢量、栅格、影像、镶嵌数据、网络、属性表及文本数据。将数据库中的数据通过质量标准梳理为统一的数据格式，对于数据文件进行格式转换，并将成果批量导入至空间数据库。支持转换的数据类型如表 4-2 所示。

支持转换的数据类型

表 4-2

历史数据模型	数据模型
点（要素类）	点数据集
线（要素类）	线数据集
面（要素类）岛洞多边形	面数据集
注记	文本数据集
镶嵌数据集	镶嵌数据集
几何网络	网络数据集
网络数据集	网络数据集
属性域	属性域
栅格影像	栅格数据集
表	属性表数据集

4.3.2　空间数据库迁移

历史数据迁移需要支持现有空间数据库的数据导入规划数据库。其中，现有空间数据库包括个人地理数据库（Personal Geodatabase）、文件地理数据库（File Geodatabase）和企业地理数据库（Enterprise Geodatbase）三种。

通过统一的 SDX + 空间数据引擎，能够实现对三种空间数据库的支持，通过空间数据库接口，可以获取历史数据信息，转存为统一数据格式，并进行入库。如表 4-3 所示，列举了数据库替换类型。

· 115 ·

历史规划地理数据库		规划数据库接口
个人地理数据库		UDB/UDBX
文件地理数据库		UDB/UDBX
Oracle	ST_Geometry	UDB/UDBX
	SDO_Geometry	UDB/UDBX
	Oracle Spatial	UDB/UDBX
PostgreSQL	ST_Geometry	UDB/UDBX
	PostGIS	UDB/UDBX

4.3.3　地图资源迁移

地理信息系统具有综合的地图显示、渲染、编辑以及出图等功能。丰富的可视化效果，简单易用的制图工具，无须复杂设计就可以生产出高质量的地图。

地图文档文件可以将用户配置好的地图信息（包括图层、符号、标注、比例尺、显示范围等）进行保存，然后对配置信息进行统一的管理，并发布地图服务。

地图文档的替换实际包含两部分工作，一部分是数据的转换，通过数据库接口能够实现，另一部分就是地图文档的转换，技术路线主要是通过接口来解析图层、要素、标注、符号等信息对象，然后通过数据接入组件接口完成相应图层、要素、符号等对象的创建、写入和设置，从而完成统一规划数据的转换，如图 4-4 所示。

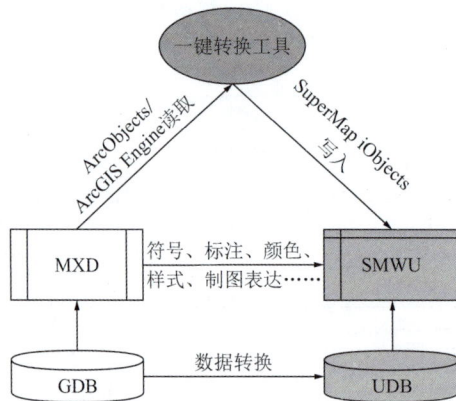

图 4-4　地图文档技术替换方案

4.3.4　地图瓦片迁移

地图瓦片是包含了一系列比例尺、一定地图范围内的地图切片文件。地图瓦片按照金字塔结构组织，每张瓦片都可通过级别、行列号唯一标记。在平移、缩放地图时，浏览器根据金字塔规则，计算出所需的瓦片，从瓦片服务器获取并拼接。现有瓦片类型包括：

①松散型（Exploded），也就是常见的文件式的瓦片管理方式，将瓦片图片按照行列号的规范，存储在相应的文件夹中。

②紧凑型（Compact）V1：紧凑型瓦片存储形式，是瓦片转化成以.bundle 或者.bundlex 的新文件。

③紧凑型（Compact）V2：将缓存的索引信息.bundlx 包含在缓存的切片文件.bundle 中。

④TPK 瓦片包：将切片封装在单个文件（*.tpk）中，能够像其他文件一样进行共享。

⑤松散型缓存、紧凑型缓存（V2）、TPK 文件可以作为数据来源直接发布为地图服务。

迁移方案一：在平台中读取瓦片，通过发布瓦片服务及一系列自定义设置，进行上层应用。瓦片服务发布提供了对松散型缓存、紧凑型缓存（V2）、TPK 等文件的支持，选择配置文件进行服务发布，如图 4-5 所示。

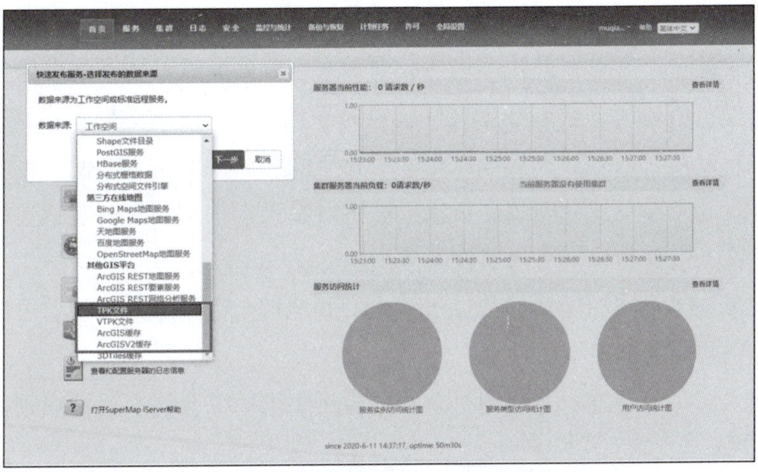

图 4-5　历史空间数据的瓦片服务发布（方案一）

迁移方案二：通过已经转换完成的平台统一数据源及地图文档，然后切成平台统一瓦片格式进行发布及后续应用，如图 4-6 所示。

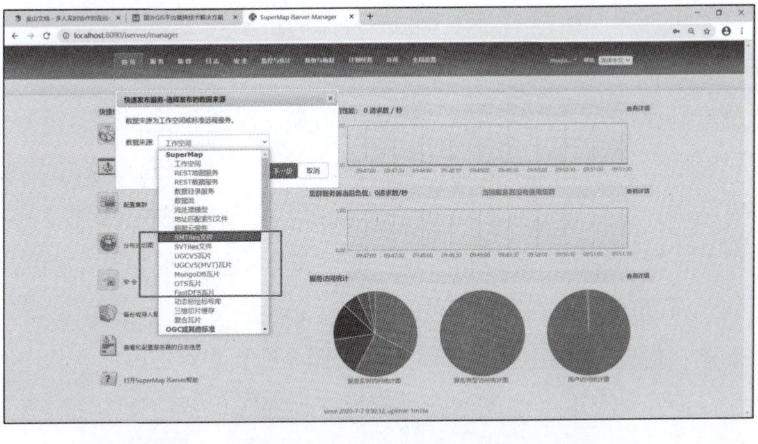

图 4-6　历史空间数据的瓦片服务发布（方案二）

4.4 综合交通运输规划空间数据治理方案

4.4.1 综合交通运输规划基础空间数据治理

综合交通运输规划基础空间数据治理主要是将现有交通数据 GDB、shapefile、切片等多种数据源进行处理，通过空间数据处理形成综合交通运输规划方案的矢量数据。

首先，将国家高速公路、普通国道等矢量线形数据进行空间治理，包括线形走向、线形长度、路段分割、属性修改等；然后，在各类规划数据和现状数据的基础上，针对不同专题业务、不同应用需求，制作综合交通运输规划专题地图数据；最后，进行切片制作，将各类底图数据进行切片，形成 1～17 级底图切片数据。

（1）数据处理：将现有交通 GDB、SHP、切片、服务等多种数据资源进行处理，形成地图和空间数据资源，空间数据处理包括数据转换、数据编辑、数据配准等多项工作。

①数据转换：将通用的空间数据文件转换为平台所统一管理的数据模型进行入库。

②数据编辑：对转换入库的空间数据，进行空间和属性的编辑，使之符合平台服务要求。支持点、线、面等多种空间数据对象；提供对象操作常用功能，包括选择对象、创建对象、编辑对象、查看和编辑对象属性等多个功能。

③数据配准：将不同的坐标的数据进行投影和地理坐标系统的转换，可以将来源不同的数据集集成到共同的框架中。

（2）数据入库：将经过上述处理符合数据质量要求的综合交通运输规划基础空间数据批量导入数据库。

4.4.2 综合交通运输规划基础空间数据可视化配图

将综合交通运输规划基础空间数据库中的数据按业务应用需求，根据一定的地图可视化制图表达规范进行配图，具体工作包括：

（1）地图符号化表达：针对不同类型的综合交通运输规划基础空间数据，选择合适的符号进行区分显示表达。

（2）地图符号制作：针对铁路站点、机场、码头、高速公路、国道等专业性较高的交通要素，需要进行地图符号制作，制作符合规范的点、线、面等空间对象的可视化表达符号。

（3）标签专题图：主要用于对地图进行标注说明。可以用图层属性中的某个字段（或者多个字段）对点、线、面等对象进行标注。制图过程中，常使用文本型或者数值型的字段，如道路名称、河流宽度、等高线高程值等进行标注。

（4）分级配图：根据地图综合展示需要，对不同图层设置不同比例尺下地图各图层的样式及可见性，保证在每个电子地图标准比例尺下，地图负载信息均衡以及符合视觉显示逻辑。

4.4.3　综合交通运输规划基础空间数据服务发布

根据业务需求，将各交通基础地理信息图层即时发布。

（1）地图服务发布：将空间数据或静态切片缓存数据通过地理信息服务平台发布，形成空间服务资源。地图按照服务类型的不同可分为数据服务、地图服务等。根据使用用途的不同，一般将空间数据发布成数据服务，将静态切片发布成地图服务。

（2）地图缓存：为提升用户浏览地图时的性能体验，需要对配置好的地图进行地形缓存操作。对发布的地图服务生成地图静态缓存切片，设置缓存生成时所需的范围、比例尺、数据格式等参数。

4.5　综合交通运输规划空间数据异步更新

4.5.1　电子地图预生成

电子地图利用现有矢量数据、影像数据，通过对内容进行选取、组合，经符号化处理、图面整饰后可形成重点突出、色彩协调、符号形象、图面美观的各类地理底图，可在统一坐标系下切换对照浏览，也可供用户 Web 下载后打印输出等。

电子地图主要包括线划地图、影像地图等。线划地图指以矢量交通地理空间数据为主要数据源，经过数据分级与系列比例尺可视化设置而形成的地图；影像地图指以航空、航天遥感影像为基础，并配以矢量线划和地名等各类注记得到的地图[50]。电子地图的预生成工作主要包括数据配准、比例尺设置、数据分层定义、色彩渲染定义、线形定义和符号注记定义等。

4.5.2　预生成数据异步更新

作为空间地图服务，需要将地图数据进行预生成处理。缓存数据的制定目前还没有国家统一标准，其制定主要参考数据的配图、显示需要和显示设备的参数。电子地图按照显示比例尺或地面分辨率进行地图分级。地图比例尺级别预定义为：

地面分辨率 = [cos(纬度 × π/180) × 2 × π × 地球长半径（m）]/(256 × 像素)，纬度采用赤道纬度，即纬度为 0；π 为圆周率。

地球长半径取 2000 国家大地坐标系规定参数，为 6378137m。

由此确定地图分级。制作电子地图时，每级应与相应比例尺数据源对应，其要素内容选取应遵循以下原则：

①每级地图的地图负载量与对应显示比例尺相适应的前提下，尽可能完整保留数据源的信息。

②下一级别的要素内容不应少于上一级别,即随着显示比例尺的不断增大,要素内容不断增多。

③要素选取时应保证跨级数据调用的平滑过渡,即相邻两级的地图负载量变化相对平缓。

④根据图面负载,文字可放置在注记符号的 8 个方向,优先顺序分别为:右方、左方、上方、下方、右上、右下、左上、左下。

地图级别、比例尺、分辨率的对应关系如表 4-4 所示。

地图级别、比例尺、分辨率对应表   表 4-4

级别	显示比例尺	显示内容
2	1∶147914666.6	大洲、大洋
3	1∶73957338.78	大洋、国家名
4	1∶36978669.43	国家、首都、省(区、市)、全球一级水系名称
5	1∶18489334.72	国家、首都、省(区、市)、地区、全球一、二级水系名称
6	1∶9244667.36	国家、首都、省(区、市)、地区、地级市、全球一至三级水系名称
7	1∶4622333.68	首都、省(区、市)、地区、地级市、县、全球水系名称
8	1∶2311166.84	首都、地区、地级市、县、全球水系名称
9	1∶1155583.42	首都、地区、地级市、县、乡镇、全球水系名称
10	1∶577791.71	首都、地区、地级市、县、乡镇、高速公路名、全球水系名称
11	1∶288895.85	民用机场、高等院校(985)、客运火车站、5A 级景点、4A 级景点、公园、游乐场、植物园、动物园、乡镇、道路(高速公路、国道、省道)名称、编号、水系名称
12	1∶144447.93	民用机场、高等院校(985)、客运火车站、5A 级景点、4A 级景点、公园、游乐场、植物园、动物园、乡镇、高等院校(211)、立交桥、道路(高速公路、国道、省道、县道)名称、编号、水系名称
13	1∶72223.96	民用机场、高等院校(985)、客运火车站、5A 级景点、4A 级景点、公园、游乐场、植物园、动物园、乡镇、高等院校(211)、立交桥、村屯级、高等院校、部委、三甲医院、五星级酒店、高尔夫球场、中学、道路(高速公路、国道、省道、县道)名称、编号、水系名称、地铁站
14	1∶36111.98	民用机场、高等院校(985)、客运火车站、5A 级景点、4A 级景点、公园、游乐场、植物园、动物园、乡镇、高等院校(211)、立交桥、村屯级、高等院校、部委、三甲医院、五星级酒店、高尔夫球场、中学、滑雪场、居民小区、小学、省直辖市级政府及事业单位、地级市政府及事业单位、区县级政府及事业单位、道路(高速公路、国道、省道、县道)名称、编号、水系名称、地铁站
15	1∶18055.99	民用机场、高等院校(985)、客运火车站、5A 级景点、4A 级景点、公园、游乐场、植物园、动物园、乡镇、高等院校(211)、立交桥、村屯级、高等院校、部委、三甲医院、五星级酒店、高尔夫球场、中学、滑雪场、居民小区、小学、省直辖市级政府及事业单位、地级市政府及事业单位、区县级政府及事业单位、超市、便利店、餐饮美食、四星级宾馆、道路(高速公路、国道、省道、县道)名称、编号、水系名称、地铁站

级别	显示比例尺	显示内容
16	1：9028.00	民用机场、高等院校（985）、客运火车站、5A 级景点、4A 级景点、公园、游乐场、植物园、动物园、乡镇、高等院校（211）、立交桥、村屯级、高等院校、部委、三甲医院、五星级酒店、高尔夫球场、中学、滑雪场、居民小区、小学、省直辖市级政府及事业单位、地级市政府及事业单位、区县级政府及事业单位、超市、便利店、餐饮美食、四星级宾馆、汽车及非四轮车服务、运动休闲、地产小区、购物、生活服务、医疗卫生、宾馆酒店、旅游景点、政府机关、文化教育、交通设施、金融行业、地名地址（除路口）、公司企业、公共设施、道路（高速公路、国道、省道、县道）名称、编号、水系名称、地铁站
17	1：4514.00	所有
18	1：2257.00	所有

第 5 章

综合交通运输规划时空数据共享评价与考核

　　综合交通运输规划的编制和管理过程涉及多个部门、多个专业，综合交通运输时空数据共享是特定规划业务场景下数据治理的典型应用。以综合交通运输规划时空数据共享的博弈特征和社会特征理论分析为基础，提出典型业务数据的分级分类技术，确定规划业务场景下的时空数据共享评价和定量化考核。

5.1　综合交通运输规划时空数据治理基本理论研究

　　根据强化理论的基本机理，综合交通运输规划时空数据治理应综合利用正强化和负强化来修正参与数据共享的具体行为，积极行为发生后，立即给予物质或精神上的鼓励肯定；反之，出现了消极行为，则给予一定力度的惩罚，从而减少这种行为的发生。尤其是数据资源共享考核的初级阶段，要以正强化，即激励手段为主。在此提出数据共享激励的演化博弈理论和社会交换理论，为综合交通运输规划时空数据共享提供基础支撑。

5.1.1　数据共享激励的演化博弈理论

　　演化博弈论的基本原理是在有限理性个体假设下，以一个种群的不同基因群体或两个不同种群行为为研究对象，通过构建不同思维的动态学习模型，分析具有正常思维能力群体的整个演化过程。本书论证了综合交通运输规划领域的时空数据共享演化博弈过程，针对综合交通运输规划业务特征，提出数据共享主体的数据共享行为影响因素论证分析，促进和激励主动共享数据。

　　将数据共享行为的主体定义为个别自然人或者机构（部门）组织，通过数据共享行为的关系连接，构成一个动态的整体。数据是会根据所有者行为差异而改变共享状态的物质，这符合行动者（行动网络理论）的定义，其中，行动者可以是自然人也可以是组织（异质性网络）。在综合交通运输规划时空数据共享活动中，行动者没有明显的隶属关系、阶级区别，是一个相对平等的关系网络，在网络中，每一个行动者都是完全平等地位的自有联系。

　　在综合交通运输规划数据共享中，既有规划编制人员这样的人类个体"行动者"，同时，考虑规划业务往往以机构或团队形式开展，也有像规划机构、规划部门、课题组、项目组等群体"行动者"，根据这种特征构建综合交通运输规划时空数据的多样共享主体行动者网络。将参与数据共享的主体定义为行动者，基于平等地位的前提下，构建数据共享的利益相关者模型。其中，数据共享的利益相关者定位为行动者，围绕数据生命周期的阶段，将规划人员、规划部门等共享主体的行为进行结合性分析，这样会直观地看出各共享主体相互关系。

　　现实世界里，完全理性并不总是存在，综合交通运输规划领域的数据共享由有限理性者支配，对于是否共享数据，需要在环境的不断变化之中进行反复的战略决策，因此将行动者网络理论与演化博弈理论相结合，分析数据共享的影响因素。

本模型选取两个共享主体，对两者间的数据共享构建演化博弈模型。结合行动者网络理论，该主体可以是个人也可以是部门或组织、课题组等。设定共享主体1、共享主体2为研究对象，数据共享行为的策略集合为{数据共享、数据不共享}。针对该演化博弈模型做出如下假设：

H1：假设用 $x(x \subseteq [0,1])$，$y(y \subseteq [0,1])$ 分别表示共享主体1与共享主体2的共享意愿，则他们不进行数据共享的概率分别为 $1-x$、$1-y$。根据演化博弈理论，x 和 y 的值随着共享主体双方策略调整而不断变化。

H2：共享主体将获得对方提供的数据转化为自身收益，其为直接收益，受两个因素的影响：共享的数据量和参与方的数据转化能力。K_i 为数据共享量，在数据共享过程中，一方的数据共享量越大，另一方更有机会获取于自己有利的数据从而产生更大的收益。用 R_i 表示数据转换能力系数，不同能力的人面对相同数据的转化和应用能力不同，业务能力强的人往往比业务能力差的人获得更大的收益。数据转化能力强间接促进共享主体选择数据共享，因此要注重培养规划人员的数据素养，强化规划人员对数据的转化和应用能力。由上述可知，双方获得的直接收益分别为 R_1K_2，R_2K_1。

H3：数据共享协同效益为双方同时选择数据共享时，合作创新取得的具有新价值成果产生的额外收益。协同收益的大小与相互间数据的互补性、数据共享双方的信任程度等有关。只有共享主体共享互补性数据以及异质性信息，其数据才会交叉融合，用 S 表示。信任对方在一定程度上可以减少对方的机会主义心理，信任程度越高，协同收益也就越大，用 γ 表示共享主体的信任度。因此共享主体1的协同收益可以表示为 γSK_2，共享主体2的协同收益表示为 γSK_1。

H4：C_i 为共享数据的成本。数据共享时是会产生时间和物质成本。时间成本包括共享数据一方进行数据的搜集、获得形象、声誉、地位以及物质奖励所花费的时间，共享中整理、格式转换等过程付出的时间成本；物质成本包括自己拥有的数据专有性丧失造成的损失。

H5：D 为数据共享正向激励系数。对于对方共享而己方不进行共享的搭便车行为进行负向激励 T，用一定的激励和惩罚制度来保障数据共享。F_i 为数据共享风险损失，在数据共享过程中会存在不可预测性，可能面临数据滥用、成果被他人窃取等风险。共享主体1和共享主体2数据共享风险损失分别为 F_1K_1、F_2K_2。

H6：当共享主体1和共享主体2都选择互不共享数据时，均没有产生收益，双方收益为0。

根据上述假设条件，可知共享主体数据共享博弈双方的收益矩阵，如表5-1所示。

综合交通运输规划时空数据共享的博弈收益矩阵 表5-1

共享主体1	共享主体2	
	共享（y）	不共享（$1-y$）
共享（x）	($R_1K_2 + \gamma SK_2 + DK_1 - C_1 - K_1F_1$, $R_1K_2 + \gamma SK_2 + DK_1 - C_1 - K_1F_1$)	($DK_1 - C_1 - F_1K_1, R_2K_1 - TK_1$)
不共享（$1-x$）	($R_1K_2 - TK_2, DK_2 - C_2 - F_2K_2$)	(0,0)

依据支付矩阵可知：

当共享主体 1 选择数据共享时，其期望收益为：

$$E_{1a} = y \times (R_1K_2 + \gamma SK_2 + DK_1 - C_1 - K_1F_1) + (1-y) \times (DK_1 - C_1 - F_1K_1) \tag{5-1}$$

共享主体 1 选择不进行数据共享时，其期望收益为：

$$E_{1b} = y \times (R_1K_2 - TK_2) \tag{5-2}$$

平均期望收益为：

$$\overline{E}_1 = xE_{1a} + (1-x)E_{1b} = \gamma SK_2 xy + DK_1 x - C_1 x - F_1K_1 x + R_1K_2 y - TK_2 y + TK_2 xy \tag{5-3}$$

共享主体 2 选择数据共享时，其期望收益为：

$$E_{2a} = x \times (R_2K_1 + \gamma SK_1 + DK_2 - C_2 - K_2F_2) + (1-x) \times (DK_2 - C_2 - F_2K_2) \tag{5-4}$$

共享主体 2 选择不进行数据共享时，其期望收益为：

$$E_{2b} = x \times (R_2K_1 - TK_1) \tag{5-5}$$

平均期望收益为：

$$\overline{E}_2 = xE_{2a} + (1-y)E_{2b} = \gamma SK_1 xy + DK_2 x - C_2 x - F_2K_2 x + R_2K_1 x - TK_1 x + TK_1 xy \tag{5-6}$$

由此建立共享主体 1 和共享主体 2 的复制动态方程为：

$$F(x) = \frac{dx}{dt} = x(E_{1a} - \overline{E}_1) = x(1-x)(DK_1 - C_1 + \gamma Sk_2 y - F_1K_1 + TK_2 y) \tag{5-7}$$

$$F(y) = \frac{dy}{dt} = y(E_{2a} - \overline{E}_2) = y(1-y)(DK_2 - C_2 + \gamma Sk_1 y - F_2K_2 + TK_1 x) \tag{5-8}$$

令 $F(x) = F(y) = 0$，可得出共享主体共享博弈的五个局部平衡点为：$P_1(0,0)$，$P_2(0,1)$，$P_3(1,0)$，$P_4(1,1)$，$P_5\left(\frac{C_2+F_2K_2-DK_2}{\gamma SK_1+TK_1}, \frac{C_1+F_1K_1-DK_1}{\gamma SK_2+TK_2}\right)$

对 $F(x)$ 与 $F(y)$ 求偏导，可以得到雅可比（Jacobian）矩阵为：

$$\boldsymbol{J} = \begin{bmatrix} (1-2x)(DK_1 - C_1 + \gamma S_2 y - F_1K_1 + TK_2 y) & x(1-x)(\gamma SK_2 + TK_2) \\ y(1-y)(\gamma SK_1 + TK_1) & (1-2y)(\gamma Sk_1 x + DK_2 - C_2 - F_2K_2 + TK_1 x) \end{bmatrix} \tag{5-9}$$

雅可比矩阵的行列式为：

$$|\boldsymbol{J}| = (1-2x)(DK_1 - C_1 + \gamma S_2 y - F_1K_1 + TK_2 y)(1-2y)(\gamma Sk_1 x + DK_2 - C_2 - F_2K_2 + TK_1 x) - x(1-x)(\gamma SK_2 + TK_2)y(1-y)(\gamma SK_1 + TK_1) \tag{5-10}$$

$$\mathrm{Tr}(\boldsymbol{J}) = (1-2x)(DK_1 - C_1 + \gamma S_2 y - F_1K_1 + TK_2 y) + (1-2y)(\gamma Sk_1 x + DK_2 - C_2 - F_2K_2 + TK_1 x) \tag{5-11}$$

在分析共享主体数据共享博弈的收益矩阵和均衡点基础之上，判断共享主体在无信任机制、有信任机制的情况下，共享主体数据共享的演化稳定策略。

（1）当共享主体无信任机制时，规划人员不遵守数据共享制度，付出的代价少或没有代价时，自己不进行共享数据却享有他人共享的数据可以获得更高的收益，共享的一方得不到对应的收益而造成相应的损失，会出现以下结果：

共享主体1：

$$R_1K_2 - TK_2 > R_1K_2 + \gamma SK_2 + DK_1 - C_1 - F_1K_1 > 0 > DK_1 - C_1 - F_1K_1 \quad (5\text{-}12)$$

共享主体2：

$$R_2K_1 - TK_1 > R_2K_1 + \gamma SK_1 + DK_2 - C_2 - F_2K_2 > 0 > DK_2 - C_2 - F_2K_2 \quad (5\text{-}13)$$

由上述方程可知$C_2 + F_2K_2 - DK_2 > \gamma SK_1 + TK_1$，对于方程组点$P_5$的解，$x > 1$，此方程无意义，此解并不是方程的稳定解，剔除$P_5$点。将其余 4 个均衡点分别代入雅可比矩阵行列式，得到稳定分析结果，如表5-2所示。

无信任机制下共享主体数据共享局部稳定分析结果　　　　　　　表 5-2

均衡点	J的行列式符号	J的迹符号	结果
P_1	+	−	演化稳定策略
P_2	−	不确定	不稳定
P_3	−	不确定	不稳定
P_4	+	+	不稳定

由表5-2可知，P_1点是系统稳定的均衡点，即双方都不进行数据共享，在无信任机制的情况下，共享主体采取不进行数据共享的策略。

（2）当共享主体间有信任机制时，共享主体会乐于共享，共享的收益会大于不共享的收益，双方相互信任、重视声誉以及具有强烈的社会责任感。对于共享主体1，共享收益大于不共享的收益，而当对方不共享、自己共享时，获得的收益是最小的。可得：

$$R_1K_2 + \gamma SK_2 + DK_1 - C_1 - F_1K_1 > R_1K_2 - TK_2 > 0 > DK_1 - C_1 - F_1K_1 \quad (5\text{-}14)$$

同理，共享主体2可得：

$$R_2K_1 + \gamma SK_1 + DK_2 - C_2 - F_2K_2 > R_2K_1 - TK_1 > 0 > DK_2 - C_2 - F_2K_2 \quad (5\text{-}15)$$

判断平衡点是否处于稳定状态，可以将上述 5 个平衡点代入上述方程，若雅可比矩阵行列式值大于0以及迹的值小于0，则这个点具有平衡稳定性，属于演化稳定策略，结果见表5-3。

有信任机制下共享主体数据共享局部稳定分析结果　　　　　　　表 5-3

均衡点	J的行列式符号	J的迹符号	结果
P_1	+	−	演化稳定策略
P_2	+	+	不稳定
P_3	+	+	不稳定
P_4	+	−	演化稳定策略
P_5	0	0	鞍点

由表5-3可见，P_1、P_4为演化稳定策略，P_2、P_3为演化不稳定策略，P_5为鞍点。共享主体

数据共享的 5 个局部均衡点只有(0,0)(1,1)两个点是稳定的，为演化稳定策略（ESS），分别对应共享主体共享数据和共享主体不进行共享数据。

用系统的相轨迹示意图描述共享主体数据共享的动态演化过程，如图 5-1 所示。群体博弈演化选择共享策略还是不共享策略取决于初始状态的比例。C、D、A 连接的折线为共享主体共享数据的不同演化结果的临界线。当共享主体数据共享的初始状态处于左下方 OCDA 时，共享主体数据共享收敛于 O 点，共享主体 1 和共享主体 2 都选择不进行数据共享的策略。当共享主体共享的初始状态处于折线右上方 CDAB 区域内时，此时共享主体 1 和共享主体 2 都选择进行数据共享的策略。

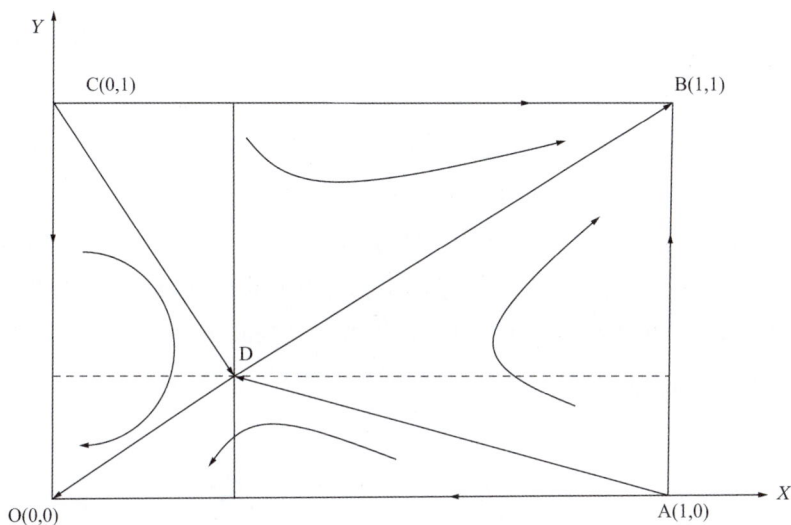

图 5-1　共享主体数据共享的演化相图

动态演化博弈必然趋向于演化稳定策略，演化路径与相关参数有关，究竟数据共享行为的演化稳定于（共享，共享）还是（不共享，不共享），取决于博弈的初始状态和参数的影响。

①双方的信任程度 γ 越高，共享的概率越大；共享主体之间具有良好的关系，有利于提高共享主体数据共享的意愿，促进共享主体间的交流沟通，提高共享主体数据共享的收益。如果对双方产生怀疑会阻碍数据的分享交流，共享主体间会很难产生自愿的合作行为，即使有非自愿的共享行为，效果也不是很好。所以，双方的信任程度越高，共享主体共享概率就会越大。

②数据的互补性 S。共享主体的数据素养水平不同，造成共享主体的数据共享优势存在差别。增强共享主体间知识互补性，有利于共享主体协作以及提高协同收益，增强共享主体共享数据的意愿。

③正向激励系数 D，激励系数越大的价值越高，共享主体共享的程度就越大。如果对共享主体的有效激励和惩罚之和大于共享的支出成本，数据共享策略是共享主体的严格占优策略，数据共享将成为群体演化的稳定策略。激励不仅包含物质激励也包含精神激励，比如获得其他共享主体的认可、信任和尊重。

④其他条件不改变时，共享主体数据共享所需要付出的成本C_i越高，其共享概率越低。数据量大且数据种类繁多，数据筛选、数据整理以及数据传递需要花费大量时间和精力，造成较高的共享成本。而减少数据共享的成本将提高共享主体共享的概率，可以通过提高共享主体处理数据的能力以减少数据共享花费的时间成本；亦可以通过搭建良好的数据共享平台以供数据汇集访问，降低数据整合难度和数据共享的传递成本。

5.1.2 数据共享激励的社会交换理论

数据共享可以归结为一种社会交换行为，因而适用于社会交换理论。社会交换理论是研究价值交换的一个重要理论，该理论认为人的互动行为是一种过程，在这个过程中每一方在开展活动时会交换有价值的资源。该理论主张人类的所有行为都是由一些能够带来奖励或报酬的交换活动主导的。

2009年，美国斯坦福大学B.J.Fogg博士提出一种行为模型，即Fogg（福格）行为模型。Fogg模型包含3个元素：动机M（Motivation）、能力A（Ability）、提示P（Prompts）。，该模型指出在三者同时成立的条件下相应的行为才会发生，可用公式表达为$B = MAP$，其中B是行为（Behavior）。可以利用Fogg模型来分析数据共享行为，在分析Fogg模型的构成因素及数据共享影响因素的基础上，建立符合具体实际的数据共享激励机制。Fogg模型构成因素及其子元素见图5-2。

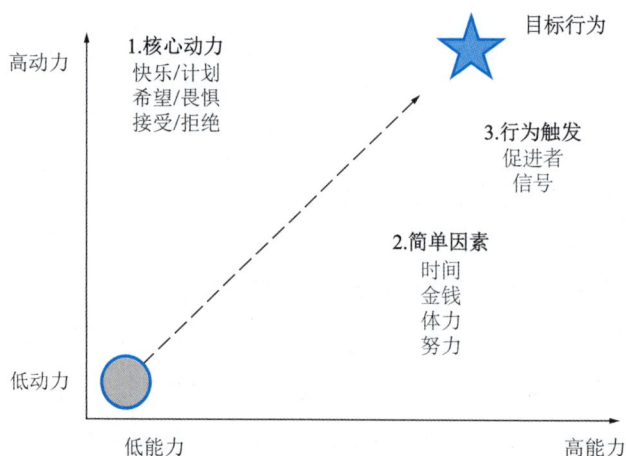

图5-2 福格（Fogg）模型构成因素及其子元素

因此，借鉴社会交换理论的重要思想，将其融合Fogg模型之中，在数据共享过程中实现对共享主体的激励，从而对共享主体的行为进行干预，实现其向共享目标行为的转化，具有重要的研究及应用价值。

在利用福格（Fogg）模型的理论要素时，应考虑共享主体总体的数据共享能力，结合不同数据共享影响因素的不同影响程度和共享数据的动机，设置适当的触发激励机制，对共享主体的数据共享意愿进行引导，构建的理论模型总体结构如图 5-3 所示。

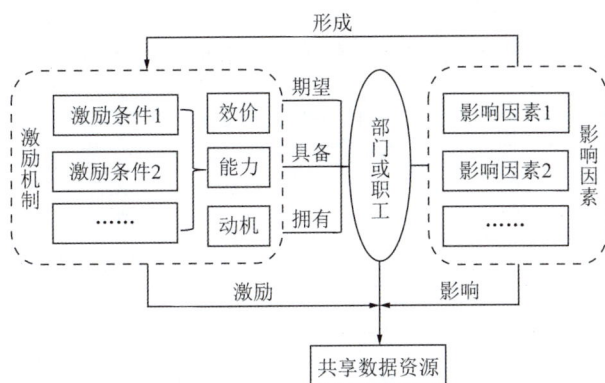

图 5-3　综合交通运输规划时空数据共享的福格（Fogg）模型

通过研究，以上模型各构件之间的关系映射如下：数据共享行为主要受两方面影响，第一是数据共享影响因素存在的场景下，不同的影响因素具有不同程度的数据共享影响。第二是在有效激励条件下，不同的激励条件对数据共享具有不同程度的激励。总体而言，激励机制的建立主要依据的是数据共享的影响因素，以及数据共享期望的回报效价、共享主体具备的数据能力以及共享主体共享数据的动机。这些激励条件构成了激励机制，从理论上实现数据共享激励机制的分析和研判。

针对构建的数据共享激励模型，并结合影响数据共享的因素及福格（Fogg）模型与相应的激励因素，数据共享激励效果的测度条件可从以下几个方面考虑：

一是效价因素。共享主体自身所认为的其拥有的数据效价。针对共享者提供的不同类型数据，评估其具有的价值大小，依据其具有的价值给予共享者不同程度的回馈，同时，不同的共享者对于其共享数据所能得到的期望回报也不同，回报的种类及价值大小可作为测度数据共享效果的依据。

二是能力因素。共享主体对于数据共享行为的数据能力及完成目标的概率值。共享主体首先要具备能力并在工作过程中形成相应的原始数据，在这个前提下，数据共享行为仍旧会受到一些自身及外部条件的阻碍，例如数据处理的能力不够或者系统平台的难操作性等，通过降低共享者实现数据共享目标的难度，促使其对行为做出改变，也可对其效果进行评估。

三是动机因素。共享主体是否有意愿对数据进行共享。Fogg 指出共享主体动机会受到很多方面的影响，包括对自身情绪的感知以及对社会压力的感知。通过施加外部压力，包括数据共享过程中共享主体的自身价值实现的感知以及对数据价值实现的期望等，对数据用户的动机进行触发，将有效改善其数据共享效果。

四是数据当前共享影响因素。数据共享会受到多种因素影响，众多影响因素的影响程度也会因不同的共享主体感知而不同，选取不同的数据共享影响因素可以评估不同类别的影响因素的影响程度，从而可以通过减弱或消除这些影响因素的影响程度，从侧面对共享者的数据共享效果进行测度分析。

由此，综合交通运输规划时空数据共享效果选取的测度条件如表 5-4 所示。

综合交通运输规划时空数据共享效果测度选取条件

表 5-4

测度因素	测度条件	条件解释
影响因素	助人愉悦	共享数据能够产生助人愉悦的感觉
	节省时间精力	共享数据能够节省时间和精力
	提高声望	共享数据被引用能够提高共享者声望
	数据被篡改滥用	共享后的数据存在被篡改和滥用的危险
	有效维护	共享的数据要进行有效的维护
	共享规范	需要设置统一的共享数据标准规范
激励条件	有偿回报	参加数据共享，能获得一定的金钱报酬
	晋升机会	参加数据共享，能获得职业晋升机会

其中，综合交通运输规划数据共享影响因素可以分为外部因素和内部因素。外部因素包括数据共享能够带来的共享主体自身情绪等内部感知或者价值体现等因素，包括助人愉悦、节省时间精力、提高声望；内部因素则主要包括共享数据产生的一些数据本身的问题及需要解决的共享困难等因素，包括数据被篡改或者滥用的风险、共享的数据需要被较好地维护、统一的数据共享标准规范的设置。从这两方面着手对不同领域共享主体的数据共享影响效果进行分析，将会对综合交通运输规划领域的数据共享有更清晰的认识。

5.2　综合交通运输规划时空数据的分级分类

5.2.1　综合交通运输规划时空数据的分级分类标准

1）综合交通运输规划时空数据分级分类方法

（1）数据范围。

综合交通运输规划的模型算法一般可以分为三类：预测监测类、评估评价类、方案优化类。其中，预测监测类包括综合交通需求、综合交通客货运输量、典型综合运输通道需求、集装箱生成分配、公路 OD 和分布、汽车保有量、公路货运量、水路货运需求、水上交通、交通运输碳排放、超限运输、道路汽车行驶量等；评估评价类包括公路网现状及规划方案、高等级公路交通流量-速度关系、综合客运枢纽服务水平、城市绿色货运配送水平、水上交通安全风险、支持系统装备能力、公路普货运输安全生产风险等；方案优化类包括公路养护、城市群间公路交通、港口空间功能布局、港口水域布置、港口腹地划分、机动车船排放的环境影响、交通走廊国土空间和生态环境、交通空间规划叠加分析。

　　综合交通运输规划时空数据具体范围包括：一是经济贸易形势数据，宏观经济、对外贸易、产业布局、国家战略等数据，人口结构、城镇开发、收入水平、科技创新等数据；二是运输行为数据，包括货运行为（货运量、货运强度等）数据和客运行为数据（客运偏好等）；三是运输预测相关数据，包括货运产供销数据（煤、油、矿、箱、散等重点货类）、出行有关数据（高铁、普铁、公路、民航、邮轮等方式消费习惯和出行目的）等；四是交通运输现状数据，包括综合交通运输方式（公路、水路、铁路、民航等）的基础设施数据、运输装备数据、交通行为数据（交通量、交通事故等）、支持系统数据（安全、环境、信息等）。

　　同时，为了满足国土空间改革的需要，需要国土调查数据。国土调查数据主要根据《国土调查数据库标准（试行修订稿）》（TD/T 1016—2019）、《第三次全国国土调查技术规程》（TD/T 1055—2019）、《第三次全国国土调查统计汇总表填写手册》等有关技术标准和要求，结合综合交通运输规划的业务特点获取。国土调查数据主要包括以下内容：

　　①面状图层。

　　A.境界与政区：行政区（包括国、省、地市、区县、乡镇五级的图层数据）、行政区注记、村级调查区（行政村的图层数据）、村级调查区注记。

　　B.地貌：坡度图。

　　C.土地利用：地类图斑、地类图斑注记。

　　D.永久基本农田：永久基本农田图斑（包括永久基本农田保护区、永久基本农田保护片（块）、永久基本农田图斑、永久基本农田储备区图斑）、永久基本农田注记。

　　E.其他土地要素：临时用地、批准未建设用地、城镇村等用地、耕地等别、重要项目用地、开发园区、光伏版区、推土区、拆除未尽区、路面范围、无居民海岛以及各要素的注记。

　　F.独立要素：包括国家公园、自然保护区、森林公园、风景名胜区、地质公园、世界自然遗产保护区、湿地公园、饮用水水源地、水产种植资源保护区、其他类型禁止开发区、城市开发边界、生态保护红线以及各要素的注记。

　　②线状图层。

　　A.行政区界线：包括零米等深线，沿海滩涂线，海岸线，国界，省、自治区、直辖市界，地区、自治州、地级市界，县、区、旗、县级市界，乡、镇、街道界，开发区、保税区界，村、社区界，村民小组界，省、自治区、直辖市间海域行政界，县际海域行政界线，城镇以外的独立国有土地使用权界。

　　B.等高线：包括首曲线、计曲线、间曲线。

　　C.永久基本农田：永久基本农田保护界线。

　　D.交通运输：高速铁路、铁路、高速公路、国道、省道、县乡道、农村道路、管道运输用地、隧道。

E. 林带。

F. 长城。

G. 沟渠。

H. 水工建筑用地。

I. 田坎。

J. 工作界。

K. 土地权属界。

L. 土地权属争议界。

M. 地类界。

③点状图层。

A. 永久基本农田：界桩、永久基本农田标志牌。

B. 界址点。

C. 行政区划中心：首都、省级行政中心、地级行政中心、县级行政中心、乡镇街道中心、村庄、外国首都、外国主要城市、外国一般城市。

D. 高程点及高程（m）。

E. 桥梁。

F. 水库。

④栅格数据。

A. 数字正射影像。

B. 数字高程模型。

同时，预留"三区三线"数据。其主要包括城镇空间、农业空间、生态空间三种类型的空间数据，以及分别对应划定的城镇开发边界、永久基本农田保护红线、生态保护红线三条控制线数据[54]。

（2）主要的数据分类方法。

一般来说，数据分类是根据数据的属性或特征，将其按照一定的原则和方法进行区分和归类，并建立起一定的分类体系和排列顺序，以便更好地管理和使用数据的过程。主要的方法有线分类法、面分类法、多维度分类法。

①线分类法。

线分类法也称等级分类法。线分类法按选定的若干属性（或特征）将分类对象逐次地分为若干层级，每个层级又分为若干类目（类似树状结构）。我国行政区划编码就是采用线分类法的 6 位数字码。第 1、2 位表示省（自治区、直辖市），第 3、4 位表示地区（市、州、盟），第 5、6 位表示县（市、旗、镇、区）的名称。《国民经济行业分类》（GB/T 4754—2017）中，采用线分类法对我国国民经济行业进行分类，将社会经济活动划分为门类、大类、中类和小类四级。与此相对应，此编码主要采用层次编码法。

②面分类法。

面分类法也称平行分类法，根据其本身固有的属性或特征，分成相互之间没有隶属关系的面，每个面都包含一组类目。以身份证号码为例，第一段（前 6 位）描述办证机关的至县一级的空间定位，采用省（区、市）、市、县的行政区划代码编码；第二段（7 至 12 位）是生辰时序的描述，以办证个人的诞辰编码；而最后 3 位至少有两重意义，一是同县同日出生者的办证顺序，二是性别，末位奇数为男性，偶数为女性。面分类法具有类目可以较大量地扩充、结构弹性好、不必预先确定好最后的分组、适用于计算机管理等优点，但也存在不能充分利用容量、组配结构太复杂、不便于手工处理等缺点。

③多维度分类法。

将数据假设为多维度立方体，可以按照业务类型、时间、项目、部门等多种角度去观察，数据视为具备多个分类维度属性，据此建立数据的多维属性体系，同时也便于从多个角度和方向都可以找到应用所需的数据。数据独立存在于一个立体空间，同一条数据同时具备多种分类属性。多维分类体系是数据管理的重要方法，如图 5-4 所示。

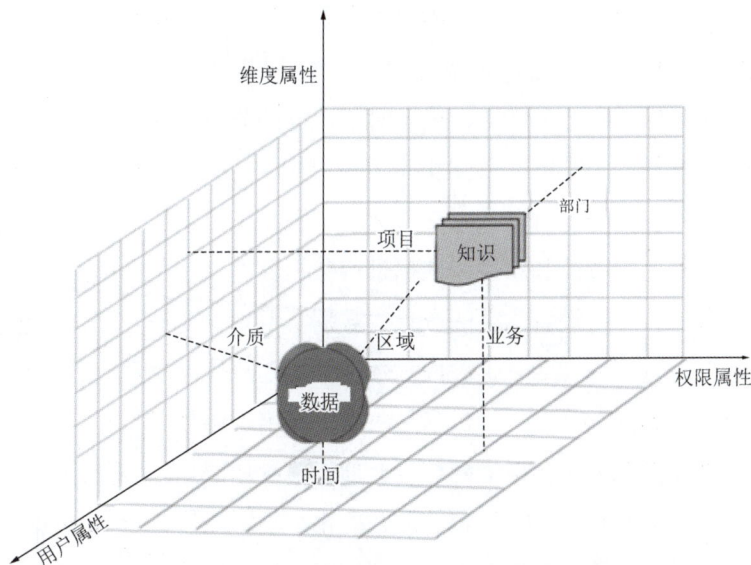

图 5-4　数据的多维度分类法

常见的数据维度包括：业务维度、组织机构维度、时间维度、知识介质维度、地理维度等。某一条数据既可以在业务分类中，也可以在时间分类、组织部门分类中找到。多维度数据分类体系可以通过支持多维度构建起一个立体的数据分类体系。一条数据可以同时归属于多个维度，可以在任意一个合理的维度中找到所需的数据内容。对于呈现给用户的主要的、使用频率较高的、有权限控制需求的数据分类，可以称之为维度；对那些起到参考、缩小范围作用的分类方法，可以称之为属性，例如时间、地理、价格等这些可以作为属性。维度和属性从本质上，都是数据分类方法，其核心区别是使用习惯和频率。

（3）数据分级。

《中华人民共和国数据安全法》提出"国家建立数据分类分级保护制度"。《网络安全标准实践指南 网络数据分类分级指引》中提出数据"分类管理、分级保护"的思路及相应原则，其中，分类多维原则要求提出数据分类具有多种视角和维度，可从便于数据管理和使用角度，考虑国家、行业、组织等多个视角的数据分类；分级明确原则要求数据分级的目的是为了保护数据安全，数据分级的各级别应界限明确，不同级别的数据应采取不同的保护措施。可以看出，数据分级实质上是以保护数据安全为目的的数据分类，以明确对应的保护措施。

按照《中华人民共和国数据安全法》要求，根据数据一旦遭到篡改、破坏、泄露或者非法获取、非法利用，对国家安全、公共利益或者个人、组织合法权益造成的危害程度，将数据从低到高分成一般数据、重要数据、核心数据共三个级别。国家层面从数据安全角度给出了数据分级基本框架。其中，核心数据、重要数据的识别和划分，按照国家和行业的核心数据目录、重要数据目录执行，同时可参考有关规定或标准。

（4）综合交通运输规划时空数据分类方法。

根据综合交通运输规划业务特点，确定时空数据的分类原则：一是科学性。按照综合交通运输规划时空数据的多维特征及其相互间客观存在的逻辑关联进行科学和系统化的分类。二是稳定性。数据的分类可以参考交通运输部等有关信息资源目录中的各种数据分类方法，并以数据最稳定的特征和属性为依据进行数据分类。三是实用性。数据分类要确保每个类目下要有数据，不设没有意义的类目，数据类目划分要符合综合交通运输规划业务人员对数据分类的普遍认识。四是扩展性。数据分类在总体上应具有概括性和包容性，能够实现各种类型时空数据的分类，尽量满足将来可能出现的数据类型。

综合现有的数据分类方法，考虑到综合交通运输规划数据的复杂程度，确定数据分类方法：以多维度分类法为框架，对于具体维度采用线分类法，对于空间数据采用面分类法；数据分级中，核心数据和重要数据的确定按照国家法律和有关标准执行，一般数据的分级采用行业标准和自身管理相结合的方法。

2）综合交通运输规划时空数据分级分类

以典型数据资源情况为例，可以从业务维度、管理维度、技术维度确定数据分类。

（1）业务维度分类。

①按照数据属性，可分为基础设施、交通运行、运输服务、社会经济、其他行业数据5类。

②按照交通方式，可分为公路、水运、铁路、民航、城市交通5类。

③按照业务属性，可分为综合枢纽、旅客运输、物流运输、交通安全、安全生产、资

源环境 6 类。

（2）管理维度分类。

①按照采集方式，可分为公开发布、信息交换、项目采集 3 类。公开发布数据包括国家和省级统计部门、交通运输部及国家有关部门（协会）发布或出版的数据（含基础地理信息、遥感信息等）。信息交换数据是通过交通运输部规划研究院及行业内、外有关部门应用信息系统交换获取的数据。项目采集数据是所属机构在项目研究和咨询过程中获取或生产的其他数据（包括市级及以下统计部门的有关数据，交通运输类、国土环境类等空间和属性数据等）。

②按照获取难易程度和来源稳定性，可分为来源稳定的，来源不稳定、获取难度不大的，获取难度较大的 3 类。

③按照共享管理要求，分为无条件共享和有条件共享 2 类。

④按照采集责任主体，分为综合运输研究所、公路所、水运所、安全所、环境所、信息所、城市交通与现代物流研究所、基础所 8 类。

（3）技术维度分类。

①按照空间特征，可以分为空间数据、属性数据 2 类。

②按照数据来源，可以分为年鉴数据、系统数据 2 类。

③按照数据格式，可以分为结构化数据、半结构化数据、非结构化数据 3 类。其中，结构化数据是可以利用二维表存储技术（基于行列存储结构的关系型数据库）进行存储和检索的数据；半结构化数据是局部具备结构化特性，局部具备非结构化特性的数据（如 XML 格式数据），一般具有语义模型定义；非结构化数据是指不便于基于 SQL 检索和分析处理的（如图片、影像等）数据。

3）综合交通运输规划时空数据管理流程

根据综合交通运输规划的数据资源条件和管理要求，参考《网络安全标准实践指南——网络数据分类分级指引》，提出时空数据的数据分类、数据定级、分级保护的管理流程。数据分类分级原则包括合法合规原则、分类多维原则、分级明确原则、从高就严原则以及动态调整原则，参照这些原则开展综合交通运输规划时空数据分类分级管理。

（1）数据分类管理。

一是识别是否存在法律法规或主管监管部门有专门管理要求的数据类别，并对识别的数据类别进行区分标识，包括电子政务信息、公共数据等。

二是从业务维度、管理维度、技术维度，确定综合交通运输规划时空数据的数据处理活动涉及的具体领域。

三是建立多维度分类框架后，可采用线分类法对具体类别进行细分。

数据分类管理流程如图 5-5 所示。

```
                    ┌─────────┐          是    ┌──────────────┐
                    │ 是否属于 │ ──────────────→ │ 按照电子政务   │
                    │ 政务数据 │                │ 信息目录分类   │
                    └─────────┘                └──────────────┘
                         │ 否
                         ▼
                    ┌─────────┐          是    ┌──────────────┐
                    │是否存在公共│ ──────────────→ │ 按照公共数据   │
                    │ 数据目录 │                │ 目录分类      │
                    └─────────┘                └──────────────┘
                         │ 否
                         ▼
                  ┌──────────────┐
                  │ 按照主题、部门、│
                  │ 行业领域分类   │
                  └──────────────┘
                         │ 或
                         ▼
                  ┌──────────────┐           ┌──────────────┐
                  │ 按照数据开放   │ ──────┬──→ │ 无条件开放共享 │
                  │ 共享分类      │        │   └──────────────┘
                  └──────────────┘        │   ┌──────────────┐
                                          ├──→ │ 有条件开放共享 │
                                          │   └──────────────┘
                                          │   ┌──────────────┐
                                          └──→ │ 禁止开放共享   │
                                              └──────────────┘
```

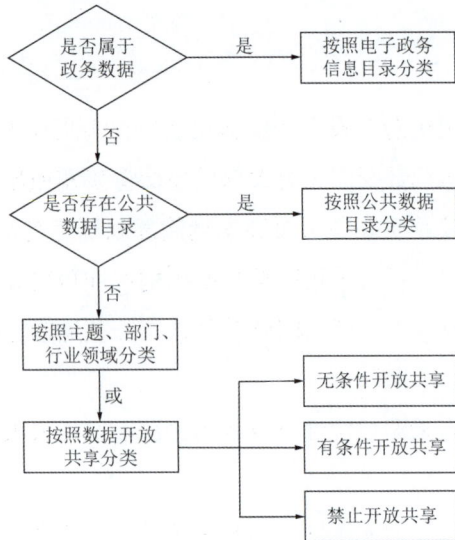

图 5-5　数据分类管理流程

（2）数据定级管理。

按照数据安全管理要求，分为一般数据、重要数据和核心数据。其中，重要数据和核心数据按照国家要求进行定级，一般数据根据具体数据内容按照交通运输部有关要求并与保密管理部门共同确定数据分级。数据分级管理流程如图 5-6 所示。

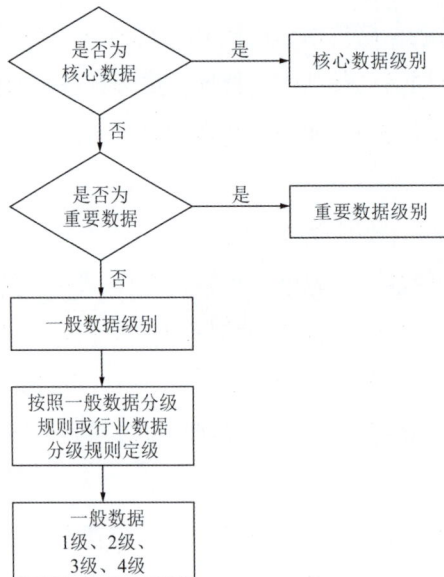

```
                    ┌─────────┐          是    ┌──────────────┐
                    │ 是否为   │ ──────────────→ │ 核心数据级别   │
                    │ 核心数据 │                └──────────────┘
                    └─────────┘
                         │ 否
                         ▼
                    ┌─────────┐          是    ┌──────────────┐
                    │ 是否为   │ ──────────────→ │ 重要数据级别   │
                    │ 重要数据 │                └──────────────┘
                    └─────────┘
                         │ 否
                         ▼
                  ┌──────────────┐
                  │ 一般数据级别   │
                  └──────────────┘
                         │
                         ▼
                  ┌──────────────┐
                  │ 按照一般数据分级│
                  │ 规则或行业数据 │
                  │ 分级规则定级   │
                  └──────────────┘
                         │
                         ▼
                  ┌──────────────┐
                  │ 一般数据      │
                  │ 1级、2级、    │
                  │ 3级、4级      │
                  └──────────────┘
```

图 5-6　数据分级管理流程

（3）数据分类分级保护。

制定不同安全策略。将数据分类分级与数据的监管和合规使用建立关联。基于数据的分类分级制定数据访问控制策略，建立分级数据与用户角色的访问控制矩阵，为数据的安全合规使用提供支撑，形成基于数据分级分类的数据使用策略。

缩小数据流转路径。建立统一的数据资源中心和平台，提高数据存储和复制的方便性，同时减少数据存储位置的数量并及时删除无关的数据，充分利用平台建设减少数据流转环节，有效降低数据泄露的风险。利用数据分类分级及时发现冗余、无关、过时和遗忘的数据并删除。

创建安全保护文化。明确数据的归属和每个数据的生产者、使用者和所有者的权利和责任。给相关人员进行数据安全培训，明确数据的管理和使用流程，强调数据的隐私和安全对企业和个人的重要意义，以及数据被破坏后的风险，在日常工作中使员工始终保持数据安全意识，形成对数据隐私和安全的整体认知和数据文化。

5.2.2 服务于数据资源中心建设的元数据模型

1）核心元数据表

（1）元数据项。

一般来说，元数据（Metadata）是指描述数据的数据，即对数据及信息资源的描述性信息，用于提供某种资源的有关信息的结构数据。元数据是描述数据对象的数据，主要目的是识别、评价、追踪数据资源，简单高效地管理大量网络化数据，对数据资源进行有效发现、查找、一体化组织和有效管理。

按照用途来分，元数据可以分为两类：技术元数据和业务元数据。技术元数据用来存储关于数据仓库系统技术细节的数据，用于开发和管理数据仓库。可以记录表名、分区信息、负责人信息、文件大小、表类型，生命周期；列的字段名、字段类型、字段备注、是否是分区字段等；与数据质量相关的元数据。业务元数据用来从业务角度描述数据仓库中的数据，提供了介于使用者和实际系统之间的语义层，使得不懂计算机技术的业务人员也能够"读懂"数据仓库中的数据。包括数据的维度及属性、业务过程、指标等规范化定义，用于更好地管理和使用数据。

结合综合交通运输规划数据资源特点，确定时空数据的元数据项包括：

①分类信息：行业分类、业务分类、主题分类、信息类别分类。

②标识信息：信息资源代码、信息资源名称。

③提供方信息：提供部门、联系人、联系方式。

④信息资源格式信息：格式分类、格式类型。

⑤信息项信息：信息项名称、数据类型、数据长度、数据精度、关联数据元编号。

⑥共享开放信息：共享属性、共享方式、开放属性。

⑦来源信息：数据来源、来源文件、来源系统、来源数据库、来源表。

⑧覆盖范围信息：时间范围、地域范围。

⑨管理信息：发布日期、更新周期、更新截止时间。

（2）元数据表。

目录树元数据表、维度元数据表、统计指标元数据表见表 5-5～表 5-7。

目录树元数据表　　　　　　　　　　　　　　　　　　表 5-5

字段名称（Name）	数据内容（Comment）	数据类型（Data Type）
tree_code	目录树编码	Variable characters（255）
db_code	数据库编码	Variable characters（32）
source_name	来源名称	Variable characters（32）
data_frequency	数据频度	Variable characters（32）
tree_name	目录树名称	Variable characters（255）
tree_pid	父节点编码	Variable characters（255）
is_parent	父节点标识	bool
if_show	是否显示	bool
source_exp	来源说明	Variable characters（1024）
sort_code	排序号	int4
table_row	行为指标、地区、时间（zb/reg/sj）	Variable characters（32）
table_column	列为指标、地区、时间（zb/reg/sj）	Variable characters（32）

维度元数据表　　　　　　　　　　　　　　　　　　表 5-6

字段名称（Name）	数据内容（Comment）	数据类型（Data Type）
wd_code	维度编码	Variable characters（255）
db_code	数据库编码	Variable characters（32）
wd_type	维度类型	Variable characters（32）
tree_code	目录树编码	Variable characters（255）
wd_name	维度名称	Variable characters（255）
alias_name	维度别名	Variable character（255）
wd_level	维度级别	Variable character（255）
wd_pid	维度父节点	Variable character（255）
is_parent	父节点标识	bool
dot_count	小数位数	int4
exp	维度解释	Variable character（1024）
zb_memo	统计口径	Variable character（1024）
unit	单位	Variable character（255）
sort_code	维度排序号	int4
is_show	是否显示	bool

统计指标元数据表　　　　　　　　　　　　　　　　　　表 5-7

字段名称（Name）	数据内容（Comment）	数据类型（Data Type）
data_code	数据编码	Variable character（255）
origin_data	原始数据值	float8
dot_count	小数点位数	int4
str_data	展示数据值	Variable character（32）
has_data	数据空值标识	bool
zb_code	指标编码	Variable character（255）

字段名称（Name）	数据内容（Comment）	数据类型（Data Type）
sj_code	时间编码	Variable character（255）
reg_code	地区编码	Variable character（255）
update_time	更新时间戳	timestamp
source_id	数据源编码	int4
if_timeout	是否过时	bool
data_time	年鉴时间	Variable character（32）
row_column_number	行列号（如：B3）	Variable character（50）

2）编码规则

利用层次码提出数据分类的编码，主要方式是将数据源编码的汉语拼音首字母追加数据频度。例如：交通运输统计年鉴编码应为"jtysnd"，数据频度使用年度（nd）、季度（jd）、月度（yd）划分，作为数据资源目录树的命名规则。

（1）数据分类命名。

同一来源不同年份数据，数据分类命名主要依从原始来源数据目录信息命名。同时，规定特例处理的原则，具体如下：

①最新年份依从原则。当名字不同但含义相同时，依从最新年份命名。

②时间区间注释原则。当数据在某一年份开始不连续，目录树命名应注释时间范围，并在统计口径字段中添加注释信息。例如："全国城市客运从业人员（2010—2016）"，统计口径注释为"全国城市客运从业人员数据从 2017 年以后不再统计"；"救助航空器飞行情况（2010，2012 至今）"，统计口径注释为"救助航空器飞行情况数据在 2011 年交通运输统计年报中未进行统计"。

③拆分注释原则。当名字相近，但是含义及内容不同，应进行拆分指标，注释范围。例如："交通系统科研机构及人员基本情况"和"交通运输科技机构数量（按地区分）"应拆分为"交通系统科研机构及人员基本情况（2010—2011）"和"交通运输科技机构数量（按地区分）（2012 至今）"。

（2）数据分类编码。

数据分类编码按照数据来源组织，有固定成熟出版来源的编码为 A 开头，例如"中国交通运输统计年鉴"。根据业务需要收集整理汇集的编码为 B，例如"综合运输服务能力监测指标体系数据"。按根节点 A 进行示例：

一级目录编码为 A。

二级目录按照 16 进制数（两位编码，位数不足在前补 0）与一级目录编码拼接进行编码，如：A01、A0A、A2A 等。

三级目录在二级目录的基础上进行拼接编码，同样为两位编码，如：A0101、A0A0A、A2A2A 等，如还有存在多级情况如 4 级、5 级者，则继续按照规则进行拼接。

拼接规则为：一级编码＋二级编码＋三级编码 ＋四级编码＋…。

示例：A + 0A + 01 + 2F = A0A012F

（3）指标项编码。

指标项编码，根据目录树编码进行编制，指标项编码根据所属的目录树编码 + 指标项16进制数编码（两位编码，位数不足在前补0），如指标所属目录树编码为 A010101，指标项编码为 A01010101、A01010102、A01010103…以此类推。

拼接规则为：目录树编码 + 指标项编码。

示例：A010101 + 02 = A01010102。

（4）详细数据表结构。

根据数据分类和指标项的编码，可以对数据库表进行设计，具体见图5-7。遵循的原则如下：

①数据来源和频度清晰。

②同来源不同年份数据目录树和指标项应融合一致。

③数据目录及指标项应附带层级信息。

④指标项应遵循原子化处理并附带单位信息。

⑤指标项应具备更新、使用及回溯标识以及必要的注释信息。

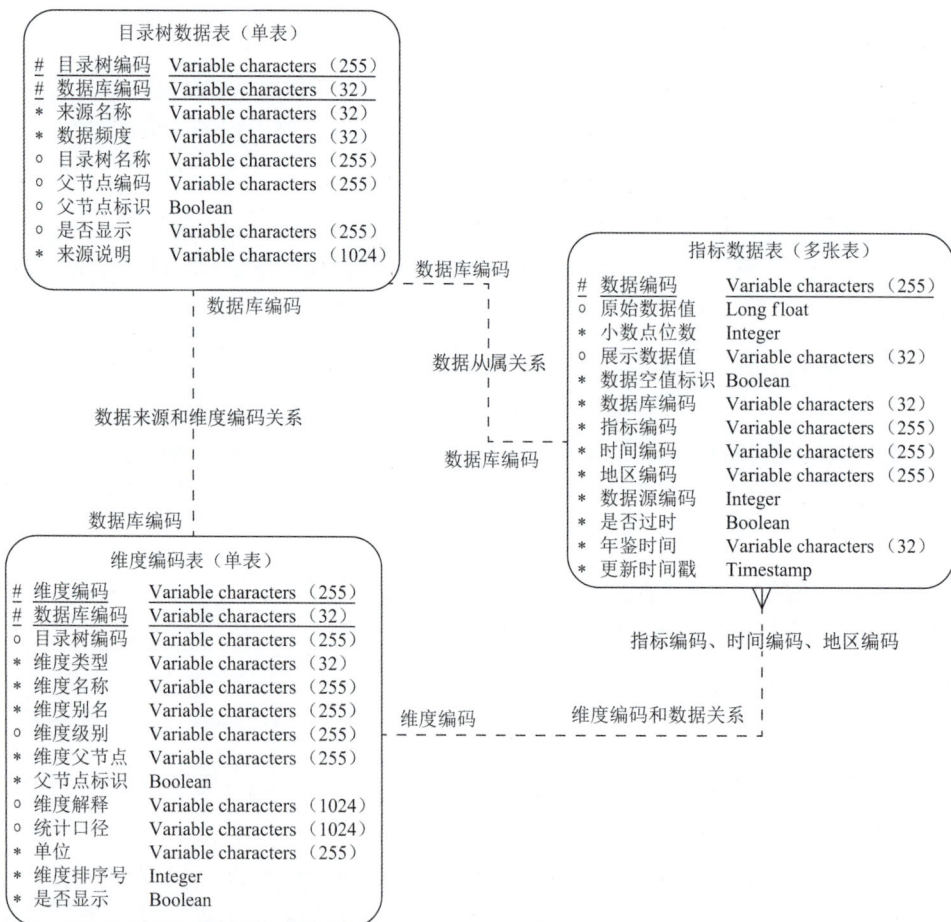

图 5-7 数据库表设计 ER 图

● 5.3　基于规划人员体验感受的数据共享效果评价技术

以综合交通运输规划参与者的体验感受为主要因素，提出客观评价数据共享效果的方法技术，这是数据资源的持续建设和良性发展的重要基础。通过完善的数据共享应用机制和效益评估实现对数据资源建设的方向性引导，实现数据资源"质与量并重"的建设，推进数据资源建设和共享应用的可持续发展。数据共享工作评价的目的是反映规划参与者体验感受并优化工作重点、引导发展方向，作为时空数据共享工作完成情况评价的标准和依据，提高共享建设与运行管理的规范性、公正性、科学性和合理性。评估举措为数据的持续建设和共享应用提供科学的决策依据，促进共享工作的良性可持续发展。

5.3.1　构建数据资源共享效果评价方法

1）评价指标选取原则

数据共享是综合交通运输规划数据治理过程的重要环节，也是综合交通运输规划领域数字化建设迫切需要解决的主要问题。数据资源共享效果评价指标体系的构建，是客观地评价与反映数据共享实施效果的基础，是推动综合交通运输规划数据共享的关键。因此，评价体系的构建是否全面、客观、系统并是否具有可操作性，直接关系评价结果的科学性与可信任程度。因此，在构建数据共享效果评价指标体系时，既要遵循指标体系构建的一般原则，又要结合综合交通运输规划领域独有的特点进行考虑。数据共享评价指标体系的构建应该遵循以下原则：

（1）全面性与典型性相结合。数据共享效果评价指标体系要能够系统、全面地反映综合交通运输规划跨业务、跨部门数据共享的现状及其影响因素，能够从不同角度反映和评价指标体系设计的目标。需要注意的是，一套指标体系不可能涵盖所有的指标，需要在设计指标体系的过程中，能够研判最能反映和代表测量结果的影响因素，从而有选择性地选取测量指标。

（2）系统性与层次性相结合。数据共享效果会受到共享的主体、客体与共享环境的影响，又涉及共享前期准备、共享过程及共享结果，各要素间存在着相互依赖、相互影响的关系，每一部分发生变化都可能影响最后的结果，因此是一个系统的过程。指标体系的设计应该能够考虑各部分、各要素、各环节之间的关系，综合布局。各个具体指标的确定，需要根据自身特点，依据一定的逻辑原则，分层次、有步骤地进行。

（3）科学性与客观性相结合。指标体系设计的科学性直接影响评价结果的有效性。跨部门数据共享效果评价指标体系的构建，应该结合交通运输部规划业务的组织特点和核心业务，借鉴其他部门和企业的数据共享评价情况，设计科学合理的评价指标体系。指标体系的规模要适当，确保客观性和便捷性相结合。各项指标的确定要真实、准确、客观，避免因测量者的个人主观因素影响评价结果的准确性。

（4）针对性与可行性相结合。指标体系的构建需要针对综合交通运输规划行业数据共享在内容、手段、影响因素等方面的特点，其最终目的在于实践和应用。数据共享评价指标体系需要具有可行性和可操作性，力争做到定性指标的分析可量化，定量指标数据收集准确可靠，从而保证测量结果的真实有效。

2）数据资源共享效果评价方法

针对综合交通运输规划领域数字化转型战略，应当对数据资源共享效果进行全面评价。数据资源的价值一方面是业务贡献，另一方面是综合交通运输规划领域的数据整合应用能力。后者暂时不会产生明显的经济效益，但对综合交通运输规划数字化发展具有基础性作用。因而，在评价指标体系的设计过程中，围绕除重点评价数据共享在业务方向引领、发展效果促进等方面的作用以外，还应适当考核组织机构、制度体系等。富有成效、运作良好的数据共享服务依赖于数据资源共享平台建设情况、在线服务能力，数据共享工作的组织管理模式、应用服务实际产生的效果等多个要素。

由此提出综合交通运输规划领域数据资源共享效果评价指标要素关系图，具体如图 5-8 所示。

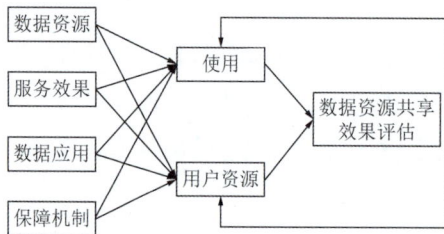

图 5-8 综合交通运输规划领域数据资源共享效果评价体系

评价指标体系可以从综合交通运输规划领域的数据资源、服务效果、数据应用和保障机制 4 个维度考虑。

数据资源是共享服务的基础，重点评估数据所采用的标准规范和数据资源量。考核内容包括数据资源是否符合技术规范；发布数据的同时是否发布完整的文档；资源量是否在本领域同类资源中具有较高的覆盖范围、满足业务方向情况等。在线系统是共享服务的支撑，重点评估在线平台服务能力，尤其是特色专题服务。

服务效果是共享服务的结果，重点评估数据使用率、资源和服务接触率、支撑项目情况、使用者满意度情况。评估内容包括数据服务用户的数量和效果；支撑项目和技术创新的贡献情况；支持国家重大研究课题、自主创新和研发、国家宏观决策、经济社会发展等典型应用案例等。

数据应用是共享服务的延伸，重点评估数据分析或挖掘建模的活动，评估数据应用情况对数据价值创造方式的影响。评估内容包括数据分析、模型构建等数据开发利用情况；

数据相关专利、论文等成果产出情况；数据应用的政治效应、社会示范效应以及经济效应情况。数据应用应当能够满足业务运营的需求，并适应业务、技术领域的发展变化。

保障机制为数据共享管理活动提供物质和精神条件，重点评估为数据共享提供保障的组织、制度以及资金。评估内容包括为数据共享服务的组织机构、相关人员的组成及其运行情况；为实现数据共享而在组织范围内执行的规章制度体系完善情况；为实现数据共享而投入的资金总体及结构情况等。

以上 4 个维度可以作为综合交通运输规划时空数据资源共享效果评估指导性指标的 4 个一级指标。在一级指标之下构建了 16 个二级指标及 28 个三级指标，具体指标情况见表5-8。

综合交通运输规划时空数据资源效果评价指标体系　　　　表 5-8

一级指标	二级指标	三级指标	指标数据来源
数据资源	领域覆盖	交通行业数据覆盖	调查问卷
		业务相关经济社会数据覆盖	调查问卷
	数据完整	数据元素完整性	系统数据
		数据记录完整性	系统数据
	数据准确	数据内容正确性	系统数据
		数据格式合规性	系统数据
	数据时效性	数据入库时间时效性	调查问卷
	数据资源目录	目录完整性	调查问卷
		目录分级分类	调查问卷
		目录更新频率	调查问卷
服务效果	数据服务率	平台数据访问率	系统数据
		平台数据下载率	系统数据
	需求相应	需求响应及时性	调查问卷
		需求响应成功率	调查问卷
	共享规范性	共享流程规范性	调查问卷
		共享渠道规范性	调查问卷
	共享程度	部门拥有的数据进行共享的比例程度	调查问卷
	项目支撑	共享数据对于项目的支撑程度	调查问卷
数据应用	数据开发利用	数据分析、模型构建等	调查问卷
	成果产出	产出专利、论文等情况	调查问卷
	应用效应	政治、社会示范、经济效应情况	调查问卷
保障机制	组织保障	人员配置情况	调查问卷
		专题会议情况	调查问卷
		交流培训情况	调查问卷
	制度保障	规划计划	调查问卷
		管理制度	调查问卷
		安全预案	调查问卷
	资金保障	资金保障情况	调查问卷
总体评价	共享满意度	共享满意度情况	调查问卷

采用李克特量表法设计调查问卷，该方法与只提供两个答案选项的二元问题相比，可以更精确地反馈出被调查者对该问题的态度，从而收集到更加准确的数据。该问卷由一组陈述组成，每一陈述有诸如"非常同意""同意""不一定""不同意""非常不同意"五种回答，分别记为5、4、3、2、1，每个被调查者的态度总分就是其对各道题的回答所得分数的加总，这一总分可说明其态度强弱或在这一量表上的不同状态。通过开放式问题，提取答案中的关键字、高频词等进行语义分析。

5.3.2 数据资源共享效果评价

在上节构建的评价体系下，主要针对综合交通运输规划时空数据资源共享效果进行评价。对调查问卷情况进行分析，从而得出共享效果得分，对所提出的数据共享工作建议及时进行归纳总结。

（1）问卷信度检验。

Cronbach α 信度系数是最常用的信度系数，其公式为：

$$\alpha = [K/(K-1)] \times [1 - (\sum S_i^2)/S_T^2] \tag{5-16}$$

式中：K——量表中题项的总数；

S_i^2——第 i 题得分的题内方差；

S_T^2——全部题项总得分的方差。

从公式中可以看出，α 系数评价的是量表中各题项得分间的一致性，属于内在一致性系数。这种方法适用于态度、意见式问卷（量表）的信度分析。总量表的信度系数最好在0.8以上，0.7～0.8之间可以接受；分量表的信度系数最好在0.7以上，0.6～0.7还可以接受。Cronbach α 系数如果在0.6以下就要考虑重新设计问卷，Cronbach α 系数情况见表5-9。

Cronbach α 信度分析 表5-9

项数	样本量	Cronbach α 系数
23	21	0.905

信度系数值为0.905，大于0.9，说明研究数据信度质量很高。针对"项已删除的 α 系数"，共享数据的数据目录更新频率如果被删除，信度系数会有较为明显上升，因此可考虑对此项进行修正或者删除处理。所属部门拥有的数据进行共享的比例程度如果被删除，信度系数会有较为明显上升，因此可考虑对此项进行修正或者删除处理。

针对"CITC值（Component Indicator of Total Credibility，校正的项总计相关性）"，共享数据对于业务相关经济社会数据的覆盖率对应的CITC值小于0.4，如果是预测试分析，可针对此项进行修正后再收集正式数据（如果是正式数据分析可删除此项或者保留此项均可）。共享数据的数据目录更新频率对应的CITC值介于0.2～0.3之间，说明其与其余分析项之间的相关关系较弱，如果是预测试分析，可针对此项进行修正后再收集正式数据（如果是正式数据分析可考虑对此项进行删除处理）。数据共享工作的安全保障情况对应的 CITC 值小于 0.4，如果是预测试分析，可针对此项进行修正后再收集正式数据（如果是正式数据分析可删除此项或者保留此项均可）。依申请共享数据的共享渠道规范性对应的 CITC 值小于 0.4，如果是预测试分析，可针对此项进行修正后再收集正式数据（如果是正式数据分析可删除此项或者保留此项均可）。由于所属部门拥有的数据进行共享的比例程度对应的 CITC 值小于 0.2，说明其与其余分析项的关系很弱，可以考虑进行删除处理（如果是预测试分析，可针对此项进行修正后再收集正式数据）。综上所述，研究数据信度系数值高于 0.9，说明数据信度质量高，可用于进一步分析。

（2）问卷统计分析。

对问卷中各问题的回答情况进行统计分析，计算占比，具体见表 5-10。

问卷各情况占比

表 5-10

指标名称	高	较高	一般	较低	低
	单位：百分比（%）				
共享数据对于业务相关交通行业数据的覆盖率	14.29	47.62	28.57	9.52	0
共享数据对于业务相关经济社会数据的覆盖率	4.76	52.38	38.10	4.76	0
共享数据的入库时效性	4.76	28.57	57.14	9.52	0
共享数据的数据目录完整性	0	57.14	42.86	0	0
共享数据的数据目录分级分类合理性	14.29	61.90	19.05	4.76	0
共享数据的数据目录更新频率	4.76	38.10	52.38	4.76	0
数据提供部门对其他部门数据需求响应及时性	14.29	66.67	14.29	4.76	0
基于共享数据的数据分析、模型构建等数据开发利用程度	4.76	52.38	33.33	9.52	0
数据提供部门对其他部门数据需求响应成功率	14.29	66.67	14.29	4.76	0
数据共享工作相关交流培训情况	14.29	38.10	33.33	0	0
制定执行数据共享工作相关管理制度情况	14.29	47.62	38.10	0	0
数据共享工作的安全保障情况	4.76	85.71	9.52	0	0
对于数据共享工作的规划执行情况	19.05	33.33	47.62	0	0
有条件共享数据的共享流程规范性	14.29	61.90	23.81	0	0
依申请共享数据的共享渠道规范性	9.52	66.67	23.81	0	0
所属部门拥有的数据进行共享的比例程度	14.29	33.33	38.10	14.29	0
共享数据对于本部门项目支撑程度	4.76	42.86	42.86	9.52	0
数据共享的政治、社会示范、经济效应	4.76	14.29	57.14	19.05	4.76
基于共享数据的专利、论文等产出情况	0	19.05	57.14	9.52	14.29
开展数据共享工作相关专题会议情况	9.52	23.81	47.62	19.05	0
数据共享工作的人员配置情况	14.29	38.10	38.10	9.52	0
数据共享工作的资金保障情况	4.76	42.86	38.10	4.76	9.52
数据共享工作的满意程度	0	66.67	28.57	4.76	0

将表 5-10 中的各评价维度进行量化，其中高为 5 分，较高为 4 分一般为 3 分，较低为 2 分，低为 1 分，从而计算各指标的平均得分如表 5-11 所示。

各指标平均得分 表 5-11

名称	平均得分
共享数据业务相关交通行业数据的覆盖率	3.67
共享数据业务相关经济社会数据的覆盖率	3.57
共享数据的入库时效性	3.29
共享数据的数据目录完整性	3.57
共享数据的数据目录分级分类合理性	3.86
共享数据的数据目录更新频率	3.43
数据提供部门对于其他部门数据需求响应的及时性	3.90
数据提供部门对于其他部门数据需求响应的成功率	3.52
数据共享工作的满意程度	3.62
有条件共享数据的共享流程规范性	3.90
开展数据共享工作相关专题会议情况	3.24
数据共享工作的安全保障情况	3.95
制定执行数据共享工作相关管理制度情况	3.76
数据共享工作的资金保障情况	3.29
依申请共享数据的共享渠道规范性	3.86
对于数据共享工作的规划计划情况	3.71
开展数据共享工作相关交流培训情况	3.52
基于共享数据的专利、论文等产出情况	2.62
数据共享的政治、社会示范、经济效应程度	2.95
数据共享工作的人员配置情况	3.57
综合所属部门拥有的数据进行共享的比例程度	3.48
共享数据对于本部门项目的支撑程度	3.43
基于共享数据的数据分析、模型构建等数据开发利用程度	2.81

通过计算调查样本的各指标平均得分。可见，现阶段数据共享的政治、社会示范、经济效应程度的满意度最低，为 2.95；数据共享工作的安全保障情况满意度最高，为 3.95。对于数据共享效果，各指标的评分均未达到良好，可见数据共享工作任重道远，仍有很大的进步空间。同时也可以看出，综合交通运输规划人员对数据共享工作的期望较高。

从共享数据对于业务相关交通行业数据的覆盖率与共享数据对于业务相关经济社会数据的覆盖率来看，大部分样本选择"较高"，共享数据对于业务相关交通行业数据的覆盖率平均得分为 3.67，共享数据对于业务相关经济社会数据的覆盖率平均得分为 3.57。可见现阶段共享数据对于业务相关经济社会数据的覆盖率满意度较低。

从共享数据的入库时效性来看，样本中有超过 5 成的样本为"一般"，平均得分为 3.29。可见现阶段共享数据的入库时效性满意度较低。

从共享数据的数据目录完整性分布上，大部分样本为"满意"，比例是 57.14%，另外 42.86%的样本选择"一般"。从共享数据的数据目录分级分类合理性分布上，大部分样本为"满意"，比例是 61.90%。从共享数据的数据目录更新频率来看，样本中有超过 5 成的样本选择"一般"，另外 38.10%的样本选择"满意"。

从数据提供部门对于其他部门数据需求响应的及时性满意度分布来看，样本中 66.67%选择"满意"。从对数据提供部门对于其他部门数据需求响应的成功率满意度分布上，大部分样本为"满意"，比例是 52.38%，选择一般的样本比例是 33.33%。

从有条件共享数据的共享流程规范性满意度分布来看，样本大部分为"满意"，占比为 61.90%，还有 47.62%选择"一般"。

从数据共享工作的安全保障情况分布来看，样本大部分选择为"较完善"，占比为 85.71%。

从制定执行数据共享工作相关管理制度情况分布来看，大部分样本为"较完善"，比例是 47.62%。另外选择"一般"的样本比例是 38.10%。

从数据共享工作的资金保障情况来看，样本中选择"较好"相对较多，比例为 42.86%。选择"一般"的样本比例是 38.10%。

从依申请共享数据的共享渠道规范性来看，超过 60%的样本选择"较高"。

从对于数据共享工作的规划计划情况来看，超过 40%的样本选择"一般"，有 33.33%选择"较好"。

从开展数据共享工作相关交流培训情况分布来看，样本大部分选择"较多"，占比为 38.10%，还有 33.33%的样本选择"一般"。从开展数据共享工作相关专题会议情况分布来看，47.62%的样本选择"一般"。

从共享数据对于本部门项目的支撑程度来看，样本中选择"一般"的相对较多，比例为 42.86%，选择"较高"的比例为 42.86%。

对于基于共享数据的数据分析、模型构建等数据开发利用程度来讲，选择"一般"的占比最高，为 57.14%。

从所属部门拥有的数据进行共享的比例程度来看，样本中 38.10%选择"一般"，另外 33.33%选择"较高"。

数据共享的政治、社会示范、经济效应，样本中 57.14%选择"一般"。

基于共享数据的专利、论文等产出情况，样本中 47.62%选择"一般"，另外 23.81%选择"较低"。

数据共享工作的人员配置情况来看，样本中 38.10%选择"一般"，另外 38.10%选择

"较高"。

（3）统计分析结论。

数据资源方面，系统数据提取数据库中共享数据的数据元素完整性、数据记录完整性、数据内容正确性、数据格式合规性，均已达到 5 分。从此次数据资源共享效果评价的统计分析看，数据资源评分为 4.14。

服务效果方面，现阶段数据共享平台数据访问率与数据下载率较低，截至 2022 年 5 月，数据资源查看总次数为 3980 人次，综合评分为 2 分，从此次数据资源共享效果评价的统计分析看，服务效果评分为 3.26。

数据应用方面，现阶段共享数据的利用情况较差，并且也尚未形成一定的社会影响力，从此次数据资源共享效果评价的统计分析看，数据应用评分为 2.79。

保障机制方面，普遍反映数据共享工作相关专题会议较少，资金保障情况有待提升，从此次数据资源共享效果评价的统计分析看，数据应用评分为 3.58。

对于现阶段数据资源共享情况满意度综合评分为 3.62，尚未达到满意。以 5 分为满分，现阶段，数据共享效果总体评分为 3.6 分。

（4）开放问题分析结论。

问卷中设置了 1 个选填的开放性问题"您对现阶段数据共享工作有什么建议"，对答案中的停用词进行设置并去除，可获得有实际意义词的词频及其构成的词云，分别见表 5-12 和图 5-9。

词频统计　　　　　　　　　　　　　　　　　　　　　　表 5-12

关键词	词频	关键词	词频
业务	9	开发	4
需求	7	更新	4
平台	6	系统	4
工作	4	持续	3

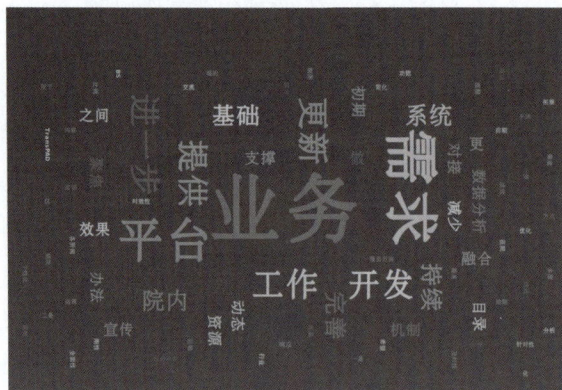

图 5-9　词云图

从此云分析中可以看出，综合交通运输规划领域从业人员对于数据共享最为关注的问题是业务应用支撑，期望通过数据资源的完善更有力度地支撑规划业务发展，针对具体规划业务工作形成专门的数据共享服务。其次，大家关注的是对接各业务部门数据需求的方式和手段，应结合具体业务工作需求，进一步完善数据共享、提升数据响应。

通过问卷调查还能够发现规划从业人员对于规划数据共享平台较为关注，期望平台能够不断拓展数据共享渠道，注重内部数据协作开发，加强平台宣传，提升平台的行业影响力。对于大家比较关注的数据共享平台功能主要包括数据分析、模型构建等，同时提出应当不断拓展平台数据来源渠道。

5.4 综合交通运输规划时空数据贡献的量化考核技术

在综合交通运输规划时空数据共享推进过程中，为了解决"不愿共享""不敢共享""不能共享"的难题，使共享行为得到高效执行、共享交换体系得以充分发挥作用，在数据资源管理框架下，对其中的数据使用者与共享者的行为规范、参与程度等进行考核。本书中数据应用以交通运输部规划研究院为例，主要是综合交通空间规划分析和数据服务平台（以下简称为"TranSPAD"）有关数据资源的使用情况。

5.4.1 数据贡献考核框架

数据资源共享考核工作应遵循客观公正、公开透明、科学量化、实事求是的原则。考核对象为数据的提供者与使用者。初步研究，结合综合交通运输规划时空数据资源的特点，可以从数据价值和数据应用两个角度对数据共享工作进行考核。数据共享考核主要包括各数据规模、数据质量、数据价值、数据应用等方面。数据价值的贡献评估分值原则上按照行业内公开、行业外公开、行业内非公开、行业外非公开的顺序依次提高。数据共享考核框架示意图见图 5-10。

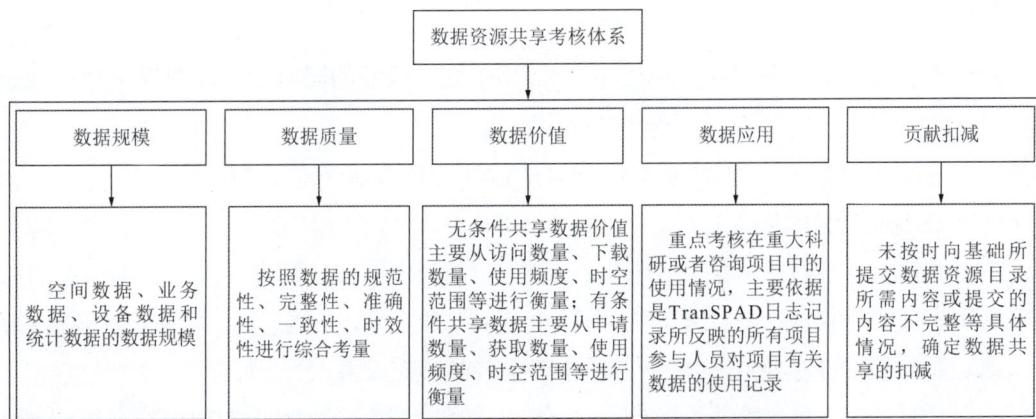

图 5-10 综合交通运输规划时空数据贡献考核框架

考核按下列程序进行：

（1）由数据主管部门制定年度考核工作方案，方案中应当明确考核的步骤、方式和有关要求。

（2）数据管理部门实现对数据共享开放工作进行自动化系统考核评估。

（3）考核结果通过系统发布。

（4）各业务部门对年度考核结果有异议的，可以按规定向数据管理部门申请复核。

（5）各部门数据共享开放工作纳入年终绩效考核，考核结果作为绩效工资评定的重要内容。

（6）数据管理部门按考核方案向交通运输部规划研究院报送年度数据共享工作总结，并准备相关印证资料。

5.4.2 数据贡献价值量化技术

在数据贡献考核框架的基础上，结合数据特性，对各指标量化的相关计算方式。

（1）数据规模分值（C_1）。

数据规模即数据量大小，数据规模分值采用百分制，按照数据特点进行分类，将各业务部门提供的空间数据、业务数据、设备数据和统计数据分类下的数据量大小进行加权汇总。

$$V_1 = (a_1N)/(N_{max} - N_{min}) + (a_2P)/(P_{max} - P_{min}) + (a_3D)/(D_{max} - D_{min}) + (a_4K)/(N_{max} - N_{min}) \tag{5-17}$$

$$C_1 = V_1/V_{1max} \times 100 \tag{5-18}$$

式中： N、P、D、K——空间数据（主要是栅格数据）、业务数据（交调动态数据、治超数据等实时数据）、设备数据（AIS、GPS、手机信令等设备原始数据）和统计数据（含矢量数据以及交通量年度统计、公路养护年报、各类统计年鉴等结果指标数据）的数据规模（GB），以入库后的数据规模计算；

a_1、a_2、a_3、a_4——不同类型数据的折算系数，按照相同时空尺度数据的数量级确定，分别为 10^2、1、1、10^5；

max、min——分别为该项指标各所属机构中的最大值、最小值。

（2）数据质量分值（C_2）。

有学者认为，数据需具有完整性、一致性、可信度、及时性、可访问性等特征，且数据必须具有适当的数量且没有错误[51]。还有学者将"数据质量"概念与"数据质量维度"联系起来，提出了不同的维度分组[52]。基于以往学者的研究成果，结合时空数据特性，数据质量分值采用百分制，按照数据的规范性、完整性、准确性、一致性、时效性进行综合考量。

$$C_2 = A/A_{str} \times B/B_{str} \times C/C_{str} \times D/D_{str} \times E/E_{str} \times 100 \tag{5-19}$$

式中：　A、A_{str}——实际数据元素数量、历史数据或者权威数据（各政府部门、行业协会发布的数据）的数据元素数量；

　　　　B、B_{str}——实际数据数目、数据提供部门或人员预期时空范围内的应有数据数目；

　　　　C、C_{str}——除脏数据（含错误数据、重复数据、乱码数据）之外的数据数目、实际数据数目；

　　　　D、D_{str}——与历史数据一致（包括数据来源、数据格式、数据元素）的数据数目、实际数据数目；

　　　　E、E_{str}——除时间段、时间点、时序发生错误之外的数据、实际数据数目。

（3）数据价值分值（C_3）。

有学者在综合考虑建设期铁路大数据的业务属性和存储数据库的固有属性基础上，建立了一套数据价值评价体系[53]。在以往研究的基础上，结合数据特点，数据价值分值采用百分制，无条件共享数据价值主要从访问数量、下载数量、使用频度、时空范围等进行衡量；有条件共享数据主要从申请数量、获取数量、使用频度、时空范围等进行衡量。

$$V_3 = b_1 R/(R_{max} - R_{min}) + b_2 L/(L_{max} - L_{min}) + \\ b_3 F/(F_{max} - F_{min}) + b_4 S/(S_{max} - S_{min}) \tag{5-20}$$

$$V_3' = b_1' R'/(R_{max}' - R_{min}') + b_2' L'/(L_{max}' - L_{min}') + \\ b_3' F'/(F_{max}' - F_{min}') + b_4' S'/(S_{max}' - S_{min}') \tag{5-21}$$

$$C_3 = \left(V_3 \cdot \frac{\gamma}{V_{3max}} + V_3' \cdot \frac{\gamma'}{V_{3max}'} \right)/2 \times 100 \tag{5-22}$$

式中：　R、L、F、S——无条件共享数据的访问数量（人次）、下载数量（MB）、使用频度（人·小时）、时空范围（年·省份数）；

　　　　R'、L'、F'、S'——有条件共享数据的申请数量（人次）、获取数量（MB）、使用频度（使用部门根据数据价值折合该数据的人·小时）、时空范围（年·省份数）；

　　　　b_1、b_2、b_3、b_4——无条件共享数据不同衡量指标的折算系数，按照当年最大阈值范围之间比值进行确定；

　　　　b_1'、b_2'、b_3'、b_4'——有条件共享数据不同衡量指标的折算系数，按照当年最大阈值范围之间比值进行确定；

　　　　γ——无条件共享数据价值调整系数，公开发布数据、交通运输部规划研究院内信息交换数据、正式出版的项目采集数据取 1，行业内的信息交换数据和项目采集数据取 3，行业外的信息交换数据和项目采集数据取 10；

　　　　γ'——有条件共享数据价值调整系数，交通运输部规划研究院内信息交换数据取 3，行业内的信息交换数据和项目采集数据取 5，行业外的信息交换数据和项目采集数据取 10；

max、min——该项指标各业务部门的最大值、最小值。

（4）数据应用分值（C_4）。

数据应用评分中的相关指标主要是考虑综合交通运输规划项目特别是重大项目中的实际应用。数据应用分值采用百分制，重点考核在重大科研或者咨询项目中的使用情况，主要依据是 TranSPAD 日志记录反映的所有项目参与人员对项目有关数据的使用记录。

$$C_4 = N/(N_{\max} - N_{\min}) \times 100 \tag{5-23}$$

$$N = \sum_{j=1}^{n}(RT_j/p_j)/n \tag{5-24}$$

式中：RT_j——第 j 个项目所有参与人员的 TranSPAD 使用频度（人·小时）；

p_j——第 j 个项目所有参与人员的数量；

N——某部门人均项目使用 TranSPAD 的频度。

第 6 章

综合交通运输规划时空数据治理集成技术与研发应用

6.1　综合交通运输规划时空数据治理集成关键技术

6.1.1　多维时空数据治理总体架构

综合交通运输规划数据的主要特点一是"多源异构"，二是"外延丰富"。多源异构体现在数据来源多元化和数据结构复杂化，既有海量数据特点，又有数据源丰富特点，这决定了其数据库架构规划的复杂性。外延丰富体现在综合交通运输规划所需数据并非只包含交通行业自身产生的数据，而是一切与综合交通运输规划业务特征具备关联性特征的数据，可能涉及人口、经济、军事、环境等一系列的数据，这需要底层数据库架构能够兼容多种类型的数据，同时也要求数据治理实现与集成技术人员对本行业和外行业的数据都应有较为深刻的理解，才能兼容并蓄，融会贯通，发挥数据在综合交通运输规划业务中的强劲动力。

基于交通特征导向的时序大数据治理、交通多源数据融合与"点线面"分层质量控制、交通运输位移时空数据治理分析与应用、综合交通运输规划时空复合的多尺度空间数据治理、综合交通运输规划时空数据共享评价与考核等理论研究，将多时空数据治理总体架构划分为时空数据治理接入层、时空数据基础治理层、时空数据深度治理层和时空数据应用层四个数据治理逻辑层次。按数据的流向，结合数据治理的不同功能分类，将时空数据治理封装为不同的功能模块，总体架构如图 6-1 所示。

6.1.2　复杂异构时空数据质量控制逻辑

结合综合交通运输规划时空数据治理与共享、交通规划时序大数据治理、交通多源数据融合治理与质量控制的理论研究，以计算机应用科学软件设计思维，将综合交通运输规划时空数据治理系统设计逻辑划分为：数据预处理、数据质量控制、数据用户勘误、数据新增及替换。上述过程可覆盖原始的纸质数据来源，也适用于结构化数据的治理。主要系统设计逻辑如图 6-2 所示。

数据预处理，将原始纸质资料进行预处理，生成一维预处理文件；数据质量控制，将一维预处理文件进行拆分、校验，并对错误数据进行校对更正；数据用户勘误，质量稽核完成数据，经过基础库存储，然后传输至应用库，供前端应用调取使用；数据新增及替换，记录新增数据，并将原数据替换为最新数据。本书实现了数据指标、时间、空间维度的融合，解决了光学字符识别（Optical Character Recognition，OCR）后数据错误率高、错误数据核对效率低的问题，实现了错误数据自动化识别，实现了每一条数据的溯源，建立了数据库中数据与原始数据资料间的关系。

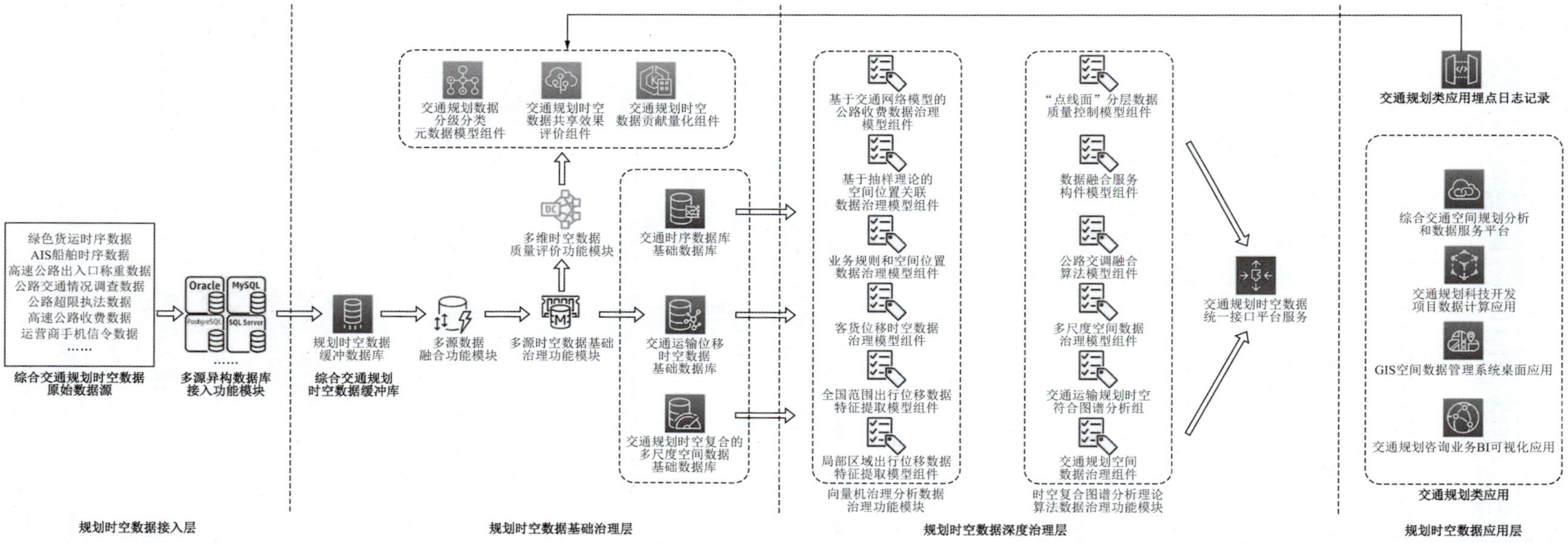

图6-1 多维时空数据治理总体架构

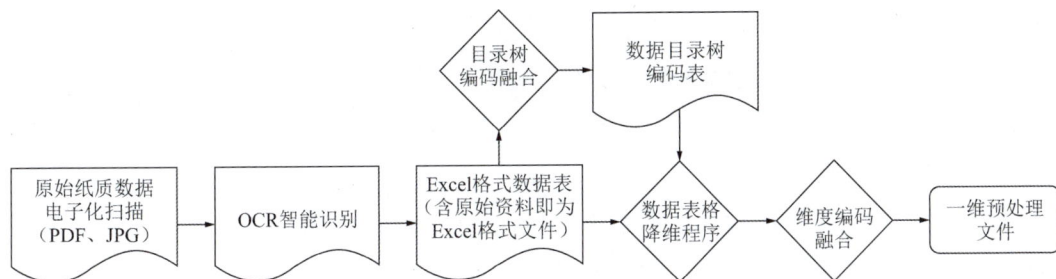

图 6-2　规划数据治理系统逻辑

1）数据预处理

数据预处理包含数据电子化、目录树命名融合、数据降维处理、维度命名融合以及目录树编码与维度编码。目录树命名融合是数据降维处理的输入条件，数据降维处理是数据指标编码融合的输入条件。

（1）数据电子化。

该步骤主要解决纸质资料转换为可编辑非结构化文件（例如 Excel、CSV 等）的问题。使用电子扫描设备，对纸质资料进行扫描，形成不可编辑非结构化文件（例如 PDF、JPG 等），通过 OCR 程序实现不可编辑电子文件向可编辑非结构化文件的转换。

（2）目录树命名融合。

该步骤主要解决不同年份统计资料的数据目录统一的问题。在统一过程中，采用以下原则处理：

①原始依从原则。

数据目录树命名主要依从原始年鉴数据目录信息命名，尊重资料原始数据组织形式，做极少量的语法修正。

②最新年份依从原则。

同一数据来源，不同年份目录命名有差异，但统计含义及详细统计指标基本相同时，依从最新年份命名。例如：中国交通运输统计年鉴中"全国轨道交通运营车辆数"，在 2018 年开始更名为"全国轨道交通配属车辆数"，所以数据目录树命名采用"全国轨道交通配属车辆数"。

③时间区间注释原则。

同一数据来源，某统计目录在某一年份开始不再统计，目录树命名应注释时间范围，并在目录树解释字段中添加注释信息。例如：中国交通运输统计年鉴中"全国城市客运从业人员"从 2017 年以后数据不再统计，目录命名为"全国城市客运从业人员（2010—2017）"。

④拆分注释原则。

同一数据来源，不同年份统计目录名字相近，但是含义及内容不同，应进行拆分并注释时间范围。例如："交通系统科研机构及人员基本情况"和"交通运输科技机构数量（按地区分）"应拆分为"交通系统科研机构及人员基本情况（2010—2011）"和"交通运输科技机构数量（按地区分）（2012至今）"。

（3）数据降维处理。

该步骤主要解决非结构化数据表格向数据库可存储的一维格式转换的问题。采用Python程序首先对数据表的行表头和列表头分别降维，形成一张二维数据表；再对二维数据表进行行表头和列表头的降维，将其合并得到一张一维数据表。在数据表降维过程中将形成两个重要信息：

①数据二维追溯信息。

为建立未来进入数据库中结构化数据与原始资料间的联系，此处在二维数据表降维时，通过程序记录了数据的Excel表格的位置信息，例如：数值38512，位于Excel表格B19。

②数据指标维度信息。

为完成数据指标编码融合，此处在二维数据表降维时，生成数据指标维度信息，将不同年份的同一张数据表的所有指标维度信息输出，供数据指标编码融合使用。

（4）维度命名融合。

综合交通运输规划领域统计类数据重点关注的是指标维度、时间维度和空间维度。为数据连续性及GIS应用挂接，以上三个维度命名和编码必须统一。

①指标维度命名融合。

该步骤主要解决不同年份统计资料的数据指标名称统一、编码统一的问题。在统一过程中，采用原则与目录树命名融合相同。

②时间维度命名融合。

时间维度命名遵循日常表示形式即可，但需要保持所有数据时间维度命名一致。例如：2021年、2021年第一季度、2021年2月、"十三五"期、2021年十一黄金周等。

③空间维度命名融合。

空间维度命名遵循当年发布数据。

（5）目录树编码与数据指标维度编码。

目录树与数据指标维度编码工作是基于目录树命名融合和数据指标命名融合完成的基础上，赋予每一级目录树和数据指标一个唯一编码。

①目录树编码。

按交通统计类数据来源分为三大类，A是有固定出版来源的，B是依业务需要整理汇集的，C是其他类别。例如："中国交通运输统计年鉴"属于A类，"综合运输服务能力监测指标体系数据"属于B类。

一级目录树编码为来源大类编码，每级编码以16进制数字与上一级拼接，直至最终叶子节点。例如：A[01][B2][2D]为三级叶子节点，属于有固定出版来源的 A 类，一级编码 01，二级编码 B2，三级叶子节点为 2D，其上级父节点编码为 A[01][B2]，数据源编码为 A[01]。此处为方便解释增加"[]"，实际操作中使用 A01B22D。

②数据指标维度编码。

指标维度编码以该指标从属的叶子目录节点为父节点，拼接 36 进制编码（[0-9A-Z] × [0-9A-Z]矩阵）形成。例如：上级节点为 A01B22D，其第一个指标编码为 A01B22D00。

③时间维度编码。

类别分类编码：Y 年、H 半年、Q 季、M 月、F 节日、P 规划。

时间编码：

A. 年度：2021。

B. 季度：2021A、2021B、2021C、2021D。

C. 半年：2021F（2021 年上半年）、2021S（2021 年上半年）。

D. 月度：202110（2021 年 10 月）。

E. 节日：202110F（2021 年十一黄金周）。

F. 规划：2016—2020P（"十三五"期）。

④空间维度编码。

空间维度类别编码：国 nation、省（自治区、直辖市）province、市 city、县 county、乡 town、线 line、地区 area、港口 port、机场 airport、交通调查站点 jd_station、治超站点 zc_station 等。

空间维度版本编码：default、2021、2020……2010，此编码为适应不同年份，行政编码可能有细微变动的情况。

空间维度地区编码：国省县乡编码遵循当年发布数据编码，其他类别编码遵循原始业务数据编码，原始业务数据无编码时可自定义，保持与 GIS 应用编码一致即可。

2）数据质量控制

数据质量控制包含数据结构化缓存、数据质量稽核以及错误数据校对更正。其系统实现逻辑如图 6-3 所示。

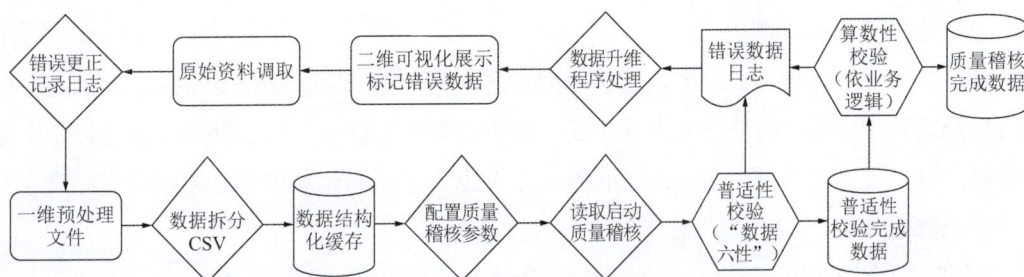

图 6-3　综合交通运输规划数据质量控制

（1）数据结构化缓存。

在数据预处理阶段形成的成果为一维 CSV 文件，通过程序对文件进行拆分，使用数据入库工具，将拆分后的 CSV 文件分别导入缓冲数据库的不同数据表中。此时已完成数据从原始状态到数据库格式的转换，但包含很多错误，后续所有治理环节操作的数据均为此处结构化缓存的数据。

（2）数据质量稽核。

参考《信息技术数据质量评价指标》（GB/T 36344—2018），数据质量评价有六个维度，分别是规范性、完整性、准确性、一致性、时效性、可访问性。在本方法中，将以上"数据六性"设计为两个逻辑步骤，分别为普适性校验和算数性校验。

①普适性校验。

普适性校验包含了"数据六性"的所有方面，使用以下方法落地实施：

A. 规范性：格式校验。

B. 完整性：空值校验。

C. 准确性：重复值校验、值域校验。

D. 一致性：参照性校验。

E. 时效性：维度校验（指标、时间、空间、年鉴时间）。

F. 可访问性：不做校验。

②算数性校验。

算数性校验，主要针对准确性和一致性开展，依据业务逻辑，做算数性的计算值和预期值的比较，主要用到以下逻辑：

A. "细分指标"求和值与"汇总指标"之间校验。

B. "占比指标"求和值与 100% 之间校验。

C. "细分指标"占比计算值与给定"占比"值之间校验。

D. "31 省（自治区、直辖市）指标"求和值与给定"全国"值之间校验。

E. "特定区域指标"值与"下级区域指标"求和值之间校验；

F. 计算特定指标的标准差和均值，用标准差/均值求得变异系数，通过调节变异系数筛选可能异常的数据。

（3）错误数据校对更正。

对于数据质量控制环节产生的错误数据日志，将不符合质量稽核要求的数据挑出，通过数据升维程序处理，将错误数据升维成二维可视化的数据表，数据处理人员通过调取原始资料比对，将错误数据更正，并记录修改的日志，重新回到数据质量控制环节，直至不再有错误数据日志。

3）数据用户勘误

质量稽核完成的数据，经过基础库存储，然后导入应用库，供综合检索、GIS 应用、数据分析、模拟仿真等前端应用调取使用。数据用户勘误环节旨在建立数据质量与用户使用之间的联系，当用户在使用数据时发现数据错误时，通过系统前台页面功能设计，提供一键上报功能，形成错误数据日志，进行错误数据校对更正。如果数据为单值错误，直接修改，记录日志即可；当出现批量错误时，应将数据重新导入数据质量控制流程中重新稽核。数据用户勘误逻辑如图 6-4 所示。

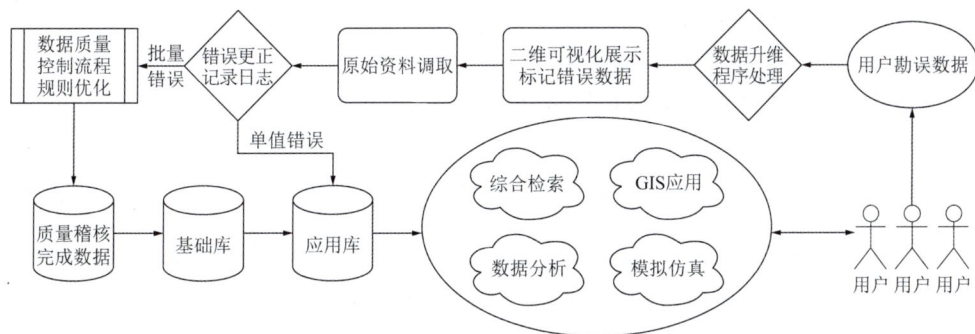

图 6-4　综合交通运输规划数据用户勘误逻辑

4）数据新增及替换

数据新增及替换流程主要解决增量数据插入和不同年鉴时间出现的重叠数据替换的问题。该环节仍依数据预处理、数据质量控制的主要方法导入数据。若出现图 6-5 所示的工作节点，需特殊处理。

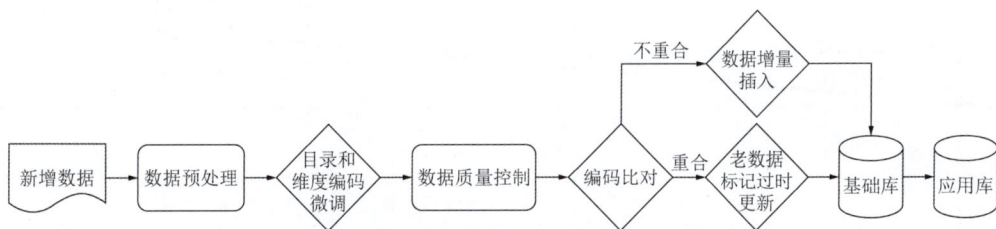

图 6-5　综合交通运输规划数据新增及替换逻辑

（1）目录和维度命名微调。

随着数据资源年份的逐步累积，可能会出现原始数据表格更名、原始数据表不再统计、原始指标维度更名、原始指标维度不再统计等情况，每年数据新增录入时应该按目录树命名融合原则、指标命名融合原则梳理一遍，将变动的命名信息做微调。

（2）目录树编码和维度编码新增。

随着数据资源年份的逐步累积，可能会出现原始数据表格目录树新增和维度指标新增，针对此情况，按照目录树编码原则和维度编码原则在原有编码基础上新增即可。

（3）数据编码比对。

数据编码比对主要是比对数据的维度编码，如果维度编码完全重合，说明出现了不同年年鉴时间有重叠数据的情况，这里按照数据一致性的原则，将原数据标记为过时数据不再使用，替换为最新数据并记录数据年鉴编码和数据版本，生成新的数据编码，并录入。所有数据的数据编码全局唯一，但维度编码可能相同，是否使用通过数据状态字段标识。数据编码由指标编码、空间编码、时间编码、年鉴编码、版本编码拼接成字符串形式存储，更新比对前三字段。

6.1.3 综合交通运输规划主要业务专题库

按照综合交通运输规划专题库类别划分及业务应用实际需求，目前建有以下专题数据集：

1）综合立体交通网评估专题库

该数据库主要用于支撑国家综合立体交通网主骨架评估工作，包含公路网、水路、铁路、航空的空间、基础属性数据和布局方案、建设进展、设施质量、通达效果、运输强度数据和能力利用率6个方面的数据，如表6-1～表6-6所示。

布局方案库 表 6-1

序号	数据内容	数据类型	数据类别	更新频率
1	全国行政区划基础底图	shapefile	基础数据	每年
2	高速铁路、普速铁路、高速公路、国道、航道5种实体线路的分省里程数据	float	基础数据	
3	"678"主骨架示意图（公众版）	shapefile	成果数据	
4	"678"主骨架分路径示意图	shapefile	成果数据	
5	高速铁路、普速铁路、高速公路、国道、航道5种实体线路和港口、机场两种枢纽总体布局图	shapefile	成果数据	

建设进展库 表 6-2

序号	数据内容	数据类型	数据类别	更新频率
1	"678"分通道、分路径建设进展属性数据	float	基础数据	每年
2	典型"十四五"项目挂接名称及主要建设内容属性数据	string	基础数据	
3	5种实体线路分已建/"十四五"/远期规划建设进展里程属性数据	float	基础数据	
4	5种实体线路分已建/"十四五"/远期规划建设进展	shapefile	成果数据	
5	5种实体线路分省份已建/"十四五"/远期规划建设进展图	shapefile	成果数据	
6	"678"分通道分路径建设进展	shapefile	成果数据	
7	典型"十四五"项目挂接名称及主要建设内容	shapefile	成果数据	
8	主骨架高速铁路建设进展	shapefile	成果数据	
9	主骨架普速铁路建设进展	shapefile	成果数据	
10	主骨架高速公路建设进展	shapefile	成果数据	
11	主骨架高等级航道建设进展	shapefile	成果数据	

续上表

序号	数据内容	数据类型	数据类别	更新频率
12	实体线路建成总里程比例	float	成果数据	每年
13	高速铁路建成总里程比例	float	成果数据	
14	普速铁路建成总里程比例	float	成果数据	
15	高速公路建成总里程比例	float	成果数据	
16	普通国道建成总里程比例	float	成果数据	
17	高等级航道建成总里程比例	float	成果数据	

设施质量库　　　　　　　　　　　　　　　　　　　　　　表 6-3

序号	数据内容	数据类型	数据类别	更新频率
1	普通铁路电气化率	float	基础数据	每年
2	普通铁路复线率	float	基础数据	
3	高速公路车道数数据	numeric	基础数据	
4	公路国道分级数据	string	基础数据	
5	航道建筑物数据	numeric	基础数据	
6	普速铁路复线率	float	成果数据	
7	高速公路六车道以上里程占比	float	成果数据	
8	普通国道二级以上里程占比	float	成果数据	
9	高等级航道既有通航建筑物 1000 吨级以上占比	float	成果数据	
10	高速公路车道、铁路复线率、国道等级占比挂接空间数据	shapefile	成果数据	

通达效果库　　　　　　　　　　　　　　　　　　　　　　表 6-4

序号	数据内容	数据类型	数据类别	更新频率
1	按地市、县级行政区划人口数据	numeric	基础数据	每年
2	按地市、县级行政区划地区生产总值数据	float	基础数据	
3	主骨架覆盖县级行政区数量占比	float	成果数据	
4	主骨架覆盖县级行政区人口占比	float	成果数据	
5	主骨架覆盖县级行政区地区生产总值占比	float	成果数据	
6	主骨架多方式快速化连接地级以上城市占比	float	成果数据	
7	行政区划人口、地区生产总值挂接基础空间数据	shapefile	成果数据	

运输强度库　　　　　　　　　　　　　　　　　　　　　　表 6-5

序号	数据内容	数据类型	数据类别	更新频率
1	高速铁路、普速铁路年客、货运密度数据	float	基础数据	每年
2	高速公路、国道 AADT 数据	float	基础数据	

序号	数据内容	数据类型	数据类别	更新频率
3	长江、西江、京杭运河船闸年货物通过量数据	float	基础数据	每年
4	沿海主要港口吞吐总量、集装箱量数据	float	基础数据	
5	枢纽机场旅客吞吐量数据	float	基础数据	
6	678通道分路径综合客运数据	float	基础数据	
7	主骨架承担全国实体线路旅客周转量比重	float	成果数据	
8	主骨架承担全国实体线路货物周转量比重	float	成果数据	
9	高速铁路承担主骨架铁路旅客周转量比重	float	成果数据	
10	铁路及内河承担主骨架实体线路货物周转量比重	Float	成果数据	
11	主骨架客运密度	shapefile	成果数据	
12	主骨架货运密度	shapefile	成果数据	
13	主骨架高速铁路客运密度	shapefile	成果数据	
14	主骨架普速铁路客运密度	shapefile	成果数据	
15	主骨架普速铁路货运密度	shapefile	成果数据	

注："AADT"指年平均日交通量。

能力利用率库   表6-6

序号	数据内容	数据类型	数据类别	更新频率
1	高速铁路、普速铁路、高速公路、普通国道能力利用率	float	基础数据	每年
2	高速铁路、普速铁路、高速公路、普通国道通行能力	float	基础数据	
3	高速铁路、普速铁路、高速公路普通国道按地级行政区能力利用率	float	基础数据	
4	"678"通道分路径能力利用率	float	基础数据	
5	分省（区、市）5种方式能力利用率	float	基础数据	
6	主骨架综合能力利用率	float	成果数据	
7	东部地区能力利用率	float	成果数据	
8	中部地区能力利用率	float	成果数据	
9	西部地区能力利用率	float	成果数据	
10	东北地区能力利用率	float	成果数据	
11	高速铁路能力利用率	float	成果数据	
12	普速铁路能力利用率	float	成果数据	
13	高速公路能力利用率	float	成果数据	
14	普通国道能力利用率	float	成果数据	
15	主要干流航道船闸通过能力平均利用率	float	成果数据	
16	典型瓶颈节点图	shapefile	成果数据	

序号	数据内容	数据类型	数据类别	更新频率
17	主骨架高速公路交通量	shapefile	成果数据	每年
18	主骨架普通国道交通量	shapefile	成果数据	
19	长江、西江、京杭运河等货流密度	shapefile	成果数据	
20	主骨架综合能力利用率	shapefile	成果数据	
21	主骨架高铁能力利用率	shapefile	成果数据	
22	主骨架普速铁路能力利用率	shapefile	成果数据	
23	主骨架高速公路拥挤度	shapefile	成果数据	
24	主骨架普通国道拥挤度	shapefile	成果数据	

2）交通枢纽评估专题库

该专题数据库主要用于支撑交通枢纽评估工作，包含枢纽位置、区域发展情况、建设进度、旅客发送量、各方式换乘距离、中心城区距离等方面的数据，如表6-7～表6-10所示。

建设进度库　　　　　　　　　　　　　　　　　　　　　表 6-7

序号	数据内容	数据类型	数据类别	更新频率
1	分行政区划综合客运枢纽基本信息	string	基础数据	每年
2	综合客运枢纽规划建筑面积数据	float	基础数据	
3	综合客运枢纽投资总额数据	float	基础数据	
4	综合客运枢纽规划建筑面积完成比例	float	成果数据	
5	综合客运枢纽投资完成比例	float	成果数据	
6	综合客运枢纽空间基础数据	shapefile	基础数据	

旅客发送量库　　　　　　　　　　　　　　　　　　　　表 6-8

序号	数据内容	数据类型	数据类别	更新频率
1	分行政区划综合客运枢纽航空日均旅客发送量	numeric	基础数据	每年
2	分行政区划综合客运枢纽铁路日均旅客发送量	numeric	基础数据	
3	分行政区划综合客运枢纽公路（含城际、城乡客运）日均旅客发送量	numeric	基础数据	
4	分行政区划综合客运枢纽城市轨道日均旅客发送量	numeric	基础数据	
5	分行政区划综合客运枢纽巡游出租车日均旅客发送量	numeric	基础数据	
6	分行政区划综合客运枢纽定制客运日均旅客发送量	numeric	基础数据	
7	分行政区划综合客运枢纽其他交通方式日均旅客发送量	numeric	基础数据	

各方式换乘距离库　　　　　　　　　　　　　　　　　表 6-9

序号	数据内容	数据类型	数据类别	更新频率
1	分行政区划综合客运枢纽航空-铁路实际换乘距离	float	基础数据	每年
2	分行政区划综合客运枢纽航空-公路实际换乘距离	float	基础数据	
3	分行政区划综合客运枢纽铁路-公路实际换乘距离	float	基础数据	
4	分行政区划综合客运枢纽铁路-城市轨道实际换乘距离	float	基础数据	
5	分行政区划综合客运枢纽公路-城市轨道实际换乘距离	float	基础数据	

中心城区距离库　　　　　　　　　　　　　　　　　表 6-10

序号	数据内容	数据类型	数据类别	更新频率
1	分行政区划综合客运枢纽到中心城区距离	float	基础数据	每年
2	分行政区划综合客运枢纽到中心城区采取的公共交通方式	string	基础数据	
3	分行政区划综合客运枢纽到中心城区半小时可达信息	string	成果数据	

3）规划特征专题库

规划特征专题库主要解决交通运输部规划研究院主要业务方向在开展工作时所需的基础性支撑数据，多用于现状性描述、行业发展动向性描述、技术标准引用、同类报告查询、高频业务数据指标等，如表 6-11～表 6-15 所示。

城市情况库　　　　　　　　　　　　　　　　　表 6-11

序号	数据内容	数据类型	数据类别	更新频率
1	省市级行政区划人口数据	numeric	基础数据	每年
2	省市分行政区划地区生产总值数据	float	基础数据	
3	省市分行政区划第三产业分布数据	float	基础数据	
4	省市分行政区划矿产分布数据	float	基础数据	
5	省市分行政区划水资源分布数据	float	基础数据	
6	省市分行政区划农业分布数据	float	基础数据	
7	省市分行政区划林业分布数据	float	基础数据	
8	省市分行政区划土地资源数据	float	基础数据	
9	省市分行政区划分交通方式客运量/周转量	numeric	基础数据	
10	省市分行政区划分交通方式货运量/周转量	numeric	基础数据	
11	省市 4A、5A、世界文化遗产分布	shapefile	基础数据	
12	省市自然保护区分布	shapefile	基础数据	
13	省市综合枢纽、机场、港口分布	shapefile	基础数据	
14	重点乡镇分布	shapefile	基础数据	

规划专题库

表 6-12

序号	数据内容	数据类型	数据类别	更新频率
1	国省市级国土规划	pdf	基础数据	每年
2	区域交通系统规划	pdf	基础数据	
3	区域交通专项规划	pdf	基础数据	
4	区域交通专业规划	pdf	基础数据	
5	区域交通专题或主题规划	pdf	基础数据	
6	其他类别发展规划	pdf	基础数据	

技术标准专题库

表 6-13

序号	数据内容	数据类型	数据类别	更新频率
1	分业务方向国家标准	pdf	基础数据	每年
2	分业务方向行业标准	pdf	基础数据	

行业动向库

表 6-14

序号	数据内容	数据类型	所属类别	更新频率
1	分业务方向时事动态	pdf	基础数据	每月
2	交通行业常用指数跟踪	float	基础数据	每周

高频业务数据指标库

表 6-15

序号	数据内容	数据类型	所属类别	更新频率
1	交通调查数据常用业务指标	float	成果数据	每月
2	治超数据常用业务指标	float	成果数据	
3	大件运输数据常用业务指标	float	成果数据	
4	OAG（Official Aviation Guide，官方航空指南）航空数据常用业务指标	float	成果数据	
5	海关数据常用业务指标	float	成果数据	
6	AIS（船舶自动识别系统）数据常用业务指标	float	成果数据	

4）国土空间资源专题库

国土空间专题数据主要包含地类图斑、开发园区、土地、独立要素、耕地、建设项目等数据，如表 6-16 所示。

国土空间资源库

表 6-16

序号	数据内容	数据类型	所属类别	更新频率
1	行政区标识码、要素代码、行政区代码、行政区名称、调查面积	shapefile	基础数据	不定期，来自自然资源部
2	行政区界线标识码、要素代码、界线类型、界线性质、界线说明	shapefile	基础数据	

序号	数据内容	数据类型	所属类别	更新频率
3	村级调查区标识码、要素代码、坐落单位代码、坐落单位名称、调查面积、描述说明、计算面积、海岛名称	shapefile	基础数据	
4	村级调查区界线、标识码、要素代码、界线类型、界线性质、界线说明	shapefile	基础数据	
5	坡度图标识码、要素代码、坡度级别	shapefile	基础数据	
6	地类图斑、识码、要素代码、图斑编号、地类编码、地类名称、坐落单位代码、坐落单位名称、图斑面积、图斑地类面积、数据年份、描述说明、扣除地类编码、扣除地类系数、扣除地类面积、耕地类型、耕地坡度级别、飞入地标识、城镇村属性码、海岛名称	shapefile	基础数据	
7	城镇村等用地、识码、要素代码、城镇村等用地类型、城镇村代码、城镇村名称、城镇村面积	shapefile	基础数据	不定期，来自自然资源部
8	路面范围标识码、要素代码、坐落单位代码、名称	shapefile	基础数据	
9	光伏板区标识码、要素代码、区域面积	shapefile	基础数据	
10	推土区标识码、要素代码、区域面积	shapefile	基础数据	
11	拆除未尽区标识码、要素代码、占地面积	shapefile	基础数据	
12	无居民海盗标识码、要素代码、利用现状分类编码、利用现状分类名称、坐落单位代码、坐落单位名称、面积	shapefile	基础数据	
13	二调203范围标识码、地类编码、地类名称、坐落单位代码、坐落单位名称、图斑面积、图斑地类面积、批准文号、数据年份	shapefile	基础数据	
14	国土空间区线信息	shapefile	基础数据	

5）规划常用辅助模型专题库

规划常用辅助模型专题库旨在管理模型算法的名称、分类、输入、输出、逻辑说明、代码公开、任务队列、试算数据集等，建立规划常用辅助模型的共享、交流、复用的机制，为满足这些需求将构建相应的专题库，用于支撑其高效运行。主要分为模型管理、模型输入输出管理、模型逻辑与代码管理、模型试算数据集管理，如表6-17所示。

规划常用辅助模型专题库　　　　　　　　　表6-17

序号	数据内容	数据类型	所属类别	更新频率
1	模型名称编码数据	numeric	基础数据	
2	模型输入、输出项数据	float	基础数据	
3	模型逻辑说明数据	string	基础数据	
4	模型代码公开数据	string	基础数据	实时
5	模型任务队列管理数据	time	基础数据	
6	模型试算数据集	float/shapefile	基础数据	
7	模型共享管理数据	string	基础数据	

其中可能涉及的基础数学模型有加权平均、最小二乘法、关联分析、对比分析、系数

分析、置信度分析、回归分析、方差分析、重力模型等。用户根据业务场景可能对基础的数学模型改造、组合、优化形成具有规划业务特色的数学模型，基于以上需求将建立专题库支撑该功能的高效运行。

6）空间遥感专题库

空间遥感专题数据主要包括低分、中分、高分遥感影像数据，影像数据从原始到系统几何校正数据、大气校正数据、辐射校正数据品、几何精校正数据、融合数据、镶嵌数据等各级影像；栅格数据主要为分类产品、参量产品、地形地貌数据以及各类公里格网专题产品数据，影像数据和栅格数据主体内容包含 3 部分：元数据和空间信息、快视图文件和 XML 元数据文件、实体文件，如表 6-18 所示。

空间遥感索引库　　　表 6-18

序号	数据内容	数据类型	所属类别	更新频率
1	遥感影像、栅格元数据	string	基础数据	实时
2	遥感影像、栅格空间信息	string	基础数据	
3	遥感影像、栅格快视图文件	string	基础数据	
4	遥感影像、栅格 XML 元数据	string	基础数据	

其中元数据、空间信息主要用于进行影像/数据的属性或空间检索，要求高检索效率、高检索精度，且元数据和空间范围均为结构化信息，因此采用关系数据库以矢量数据形态进行存储。

对于快视图文件、XML 元数据文件，主要用于浏览，一次检索可能需要浏览上千甚至上万景影像，因此要求高并发访问、高 IO，且这些信息为半结构化数据，典型特征为"大量的小文件"，适合采用 NoSQL 数据库进行存储。

通过 XML 文件读取数据名称、数据类型、卫星、产品号、景号、传感器、云量、分辨率、投影、成像时间、空间范围、XML 文件内容。通过文件名和文件格式读取缩略图、拇指图、数据量、数据面积、数据路径。

7）综合运输服务能力监测专题库

该专题数据库主要用于年度综合运输服务能力监测分析业务，支撑综合运输服务能力指标监测平台系统，同时综合、公路、水运、物流等业务领域可引用部分成果图表，数据主要分为年度观点、客运专题、货运专题、企业专题和国际动态 5 个方面，如表 6-19～表 6-23 所示。

年度观点库　　　表 6-19

序号	数据内容	数据类型	所属类别	更新频率
1	综合运输服务	string	基础数据	每年
2	客运服务	string	基础数据	

序号	数据内容	数据类型	所属类别	更新频率
3	货运服务	string	基础数据	每年
4	运输态势	string	基础数据	
5	企业经营	string	基础数据	
6	国际货运	string	基础数据	
7	绿色转型	string	基础数据	
8	趋势预判	string	基础数据	

客运专题库　　　　　　　　　　　　　　　　　　　　表 6-20

序号	数据内容	数据类型	所属类别	更新频率
1	中国运输生产（CTSI）客运指数月度数据	float	基础数据	每月
2	全社会营业性客运量月度数据	float	基础数据	
3	全社会营业性旅客周转量月度数据	float	基础数据	
4	机场-铁路衔接情况	float	基础数据	每年
5	机场-城市轨道衔接情况	float	基础数据	
6	CTSI 客运指数年度平均值	float	计算数据	
7	CTSI 客运指数同比增幅数据	float	计算数据	
8	全社会营业性客运量年度数据	float	计算数据	
9	全社会营业性客运量增幅数据	float	计算数据	
10	公、铁、水、航旅客运量月度数据	float	基础数据	每月
11	公、铁、水、航旅客运量月度同比增幅数据	float	计算数据	
12	公、铁、水、航旅客运量年度占比数据	float	计算数据	每年
13	中心城市公共汽电车、城市轨道交通、出租车、客运轮渡客运量月度数据	float	基础数据	每月
14	中心城市客运量年度数据	float	计算数据	每年
15	全国开通运营城市轨道交通城市数据	numeric	基础数据	
16	中心城市年度客运量数据及同比增幅数据	float	计算数据	
17	全国轨道交通运营里程数据及条数	numeric	基础数据	
18	全国轨道交通运营里程数据及条数年度数据	numeric	计算数据	

货运专题库　　　　　　　　　　　　　　　　　　　　表 6-21

序号	数据内容	数据类型	所属类别	更新频率
1	中国运输生产（CTSI）货运指数月度数据	float	基础数据	每月
2	全社会营业性货运量月度数据	float	基础数据	
3	全社会营业性货运周转量月度数据	float	基础数据	

序号	数据内容	数据类型	所属类别	更新频率
4	全国港口累计完成集装箱铁水联运量及增幅变化月度数据	float	基础数据	每月
5	CTSI 货运指数年度平均值及同比增幅数据	float	计算数据	每年
6	全社会营业性货运量年度数据及同比增幅数据	float	基础数据	
7	公、铁、水、航货物运输量月度数据及同比增幅数据	float	基础数据	每月
8	全国煤炭日均装车量月度数据	float	基础数据	
9	全国道路运价指数月度数据	float	基础数据	
10	全国海运运价指数周度数据	float	基础数据	每周
11	波罗的海航空运指数月度数据	float	基础数据	每月
12	公、铁、水、航货运量年度数据及占比数据	float	计算数据	每年
13	快递发展指数、服务品牌集中度指数月度数据	float	基础数据	每月
14	快递平均单价月度数据	float	基础数据	
15	全国快递业务量及增幅月度数据	float	基础数据	
16	全国快递业务量年度及同比增幅数据	float	计算数据	每年
17	全国快递收入年度及同比增幅数据	float	计算数据	

企业专题库　　　　　　　　　　　　　　　　　　　　　　表 6-22

序号	数据内容	数据类型	所属类别	更新频率
1	A 股上市运输企业经营情况	float	基础数据	每年
2	A 股上市运输企业收入及利率情况	float	基础数据	
3	A 股上市运输企业净资产收益率与利润率年度数据	float	基础数据	
4	A 股上市企业收入、收入同比增幅、利润、利润同比增幅年度数据	float	计算数据	

国际动态库　　　　　　　　　　　　　　　　　　　　　　表 6-23

序号	数据内容	数据类型	所属类别	更新频率
1	全球主要国家年度交通发展动态	string	基础数据	每年

8）AIS 轨迹时序及属性专题库

交通运输部规划研究院现有数据存储平台采用分布式文件系统存储 HDFS 作为大数据的存储系统，平台已经具备了基于分析型数据存储的完整架构，可有条件地支持部分数据的离线分析计算。在此基础上，需要进一步对 AIS 空间存储体系进行重构，通过多级索引及高并发机制，结合全球地理空间编码体系，新建基于空间、时间维度下的高效检索，支撑船舶多层次的位置检索、轨迹回放、时序特征挖掘、水上交通量分析、挂港分析及运输通道、节点分析等专题数据库，如表 6-24、表 6-25 所示。

AIS 轨迹时序库

表 6-24

序号	数据内容	数据类型	所属类别	更新频率
1	AIS 时空二维索引数据	list	基础数据	10min
2	单船历史轨迹数据	list	计算数据	
3	多船历史轨迹数据	list	计算数据	
4	区域历史轨迹数据	list	计算数据	

AIS 属性专题库

表 6-25

序号	数据内容	数据类型	所属类别	更新频率
1	AIS 船舶静态信息	string	基础数据	10min
2	AIS 船舶动态报文	string	基础数据	
3	AIS 船舶属性特征信息	string	基础数据	
4	AIS 时序特征数据	string	计算数据	
5	AIS 水上交通量	string	计算数据	
6	AIS 船舶挂港数据	string	计算数据	
7	AIS 船舶空间 OD	list	计算数据	每月
8	国内运输通道空间分析数据	list	计算数据	
9	国内运输节点空间分析数据	list	计算数据	

（1）通过搭建检索型大数据存储体系，构建基于时间、空间二维索引，支撑单船历史轨迹、多船历史轨迹、区域历史轨迹的快速检索。

（2）通过基础及实时数据建模，新建一套最新船舶静态信息及船舶动态报文的时序及属性特征数据库，支撑船舶实时位置的高效检索、时序特征挖掘、水上交通量分析、AIS 船舶挂港数据分析、空间 OD 视窗可视化、国内运输通道和运输节点空间分析等应用。

9）统计类专题数据

统计类数据需要对本年度最新的数据进行更新入库。具体入库内容主要包括已经入库的统计年鉴、新增统计年鉴、网站数据和其他数据 4 类数据，具体如表 6-26 所示。

统计类数据入库清单

表 6-26

现有年鉴数据	主要数据内容
一、已有年鉴更新	
全国公路养护年报	更新 2020—2021 年数据
中国交通运输统计年鉴	
中国统计年鉴	
中国城市统计年鉴	

现有年鉴数据	主要数据内容
中国城市建设统计年鉴	更新 2020—2021 年数据
中国城乡建设统计年鉴	
《北京市统计年鉴》《天津市统计年鉴》等 34 个省级行政区 2001—2021 年省级统计年鉴	
二、新增年鉴数据	
综合类（社会经济类）	
2021 年 300 多份省级、地级市政府工作报告（2007—2021）	文字报告
中国旅游统计年鉴	旅游人数构成、景区基本情况等
中国文物和旅游统计年鉴（1996—2020）	旅游业相关数据
中国贸易外经统计年鉴（2006—2020）	国内生产总值（GDP）和价格指数、消费零售额、批发零售、住宿餐饮、国际收支、对外贸易、利用外资、对外投资和经济合作、旅游
中国卫生统计年鉴（2006—2021）	医疗卫生机构、卫生人员、卫生设施、卫生经费、卫生服务、妇幼保健与计划生育、人民健康水平、疾病控制和公共卫生、居民病伤死亡原因、食品安全与卫生健康监督、医疗保障、人口指标、主要经济指标等
中国县域统计年鉴（2000—2020）	基本情况（行政区域面积、乡镇街道办事处、户籍人口、第二产业从业人员、第三产业从业人员），综合经济，农业、工业和通信、设施农业种植占地面积、油料产量、棉花产量、规模以上工业企业、固定电话用户等
中国农村统计年鉴（1985—2021）	分地区主要农产品产量和种植面积；西部大开发涉及的 12 个地区的农村经济情况
中国房地产统计年鉴（2002—2020）	竣工面积数据
民航类	
从统计看民航	资源概况、航空运输发展指标、通用航空发展指标、效益指标、航空安全及服务质量评价指标、历史发展指标、世界航空
公路类	
中国高速公路建设实录（需要购买纸质版）	分为发展篇、管理篇、技术篇、成就篇、文化篇，内容包括中国高速公路的跨越式发展、中国高速公路发展规划、高速公路建设管理法律法规、高速公路建设管理制度、高速公路建设与管理、公路建设技术标准、高速公路建设科技创新与应用、国家高速公路 7 条首都放射线、国家高速公路 11 条南北纵线、国家高速公路 18 条东西横线、国家高速公路 6 条地区环线、高速公路文明创建与文化建设，以及中国高速公路发展纪年图表、高速公路发展大事记等附录
A006 中国第三产业统计年鉴（1991—2020）	第三产业单位数、人员数、增加值、固定资产投资、贸易进口情况、能源消费情况、分行业主要指标（交通运输业：客货运量、周转量及构成、货运运输平均运距、分地区情况、铁路年末里程、汽车拥有量、港口吞吐量、主要城市线路长度等 62 个表）

现有年鉴数据	主要数据内容
资源环境类	
A001 中国环境统计年鉴（1998—2020）	自然状况、水环境、海洋环境、大气环境、固体废物、自然生态、土地利用、林业、自然灾害及突发事件、环境投资、城市环境、农村环境
A003 中国林业统计年鉴（1996—2019）	绿色发展和主要资源、生态建设、产业发展、从业人员及劳动报酬、林业投资、林业教育
A012 中国国土资源统计年鉴（2005—2018）	国体资源勘查、开发利用
A031 绿色系列之三：中国能源统计年鉴和省级能源结构（1986—2020）	能源生产类数据
A043 中国电力统计年鉴（2004—2021）	发电装机容量等
A018 国际统计年鉴（2010—2020）	二氧化碳排放、交通行业部分指标
A039 中国港口年鉴（2000—2020）	以某地区某港口为单位的港口类数据
A044 中国海洋统计年鉴（2000—2020）	沿海地区海洋旅客运量和周转量、客货吞吐量、集装箱运量和吞吐量
A027 中国渔业统计年鉴（1979—2021）	渔船拥有量
三、网站类数据	
交通运输部	
公路客货运输量月度数据（2013—2021 年）	
水路客货运输量月度数据（2012—2021 年）	
全国铁路主要指标完成情况月度数据（2012—2021 年）	
中国民航 2021 年 10 月份主要生产指标统计（2012—2021 年）	
国家邮政局公布月邮政行业运行情况（2012—2021 年）	
中心城市客运量（2010—2021）	
全国港口货物、集装箱吞吐量月度数据（2002—2021）	
公路水路交通固定资产投资完成情况（2002—2021）	
自然资源部	
2020 年全国矿产资源储量统计表	
中国海洋经济统计公报（2011—2020）	
国土资源主要统计数据（2011—2020）	
中国国土资源公报（2001—2016）	
全国地理信息资源服务系统——30m 全球地表覆盖数据、1∶100 万全国基础地理数据库、1∶25 万全国基础地理数据库	
四、其他专题数据	
立体网主骨架评估收集的 2019 年全国县级区域人口、GDP 数据	

6.2　综合交通运输规划时空数据治理引擎研发应用

6.2.1　规划时空数据接入层研发应用

1）分布式时空数据库集群

根据数据库主要内容，可以将综合交通运输规划数据分为结构化数据、非结构化数据、高频数据和 GIS 属性数据。单一数据库管理系统无法解决这些数据存储需求，要通过不同的数据库系统组合来完成数据管理，具体如图 6-6 所示。

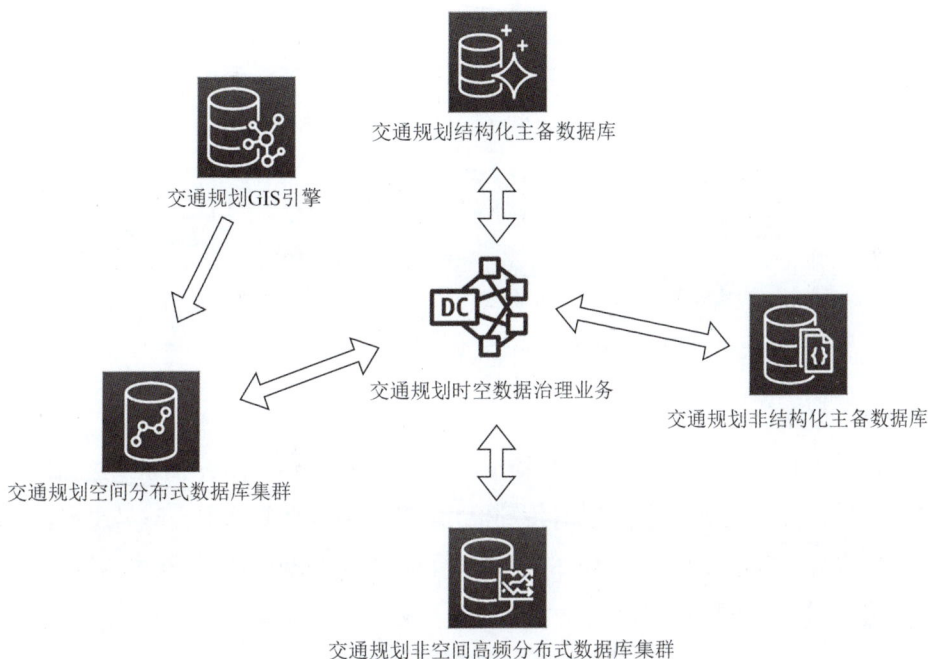

图 6-6　分布式时空数据治理数据库集群

考虑数据存储的可靠性，同时兼顾数据并发的负载分流，在数据库搭建时采用主备双节点或分布式集群方式部署。其中，结构化主备数据库用于存储结构化数据配合搜索引擎实现结构化数据表的检索。高频空间数据分布式集群用于存储空间属性数据配合地理信息系统引擎软件支撑空间数据展示，非结构化主备数据库用于存储非结构文档、地图切片，图片配合搜索引擎实现非结构化数据的检索。非空间高频数据分布式集群主要解决非结构化的高频数据调用服务。

（1）高频结构化数据分布式数据库。

通过对综合交通运输规划数据的深入研究分类，大致可将其分为统计数据、业务数据、运营数据、物联网数据和互联网数据。其中，交通调查、治超、AIS 等数据体现了高频特征，数据规模已达百亿级。要挖掘分析交通业务规律必须要对这些数据进行汇聚、计算、筛选，而关系型数据库的处理能力无法满足所需的计算要求，可以采用 Hadoop 集群和 MPP 数据库集群并用的方式。

依据数据的特点来分，对于数据量较大、质量较差的高频数据，在使用之前要经过大规模 ETL 清洗。Hadoop 在海量数据存储查询、批量数据 ETL 具备优势，较适合处理类似数据。对于数据质量较高、具有较多维度的高频数据，MPP 数据库在多维数据分析具备一定优势，较为适合处理类似数据。高频结构化数据分布式数据库架构具体如图 6-7 所示。

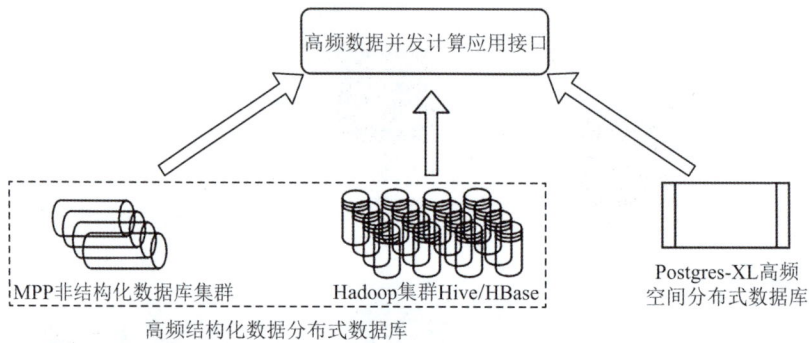

图 6-7 高频结构化数据分布式数据库架构图

（2）空间数据分布式数据库。

空间数据是综合交通运输规划业务经常使用的数据之一。随着用户对地理信息系统的使用要求提升和空间数据频度的增加，传统模式在提供空间数据库服务时易出现性能瓶颈。可以利用高频空间数据分布式数据库的方案进行优化，在 PostGIS 等技术路线基础上，通过 Postgres-XC 技术增强分布式集群性能，提升高频空间数据服务的可靠性、自治性、模块性、高效性、高可用性。高频空间数据分布式数据库架构如图 6-8 所示。

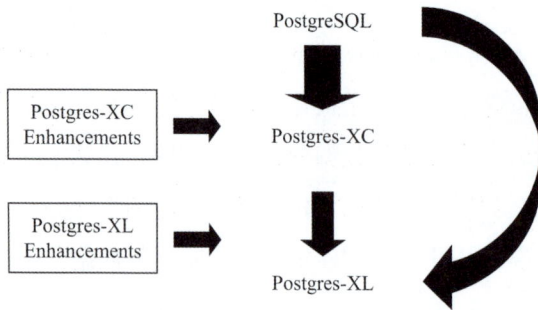

图 6-8 高频空间数据分布式数据库架构图

（3）规划时空数据接口服务。

在实施部署中，明确开发接口和数据标准可以为系统的互联互通与数据共享打好基础。

构建数据服务平台过程中，要加强数据库接口和功能拓展，强化业务分析应用软件和系统容器的衔接。数据库接口可以分为以下三类开展建设：

①Kafka 接口。主要用于高频数据的点对点消息传递模式，为满足数据接口的高吞吐率、异步处理需求。

②Restful 接口。主要用于低频数据的实时数据调用服务模式，为满足数据接口的灵活调用、同步处理需求。

③OGC 接口。按照 OGC 颁布的数据互操作标准，主要用于实现交通地理信息的 WMS、WFS 和 WCS 标准共享服务接口需求。

通过对高频结构化数据分布式数据库和高频空间数据分布式数据库的开发封装，可以统一构建服务接口，解决高频数据的大规模、多线程并发计算需求，可用于支撑数据分析中的数据抽取业务、规划常用辅助模型计算。该接口服务主要包含两部分功能：一是任务队列管理，二是接口对外服务。数据模型标准注册功能界面如图 6-9 所示。

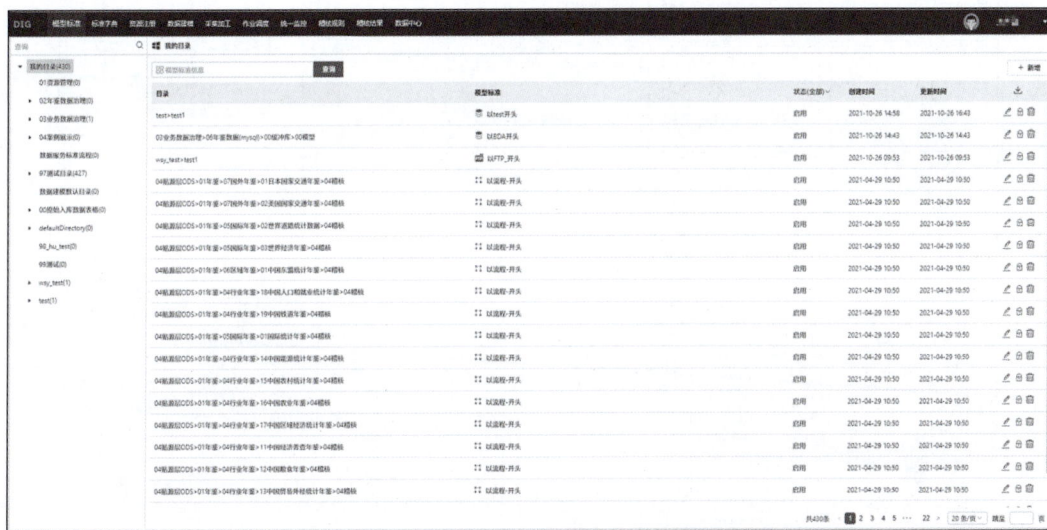

图 6-9　数据模型标准注册功能界面

（4）任务队列管理。

主要将接收到的计算任务进行编号和状态管理，以队列的模式管理计算任务，向用户或系统返回计算结果，缓解硬件资源限制。

（5）接口对外服务。

通过标准的计算机程序进行对外服务的调用，开发高频数据接口对外服务，提供清晰的参数说明、可靠的计算服务及准确的任务计时。

2）多源异构数据接入管理模块

多源异构数据接入管理模块主要实现不同类型的原始数据的接入汇集，将其汇集、缓冲至规划时空数据缓冲数据库，具体的数据接入逻辑结构如图 6-10 所示。

数据资源数据			平台数据		
平台搜索主索引表数据	数据资源目录数据	各国家地区数据	平台用户数据	角色权限数据	字典数据
元数据字段描述数据	行政区划数据	……	模板数据	用户图表数据	……

指标数据	统计数据	空间数据	
中国统计年鉴数据	交通调查按站点统计数据	铁路网图层数据	自然保护区数据
各省（区、市）统计年鉴数据	交通调查按行政区划统计数据	国家高速公路图层数据	国家公园数据
交通统计年鉴数据	交通调查按路线统计数据	国道图层数据	重要饮用水源地数据
城市统计年鉴数据	交通调查按行政区划与路线统计数据	运输机场图层数据	国家风景名胜区数据
道路养护统计年报数据	机场OD旅客流量	综合枢纽图层数据	国家森林公园数据
国外统计年鉴数据	城市航空OD旅客流量	港口图层数据	中国重要湿地数据
……	国家航空OD旅客流量	航道图层数据	中国陆地生态系统数据
	……		

应用数据库

↑ 数据治理平台对基础数据进行整合计算，存储至应用库

全国海关进出口贸易统计数据	管理机构基本信息	国外岸基AIS数据	统计年鉴、年报数据		全文文本
航空公司数据	行政区划数据	高速称重检测数据	站点小时数据		图像
机场代码数据	路线基本信息	其他称重检测数据	站点日数据（历史）		音频
城市代码数据	日历信息	称重检测站点入口数据	站点月数据（历史）		影视
水上事故	业务参数	大件数据	全国岸基AIS数据		超媒体
车辆信息	站点季度数据（历史）	称重检测站点出口数据			
试点城市车辆定位数据	站点年度数据（历史）				

基础数据库 | **非结构化数据库**

↑ 数据治理平台清洗、校验 　　　　↑ 数据治理平台格式转换

Postgresql数据库				Oracle数据库	Influxdb数据库
全国海关进出口贸易统计数据	行政区划数据	高速称重检测数据	统计年鉴、年报数据	交通调查站点小时数据（2010—2019年）	试点城市绿色配送车辆定位数据
航空公司数据	路线基本信息	其他称重检测数据	称重检测站点入口数据	交通调查站点小时数据（2010—2019年）	
机场代码数据	日历信息	称重检测站点出口数据		交通调查站点日数据（2010—2020年）	
城市代码数据	业务参数	大件数据	规划数据	交通调查站点月数据（2010—2020年）	
民航订单数据	站点基本信息	站点小时数据2020年以后		交通调查站点季度数据（2010—2020年）	
水上事故	全国岸基AIS数据	公路养护数据		交通调查站点年度数据（2010—2020年）	
车辆信息	国外岸基AIS数据	空间地理信息			
管理机构基本信息	海关数据				

中间缓冲数据库

业务系统数据 ↑ 接口传输、交换 　　　　↑ 数据管控支撑平台上传

交通规划信息系统	资源管理平台系统	交通调查系统	年鉴/统计数据
港口资源监测管理系统	治超联网系统	路网收费系统	
国家公路网规划建设管理系统	港口规划大数据决策应用系统		
交通运输环境数据中心	城市绿色货运配送信息服务平台		
重点运输车辆定位跟踪			

数据源

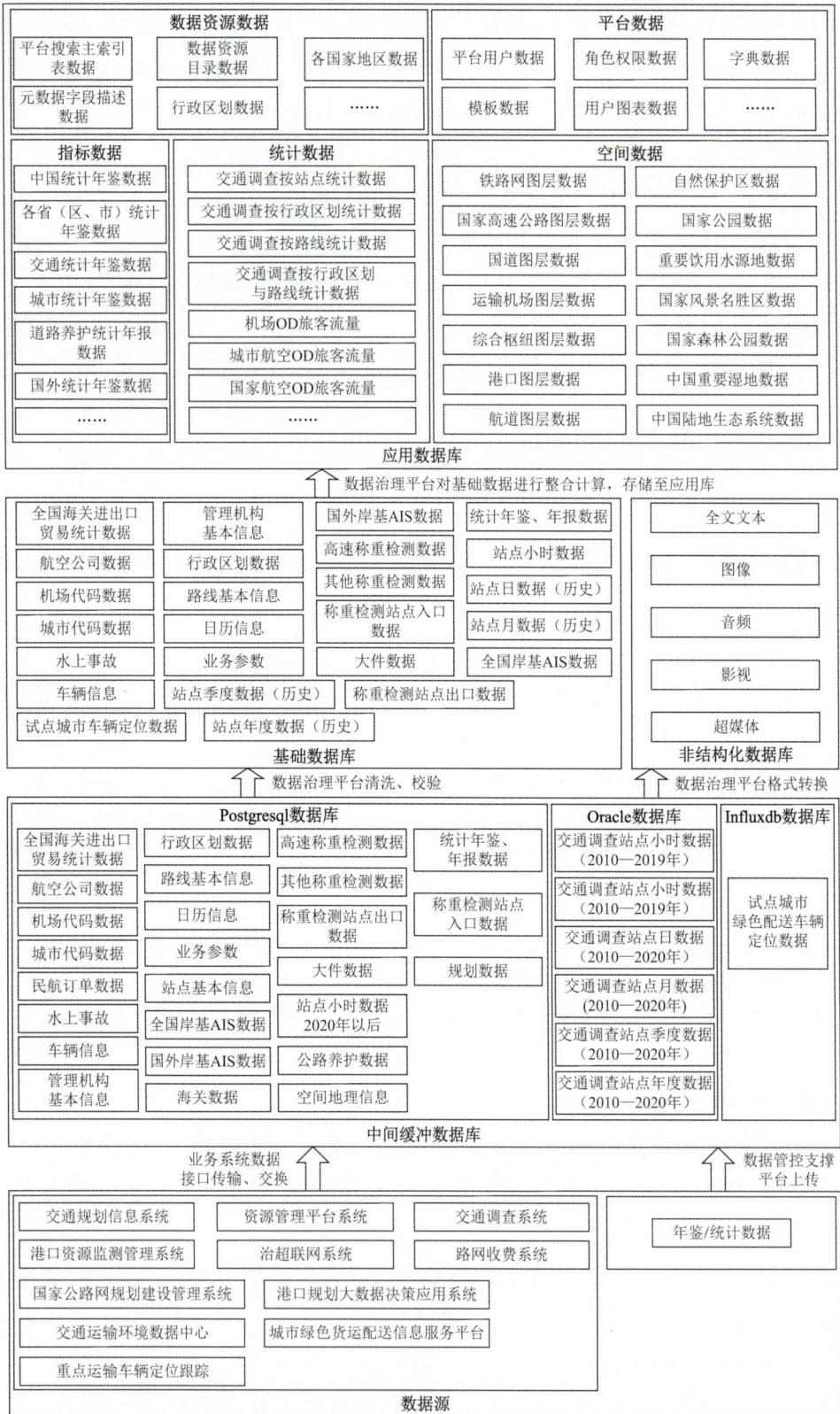

图 6-10　数据存储交换架构

（1）数据库存储管理。

针对所涉及数据库（主要分为基础数据库、应用数据库、中间缓冲数据库和非结构化数据库），通过定制化开发支撑数据库增加、删除、查询、修改等基本管理功能。

①基础数据库。

中间缓存数据经过数据治理平台实时加工后，主要存储在 PostgresSQL 集群数据库软件中，数据表名、数据字段名称应按照标准规范建设，各表字段应统一。

②应用数据库。

基础库内的数据经过数据治理平台整合计算，主要存储在应用数据库内，应用数据库使用 PostgreSQL 集群方式构建，将读写分离，实现数据库负载分摊，并通过配备 Redis 服务器对关系数据库进行功能补充和优化。

应用数据库包括数据资源数据、平台数据、指标数据、统计数据、空间数据等。

③中间缓冲数据库。

采用 PostgreSQL、oracle、Influxdb 三种数据库联合部署支撑，只接收数据及存储，不做清洗计算。

④非结构化数据库。

采用 MangoDB 数据库存储处理，主要存储全文文本、图象、音频、影视、超媒体等信息。

（2）交换共享平台

①数据库调用。

按照交通运输部规划研究院数据库调用的实际需求，开展定制开发工作，主要针对交通运输部规划研究院的运行业务系统，由业务系统配置只读权限数据库账号，开放所有表空间，按需设计数据库视图，并实时调取。

②接口传输。

按照交通运输部规划研究院接口传输的实际需求，开展定制开发工作，支持 XML、Jason 等格式数据的接入功能，通过程序接收并解译入库数据库。

③数据平台工具传输。

按照对数据平台工具传输的实际需求，开展定制开发工作，数据源方直接开放 Kafka、Flink 等数据传输接口，双方通过大数据平台集成工具直接互传所需数据，清洗后导入数据仓库。

6.2.2 规划时空数据基础治理层研发应用

1）多源时空数据融合模块

多源时空数据融合模块主要实现交通调查数据、治超数据、收费数据等多来源数据在一定准则下的自动分析、融合，更好提高数据质量和满足业务应用需求，应用技术示意如图 6-11 所示。按照多源数据融合的实际需求开展定制开发工作，主要内容包括数据转换、数据库管理、多源数据融合管理、数据资产融合。

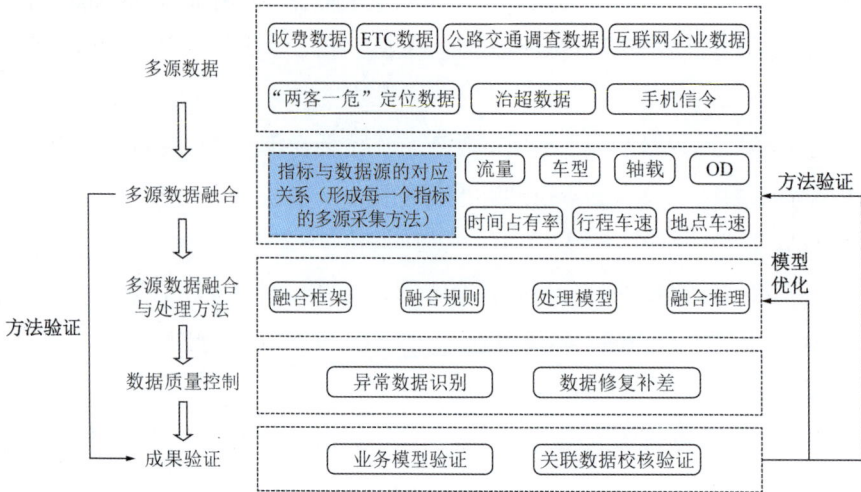

图 6-11 多源数据融合应用技术示意图

（1）数据转换。

由于各种数据来源的形式、准确性都不同，在进行数据融合时，进行数据预处理，将其转换成相同格式的数据。不仅要转换属于不同层次的数据，对于同一层次不同形式的数据也要进行转换，应支持基本函数、运算函数、聚合函数等。具体函数列表如图 6-12 所示。

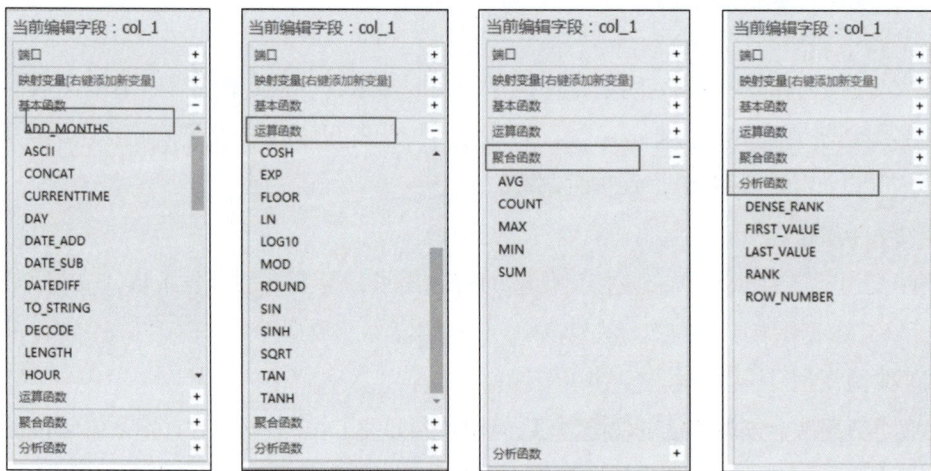

图 6-12 上百种函数列表

（2）数据库管理。

中间缓冲库用于存储外部的各类数据，并提供大容量、快速搜索、开放互联等数据管理功能，为基于该数据库开发所需要的有效查找和搜索机制提供支撑。

（3）融合推理。

按照功能划分，融合数据管理可分为动态数据管理和非动态数据管理两类。动态数据管理主要用于把主数据源数据及时传递给融合推理，并提供融合推理所使用的其他实时数据，储存融合推理的分析结果和中间结果。非动态数据管理用于历史数据以及融合推理的历史信息。多数据源管理支持多种数据源连接，包括主流关系型数据库 RDBMS、Excel/CSV 文本数据源、基于 hadoop 的大数据平台数据源以及其他多种 JDBC 数据源。

通过制定数据融合标准规范、融合管理办法、融合规则等，对单一数据源进行估计，参照相关数据进行修改验证；对不同数据源的相关数据验证分析、补充综合、协调修改和状态跟踪估计；根据多数据源得到的数据，通过数据融合计算进行修改。

根据数据探查分析和数据稽核结果设计数据清洗融合的规则，清洗融合规则分为 4 类：

①容错抽取：问题数据是非业务主键字段且无法被修正，则允许被抽取到下一层级数据表中。

②问题数据记录过滤：问题数据是业务主键字段且无法被修正，则被过滤到问题数据表中。

③修正：问题数据根据数据探查分析和数据稽核结果做对应的修正工作，例如身份证件号码字段结尾处出现空格，则修正数据把空格去掉。

④标准化：数据根据标准规范进行标准化处理，例如日期格式标准化成为 YYYY-MM-DD 格式，目的是为了避免多表做数据融合时出现多种日期格式，导致数据显示不一致的现象。

（4）融合损失。

根据数据质量情况选用合理的融合模型算法进行融合，一旦判断融合损失可能性或程度较高即停止融合或更换其他模型算法，以避免融合损失。

（5）数据资产融合。

系统提供多表融合功能，即支持对任意数据模型中的任意表进行自主拖拽分析。

提供组合过滤功能，以条件过滤的方式进行多维切片、切块分析。支持自定义维度/度量和计算字段的创建，同时提供替换、重排、掩码等多种数据脱敏规则，保障敏感数据的安全。

（6）典型模型。

支持回归算法、分类算法、聚类算法、时间序列算法等多种机器学习典型模型的调用。

2）多维时空数据基础治理功能模块

多维时空数据基础治理功能模块，主要解决数据接入与时空数据非业务性治理工作，实现通用性数据治理逻辑。

（1）数据质量管理。

①数据接入管理。

实现各数据源之间数据的传输、转换以及清洗等功能，支持用户对相关的作业进行配置，管理其调度计划，及时了解所有作业的工作状态，查看具体作业的执行历史日志。

支持不同类型数据源系统的接入，能够根据交换配置参数在交换节点间配置具体的数据交换任务。

根据配置的交换参数，能够实现数据文件的加密、签名、安全可靠传输和校验等。

能够根据配置实现对源文件系统的监控，并根据规则进行数据文件处理。

提供问题快速检索功能，支持运维人员快速找出有问题的接入作业，降低查找问题的时间成本。

②数据质量分析。

记录分析数据接入过程中的各类问题，包括数据接入的完整性、准确性和及时性等问题，对各类质量问题建立对应的质量指标体系，并对其进行量化分析。

（2）数据质量分析规范。

①及时性。

数据获取是否及时，主要指数据提取、传送、转换、加载、展现的及时性。在数据处理的各个环节，都会涉及及时性。我们一般主要考虑委办局是否能够按照约定的更新周期及时的抽取过来。

②可用性。

获取的数据是否能够被有效地被使用。结构化数据的字段解释、码表解释是否存在，委办局是否能够直接共享结构化数据等。

③完整性。

是指数据是否完整，描述的数据要素、要素属性及要素关系存在或不存在，主要包括实体缺失、属性缺失、记录缺失的内容。

④规范性。

规范性指标主要用于评估数据内容与标准数据元的值域、格式符合度情况，衡量资产是否符合数据标准。

⑤准确性。

描述数据是否与其对应的客观实体的特征相一致。任何字段的数据都应该符合特定的值。准确性用于度量哪些数据和信息是不正确的，或者数据是没有可用含义的，如果准确性指标无法满足，那么提供的数据就缺乏实际的业务使用价值。

⑥一致性。

一致性指标主要用于描述数据类型、数据含义以及数据内容需要保持一致，数据的值是否存在信息含义上的冲突，需与权威部门数据比对，如果数据不一致，则反馈给源头部门处理。对于有质量问题的数据，可快速定位到相应的数据源和数据表，找到问题的源头。

按照数据质量评价中的及时性、可用性、完整性、规范性、准确性、一致性6个维度，分别对每个数据项明确对应的探查内容，数据探查明细具体如表6-27所示。

数据探查明细 表 6-27

质量特性	探查项目	探查内容
及时性	数据及时性	数据获取是否及时
可用性	数据可用性	数据是否能够被有效地被使用
完整性	数据元素完整性	是否有空值
	字典说明完整性	是否有中文字段名称及码值含义说明
规范性	数据格式	格式是否统一
准确性	最值范围合规性	最大值和最小值是否异常
	数据值取值分布	是否是枚举值
	数据重复率	字段值是否有重复
一致性	相同数据	同含义字段在不同表是否一致
	关联数据	相关字段在同表和不同表之间是否逻辑一致

实现相应的展示页对比分析，不同分类、不同系统来源下接入数据质量的综合水平分析，为业务应用提供数据支持。

对于无法通过数据清理解决的数据进行数据管控，根据数据来源逐步处理解决数据质量问题。

调用数据清洗功能对数据进行清理，解决数据的及时性、可用性、完整性、规范性、准确性、一致性等数据质量问题。

提供数据流设计器，可实现数据迁移映射和数据处理映射。建立映射和映射组件的工具，这样便可以指定如何在源和目标之间移动和转换数据。数据流设计器内置数据筛选、数据合并、数据排序、数据汇总、数据分组、表达式转换等数据处理内置组件。数据清理功能界面具体如图 6-13 所示。

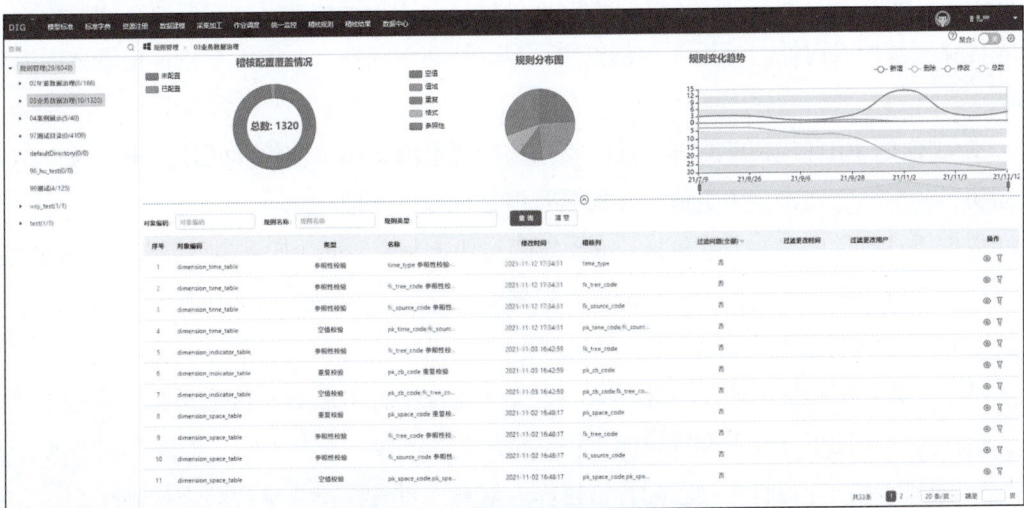

图 6-13　数据清理功能界面

3）数据质量评价功能模块

数据质量评价功能模块封装了研究成果的模型逻辑，在多源时空数据的接入、融合、应用等环节开展了相应的质量评价研发工作，具体分以下几个部分。

（1）数据质量评价。

数据质量评价模块定位于数据质量的评价，用于进入平台数据的质量分析、质量管理和质量报告的发布，促进数据资源质量的持续改进。

该系统主要包括数据质量审计、数据质量管理和数据质量发布 3 个主要功能模块。系统功能框架示意图如图 6-14 所示。

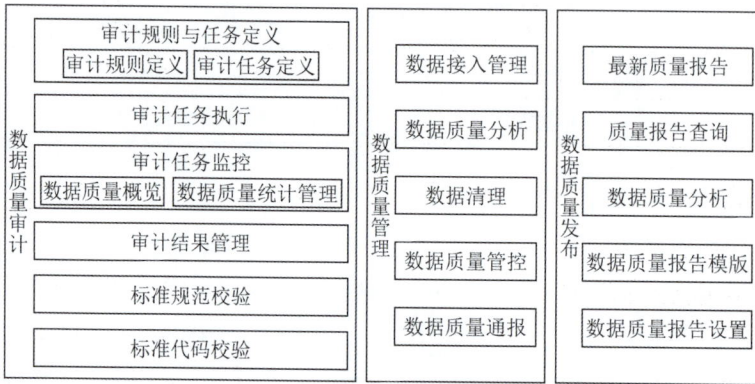

图 6-14　数据质量评价功能框架示意图

（2）数据质量审计。

针对公路、水运、铁路、航空、环境、水上安全、港口资源、动态数据等业务数据以及光盘数据、系统数据、纸媒数据、公开数据等数据来源，进行数据质量审计，实现数据质量管理。通过事前预防、事中监控与控制、事后评估和改进的设计思路，结合技术加管理的手段，覆盖重点的数据实体和数据处理过程，基于数据标准进行数据质量的监控、评估和优化。按照及时性、可用性、完整性、规范性、准确性、一致性等指标检查数据质量问题。

提供模块化组件式功能管理平台，支持数据质量问题集中监控和管理，提供全方位的数据质量分析评估能力，为交通行业数据质量管理提供支撑。

数据质量审计的主要功能包括：审计规则与任务制定、审计任务执行、审计任务监控、审计结果管理、标准规范校验、标准代码校验。

①审计规则与任务制定。

基于元数据实现数据质量审计规则的定义，将规则组织形成审计任务。

提供可视化的审计任务配置功能，包括稽核实体对象、稽核对象、对象所属资源，支持根据稽核对象的业务特性动态配置稽核任务信息，可对稽核对象规则进行删减，一个逻辑稽核对象规则可以配置多个物理稽核对象，实现规则的复用，减少稽核配置工作量。

在流程管理中有稽核节点，可对稽核任务进行可视化配置。

②审计任务执行。

系统按照定义的审计规则，执行审计任务。甄别不符合审计规则的数据，对审计中发现的数据问题进行自动报警。包括基于时间或事件依赖触发机制，实现单点轮询或流程式轮询任务执行调度。

③审计任务监控。

提供图形化界面对检查任务进行监控。

系统提供检查任务情况图形化展示，用户可实时查看检查进度和检查情况。

在稽核任务功能菜单，进入稽核任务查询页面，对执行完成或正在执行的稽核任务，可以在稽核任务中查询。可根据名称、稽核资源和实体对象对稽核任务进行查询检索。

选择稽核任务的运行实例，可以查看该稽核任务的所有运行实例及运行状态，运行状态分为正在执行、执行完成和执行失败。

④审计结果管理。

审计结果管理提供分类查看、导出和保存数据审计执行结果，可以基于审计结果生成详细的数据质量审计报告。

数据审计结果导出包括分类导出和整体导出，导出的结果结构清晰，便于数据勘误人员阅读理解。

审计结果管理支持每次数据审计活动的情况进行分类统计和查询功能，对数据审计结果和具体情况能够以图表等多种形式直观展示。

审计结果报告分析内容包括质量分析、质量评估维度、检测情况（任务完成率、通过率、同比增长率）、问题数趋势、得分趋势、问题处理情况、数据源分布等。

⑤标准规范校验。

使用规范对平台数据库表及其字段定义进行规范校验。用户可以通过指定对标的表及与之比对的特定的规范进行校验。

系统支持类型校验和长度校验，并提供权重来帮助用户划分不同校验类型所占据的比重。

系统最终需要出具校验报告。明确告知用户详细的数据表类型信息是否匹配、整体校验的通过率、是否合格等信息。

支持查看稽核对象单个稽核规则的规则信息和任务执行结果明细信息。

⑥标准代码校验。

使用标准代码规范对平台数据进行规范校验。比如制定性别代码对存储性别数据的字段进行校验，分析存储的数据是否在性别代码制定的范围之内。系统最终需要出具校验报告。明确告知用户校验结果、支持不合格数据的查看等。

（3）数据质量管控。

对于无法通过数据清理解决的数据进行数据管控，并促进数据来源业务部门配合逐步处理解决各类数据质量问题。

支持基于字段级血缘关系的数据质量追踪，可以在血缘关系上对错误数据进行精准定位、对数据处理过程精准追溯，查看错误的样例数据，快速定位问题来源；并且使用不同颜色标志配置稽核规则的字段，以判断该字段稽核结果优劣。

（4）数据质量通报。

对接外部数据交换共享平台，接收用户对数据问题的反馈，并将其转发给数据来源维护管理用户。

集成 BPM（数字化业务）流程管理平台，提供企业级范围的数据质量管理流程与方法论，针对稽核出的数据质量问题，系统会自动根据错误分类自动生成问题处理工单分配给相应管理员审核，实现质量问题的可管可控可追溯。

（5）数据质量发布。

实现定期（每月、每年）自动生成并发布数据质量报告，以改善数据源质量。

①最新质量报告。

可分来源、按时间顺序列表显示最新的质量报告。

②质量报告查询。

可按照来源、时间等条件查询数据质量报告。

③数据质量分析。

可用趋势图方式展现各业务数据质量关键指标的变化趋势。

质量评估 3D 展示如图 6-15 所示。

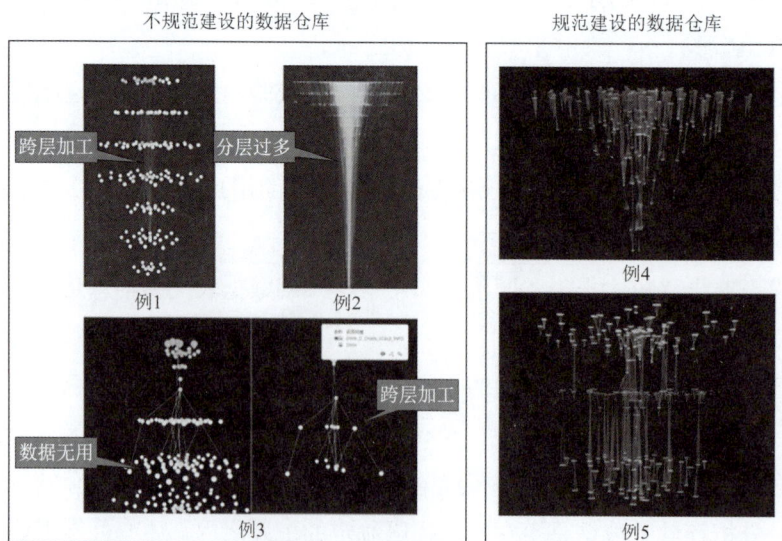

图 6-15　3D 数据质量趋势图

第 6 章　综合交通运输规划时空数据治理集成技术与研发应用

④数据质量报告模板。

管理数据质量报告的模板，可对质量报告模板的质优区间、质中区间、质差区间的得分进行配置。

⑤数据质量报告设置。

管理数据质量报告，包括数据质量报告的内容、格式、数据生成频率、发送方式、发送人员等。

6.2.3　规划时空数据深度治理层研发应用

规划时空数据深度治理相关数据涉及面广，数据获取渠道众多，数据结构复杂且标准不统一，在进行多源信息融合时，需要基于交通行业统一标准，对数据进行标准化处理，同时对数据进行质量稽查，对问题数据根据既定的规则进行修正。通过集成和融入向量机治理分析模型、时空复合图谱分析理论算法规则，本书提出了流程选择和自主定义的智能数据引擎，大幅提高了海量多类型、多维度时空数据的治理效率和准确程度，满足了不同尺度、不同时序数据条件下的规划场景需求，突破了依靠多源数据驱动为主的传统被动型规划数据治理逻辑瓶颈，提高了规划业务原始时空数据集的治理水平，总体治理逻辑如图 6-16 所示。

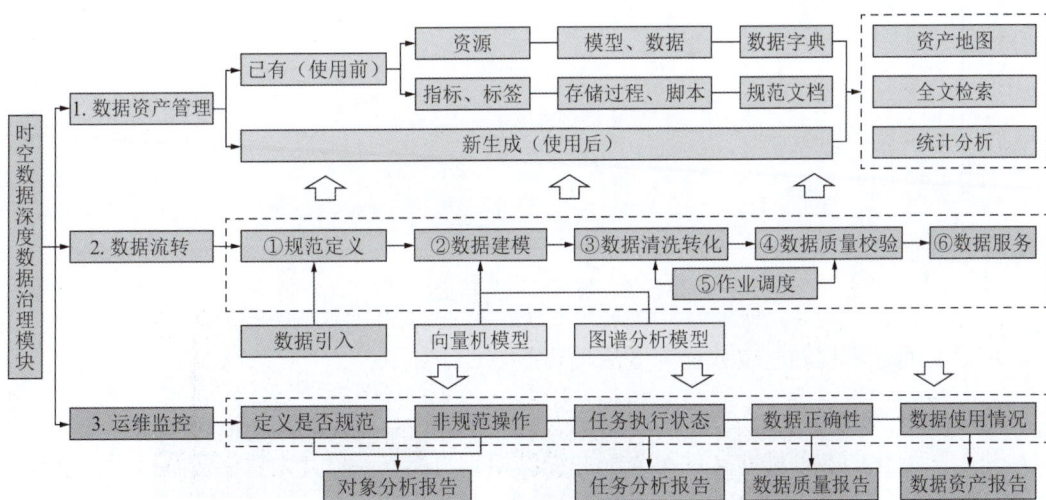

图 6-16　时空数据深度数据治理模块实现逻辑

基于传统被动型数据治理方式，如图 6-17 所示，人工干预量大，数以千计治理流程计划，需要逐一手工配置，工作量较大。流程中需要多次配置判断和循环节点，流程复杂混乱，不易维护。整个数据中心调度流程不可控，任务执行经常超时。

加入向量机治理分析模型、时空复合图谱分析理论算法规则，配合事件触发式流程设计，实现了多维时空数据治理流程的简化，如图 6-18 所示。事件依赖自动触发执行，可自

· 189 ·

动调度计划，任务执行透明化，消除任务执行空挡浪费时长，缩短任务执行时间。该方式既极大降低了被动式规划数据治理的复杂度，又提高了治理引擎的工作效率。

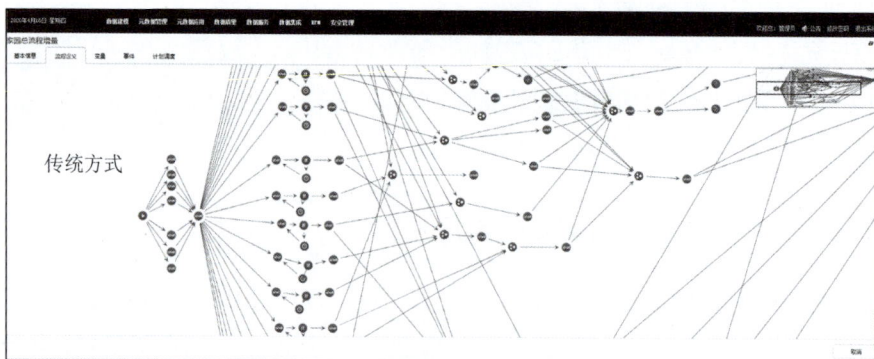

图 6-17　传统数据治理方式

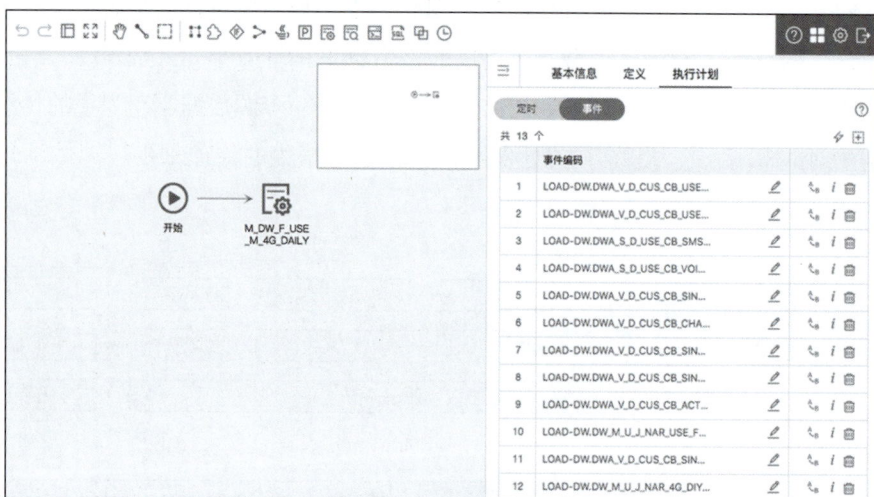

图 6-18　规划时空数据治理方式

综合交通运输规划时空数据深度治理功能模具体如下：

（1）数据标准管理。

进行多源化的各种标准文件录入，并提供相应的查询入口，内置多套数据元标准和代码标准，多个国家标准文件和行业标准文件，为制定或扩展已有数据标准提供参考依据；支持数据标准的制定，可手工录入、导入或通过数据元匹配标准；利用数据标准，可快速生成数据稽核规则，进一步保障数据的正确性和质量。同时，为后续的质量规则检核提供标准支撑。

数据治理，标准先行。数据治理标准是数据标准体系建设中的重要一环，对数据集成和数据资源共享具有重要意义，通过数据标准可以规范系统建设时对业务的统一理解，增强业务部门、技术部门对数据的定义与使用的一致性，减少数据转换，提升数据质量，促进数据的集成和共享。可以防止数据用语的混乱使用，保障数据的正确性和准确性。

通过建立统一的数据标准管理功能模块可以实现数据标准的集中管理，规范数据标准的建立过程，为系统建设人员和应用人员提供了便捷的数据标准获取途径，并通过数据标准管理模块对大数据中心的建设规范性进行检查，促进数据标准规范的实施落地。

（2）元数据管理。

提供多种异构数据源的元数据管理及自动化采集，基于相关规范有效实现了元数据依赖关系、变更控制、版本控制等核心能力，通过元数据血缘分析、影响分析帮助数据生产单位有效地维护和管理数据，处理和转换有用数据。元数据管理架构如图 6-19 所示。

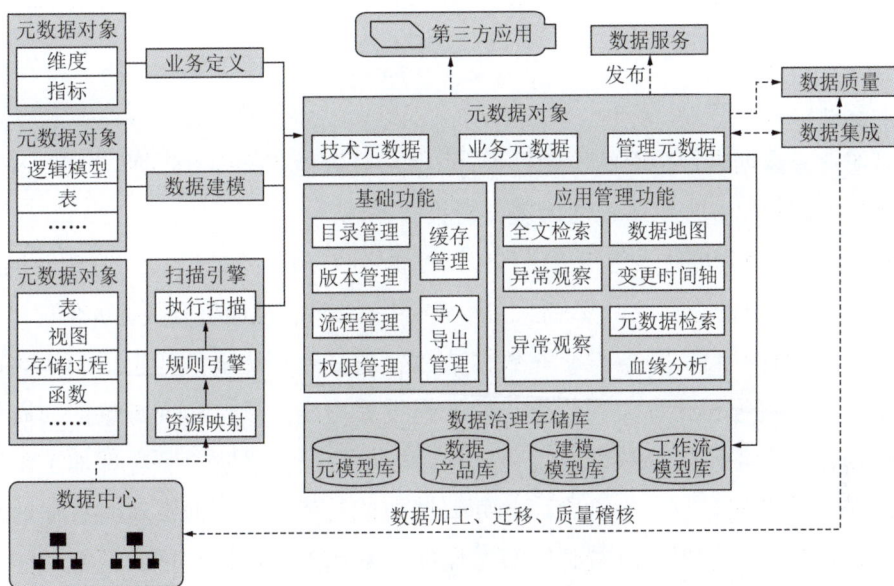

图 6-19　元数据管理架构图

（3）可视化建模。

基于数据标准和元数据管理体系，提供可视化的建模工具，智能化地创建数据库表结构，构造最优的数据库模式，建立数据库及其应用系统，使之能够有效地存储数据，满足大数据治理需求。

数据建模管理是面向数据模型建设，构建可视化的模型设计、模型管理和模型监控的建模工具。保障对模型实体、属性、关系的设计，同时提供对数据模型的标准化管理及一致性监控。完整记录数据仓库模型建设的全过程，为数据的开发、部署、治理等各个阶段提供基础支持。数据建模总体架构如图 6-20 所示。

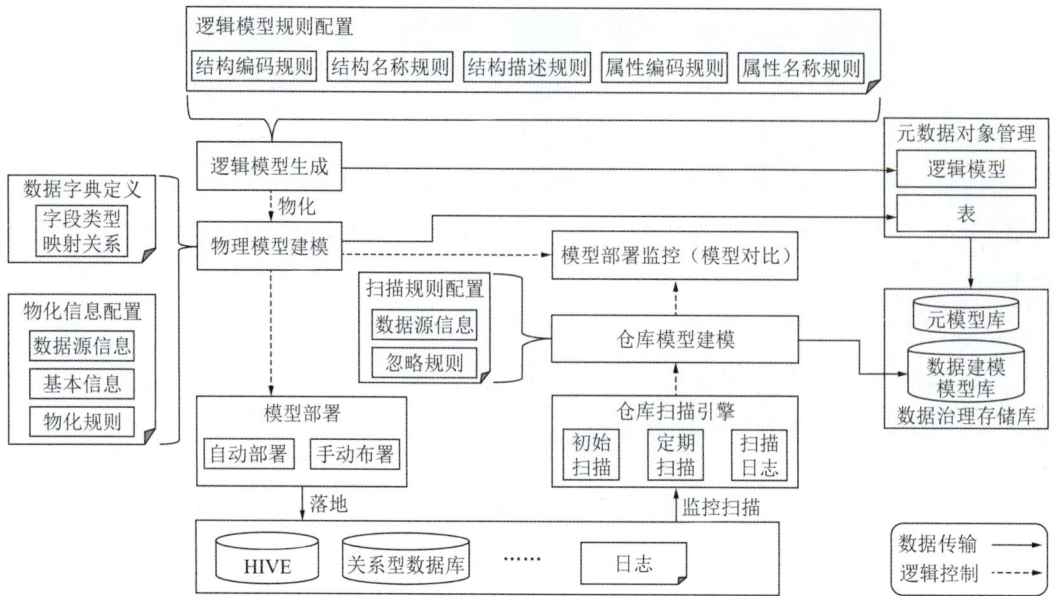

图 6-20　数据建模总体架构

（4）数据质量管控。

可以对业务数据进行全面的质量管理，可灵活配置检核规则，自动化调度检核任务，流程化修复问题数据和提供多维度治理分析报告。

从数据质量的管理办法、组织、流程以及评价考核规则的制定，及时发现并解决数据质量问题，提升数据的完整性、及时性、准确性和一致性，从而提升数据的价值。

数据质量管理平台实现各类交通数据从数据到服务、从服务到应用、从数据到指标的质量检查、流程稽核、流程监控与质量报告等功能。重点实现对数据的质量检查与业务数据稽核。各阶段的数据质量检查包括原始数据接受阶段、整理加工阶段、数据入库阶段、地图配置与发布阶段。业务数据稽核是基于元数据实现对数据的采集、加工、质量稽核应用过程进行端到端实时监控，发现追踪数据质量问题等功能。可与数据服务集成，将数据质量信息反馈至高层的仪表盘与数据地图。以面向服务的接口为所有第三方应用提供数据质量服务，以防止劣质数据进入应用。数据质量管理架构如图 6-21 所示。

（5）数据共享服务。

进行零编码服务构建，可快速构建服务，并进行授权和数据脱敏，可以对结构化、非结构数据共享、增量数据共享及服务访问监控。

数据共享服务指基于数据仓库的全量数据，通过加工整合，形成标准化数据产品，以实时、非实时的方式统一对外提供数据服务。数据服务平台可实现产品申请、定义、审核、发布流程化管理，满足用户对数据提取的定制化需求。数据共享服务总体架构如图 6-22 所示。

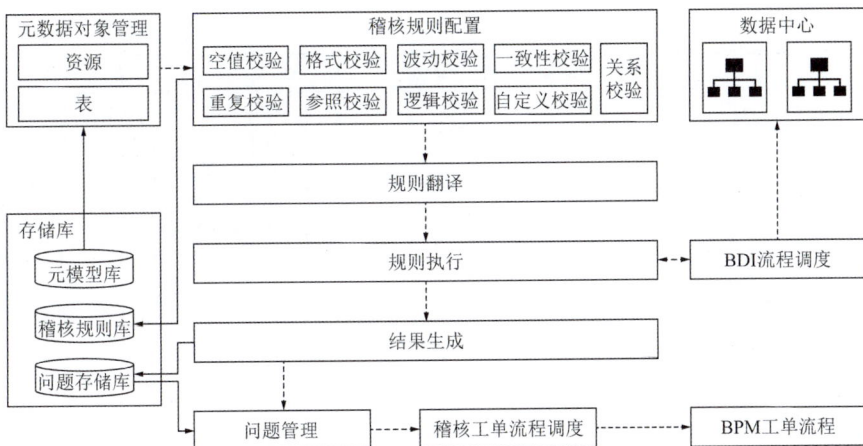

图 6-21　数据质量管理架构图

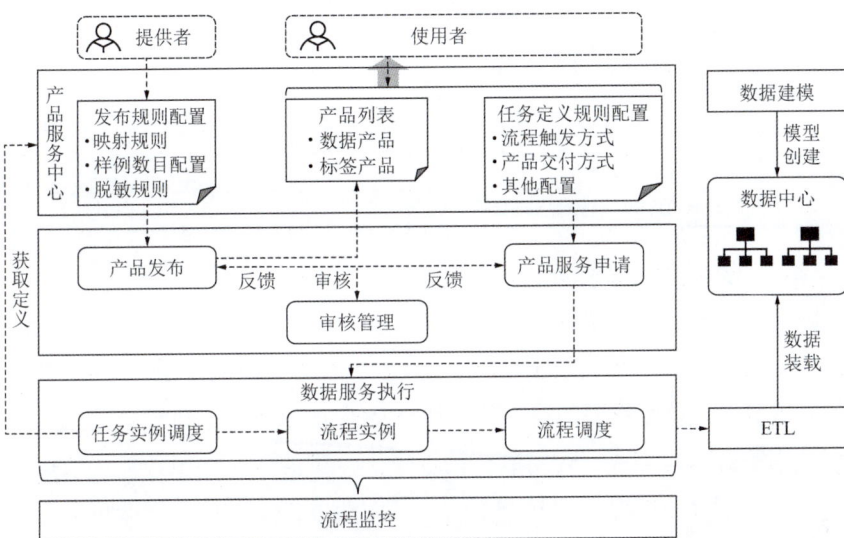

图 6-22　总体架构图

6.2.4　规划时空数据治理集群部署集成

1）时空数据治理组件工具研发应用

为实现逻辑功能的低耦合性、高稳定性，将整个时空数据治理集成工作划分为若干功能模块后，在开发实践中以组件模式实现每个功能组件的业务逻辑，综合交通运输规划数据治理引擎功能组件具体如表 6-28 所示。

综合交通运输规划数据治理引擎功能组件　　　　　　　　表 6-28

名称	描述	备注
dp	综合交通运输规划时空数据治理引擎主体应用，负责数据治理所有模块的前台页面展示及操作逻辑	
bdi	综合交通运输规划时空数据治理引擎主体应用，负责数据治理所有流程调度和计算执行	

名称	描述	备注
bdi-exchange	综合交通运输规划时空数据治理引擎代理执行应用,负责数据治理部分节点的代理执行	bdi-exchange 属于运行时使用组件,需要在使用时根据业务需要决定是否部署以及部署在何处。因此,尽管自动部署脚本也提供了对该组件的部署,但部署的组件未必满足后期使用中的业务需要。如在使用时需另行部署 bdi-exchange,可参考代理部署手册
datamap-layout	综合交通运输规划时空数据治理引擎地图生成组件,负责数据治理数据地图数据生成	
portal、security、cas	综合交通运输规划时空数据治理引擎集成应用,负责数据治理产品的单点登录及维护安全门户等	包括 3 个应用:portal、security、cas
bpm	综合交通运输规划时空数据治理引擎集成应用,集成后在数据服务和数据质量等功能中加入业务流程审批	
bonc MQ	综合交通运输规划时空数据治理引擎集成应用,用于流程异常时发送短信	现场需具备短信库
zookeeper	分布式、高可用性的协调服务,提供分布式协作服务和维护配置信息	
active MQ	消息中间件,在分布式系统中应用程序借以传递消息的媒介	
Elasticsearch	高性能全文检索服务器	
nginx	高性能的 HTTP 和反向代理 web 服务器	

2)时空数据治理集群部署

时空数据治理集群以高可用方式部署能更好地处理数据量较大、并发数较高、访问操作密集的场景,高可用方式的特性能确保部分节点宕机时集群仍能使用。同时,此方式需要申请更多的服务器节点,花费更多的精力部署和日常维护,因此适用于大型项目生产环境。

针对高可用集群部署方式,时空数据治理集群至少需要应用服务器和数据服务器。每台应用服务器的应用分布情况如图 6-23 所示,其中服务器 1 和服务器 2 可以使用部署脚本快速部署,服务器 3 需要手动部署部分组件。

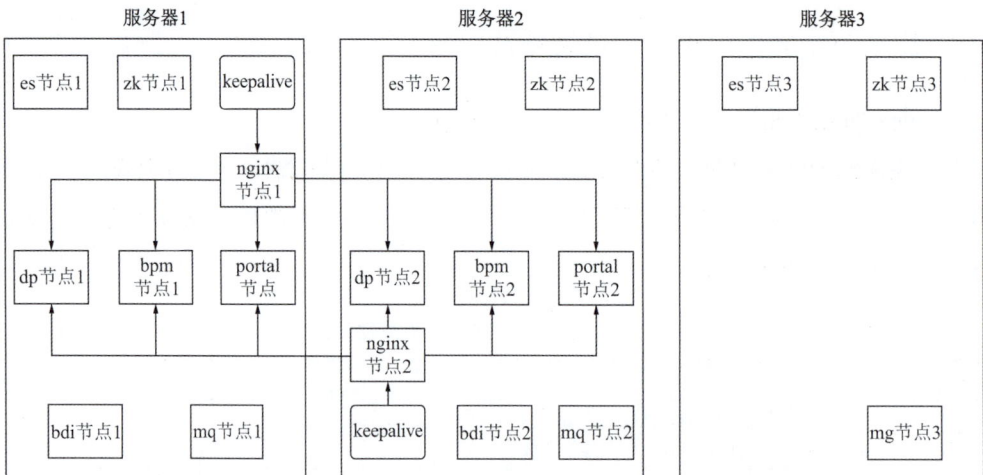

图 6-23　综合交通运输规划时空数据治理引擎高可用集群

为保证时空数据治理集群平台稳定运行,配套的运行环境设计主要包括运行模块组合、运行控制设计、运行环境涉及、系统部署设计、出错处理设计。

（1）运行模块组合。

时空数据治理集群平台主要由多源数据检索、基础数据分析和数据资源服务门户组成,根据业务需求,每个子系统下面又分为多个功能模块,每个模块既有内在联系,也可独立运用。

（2）运行控制设计。

系统默认连接运行程序路径下的系统库,用户输入用户名和密码即可登录到系统中,开始相关业务的操作。

当系统管理员登录系统时,登录界面的登录响应事件会根据用户名给予管理员全部功能管理权限;数据管理用户登录系统时,用户数据库会自动识别用户名,并给予对应的用户权限,如数据建库、入库、浏览、查询、分析、输出等数据管理权限。数据浏览用户登录系统时,用户数据库会自动识别用户名,并给予对应的用户权限,如数据浏览、查询、分析等权限。

（3）运行环境设计。

整个系统运行环境设计包括硬件环境设计和软件环境设计。

①硬件环境设计。

硬件环境分别为主机及存储环境和网络环境。

A. 主机资源。

主机资源将根据项目需要划分为负载均衡、服务代理和数据模型应用区,通过负载均衡部署,配置端口服务路由器,分摊服务代理压力,主要数据计算应用部署于后端,实现并发负载均衡和前后端分离。负载均衡和服务代理依托虚拟资源池创建虚拟服务器即可,后台应用根据计算复杂度需用虚拟服务器部署或物理服务器支撑。应用支撑主机分为正式系统部署环境和开发测试环境,其中正式系统部署环境所需的虚拟服务器资源,是依托交通运输部规划院的现有虚拟化资源池。

B. 基础数据库存储。

所有基础性结构化数据,采用现有分布式存储架构保存,统一导入数据仓库,作为数据的主要数据载体,根据项目需要构建分结构化存储与结构化存储框架,可通过 Spark、Hive 组件进行调用,也可根据传统关系型数据检索机制来调取数据,基础数据的物理存储空间可以利用现有资源进行扩充。

非结构化数据存储,可以利用磁盘阵列等设备,根据需要存储静态数据资源或被抽取完毕的原始数据资源,用于缓冲库的建设。

应用数据库主要支撑系统实时读取业务、结构化查询,对数据库性能要求较高,本书搭配使用常见的关系型数据库用于实时接收结构化数据和前端应用调用支撑。这些数据库主要为前端应用提供结果性数据存储、简单数据查询、轻量数据统计分析等功能。

C. 网络系统。

网络骨干网由核心转发设备、主备核心交换设备等构成。服务汇聚层可以根据应用系统建设不断进行扩展，满足数据库分布式存储集群建设需求。考虑到核心交换机部署的物理位置，为保障数据转发的高容量、高带宽、低延迟需求特性，基础数据库可以异地部署，保证系统运行效果及可靠性。

②软件环境设计。

软件环境构建可以采用主流开源技术框架来构建。其中，负载均衡与服务反向代理软件采用 Nginx 等，Web 应用服务器采用 Tomcat 等，数据库存储软件采用 Postgresql 等，分布式数据库采用 Hadoop 等。基于大数据技术的数据挖掘与钻取架构则根据项目具体需要来进行配置，可以采用 MapReduce、Spark 框架等按需构建、按需配置。

（4）系统部署设计。

可以进行前后端应用分离式部署。

（5）出错处理设计。

①出错信息。

要考虑的出错情况主要是指软件运行、系统部署时可能出现的异常，包括：

A. 用户不规范的输入导致的程序错误。

B. 系统运行时容器崩溃。

C. 用户环境和开发时环境不一致造成的程序错误。

D. 编码中的逻辑错误或者漏洞导致系统报错。

②异常处理。

可以采用如下的一般性设计原则减少程序和用户交互过程中可能出现的错误：

A. 一致性。

菜单选择、数据显示以及其他功能都应使用一致的格式。

提供有意义的反馈信息。

执行有较大破坏性的动作前要求确认。

在数据录入上进行尽可能严格的合法性检测。

减少在动作间必须记忆的信息数量。

允许用户非恶意错误，系统应保护自己不受致命的破坏。

提供和运行环境相关的帮助机制。

B. 对于出错信息和警告应该遵循以下原则：

信息以用户可以理解的术语描述。

信息应提供如何从错误中恢复的建设性意见。

信息应指出错误可能导致哪些不良后果，以便用户检查是否出现了这些情况或帮助用户进行改正。

信息应伴随着视觉上的提示，如特殊的图像、颜色或信息闪烁。

信息不能带有判断色彩，即任何情况下不能指责用户。

系统采用统一的异常捕获和处理机制，为了便于团队开发的一致性，统一定义错误代码和友好显示信息。开发过程中根据具体情况可以扩展错误信息，制定更加详细的错误分类和信息显示。

C. 补救措施。

合理有效的补救措施能把系统出错带来的损失降到最低，其主要用到的技术包括后备技术、降效技术和恢复及再启动技术三种。

a. 后备技术。

周期性地把磁盘信息记录到磁带上去就是对于磁盘媒体的一种后备技术。

用户环境和开发时环境不一致造成的程序错误在条件允许的情况下，开发时尽量使用和正式运行时相同的软硬件环境。

b. 降效技术。

用户不规范地输入导致的程序错误发生时采用以下几种方法进行降效技术处理：

尽量减少用户输入动作的数量。

加强对输入项的合法性检测，包括客户端和服务器端检测。

为所有的关键性操作提供帮助。

消除冗余输入，提供缺省值。

加强程序的控制能力防止用户的恶意输入，不能将程序的正确运行建立在用户的正确输入上。

c. 恢复及再启动技术。

系统运行时容器崩溃采用以下方法处理：使用最稳定的软件版本，升级所有的补丁包；正确配置容器的运行参数。

编码中的逻辑错误或者漏洞导致系统报错，采用以下方法进行处理：改进编码，尤其是加强边界检测；加强错误检测和单元测试。

参 考 文 献

[1] 吴燕. 新时代国土空间规划与治理的思考[J]. 城乡规划, 2019(1): 11-20.

[2] 袁源, 王亚华, 周鑫鑫, 等. 大数据视角下国土空间规划编制的弹性和效率理念探索及其实践应用[J]. 中国土地科学, 2019, 33(1): 9-16.

[3] 张吉康, 杨枫, 罗罡辉. 浅谈国土空间规划监测评估的路径[J]. 中国土地, 2019(9): 12-15.

[4] 江永. 国土空间规划新形势下的轨道综合交通运输规划变革和对策[J]. 都市快轨交通, 2022, 35(2): 67-72.

[5] 匡文慧. 新时代国土空间格局变化和美丽愿景规划实施的若干问题探讨[J]. 资源科学, 2019, 41(1): 23-32.

[6] 梅朵. 基于云计算的交通瓶颈控制与诱导协同模型研究[D]. 长春: 吉林大学, 2015.

[7] 顾明臣, 蹇峰, 石媛嫄, 等. 国土空间规划背景下综合交通运输规划的数字化转型[J]. 科技导报, 2023, 41(9): 83-88.

[8] 何流, 戚湧, 郭唐仪, 等. 基于多源数据融合的公交 OD 估计及分配方法[P]. 江苏省: CN114358808A, 2022-04-15.

[9] 蒋金亮, 刘志超. 时空间行为分析支撑的乡村规划设计方法[J]. 现代城市研究, 2019, 11: 61-67.

[10] 乐丹怡, 金崇贯, 刘乙坐. 基于多源数据的OD分析模型和系统实现研究[J]. 交通与运输, 2021, 37(6): 68-72.

[11] 刘少韦华. 基于多源数据融合的城市公交客流 OD 需求推断方法研究[D]. 南京: 东南大学, 2019.

[12] 周涛, 白桦, 潘卫鹏. 基于多源数据的区域综合交通 OD 分布研究[C]//世界交通运输工程技术论坛 (WTC2021) 论文集: 上册. 北京: 人民交通出版社股份有限公司, 2021: 1345-1349.

[13] GORDON J B, KOUTSOPOULOS H N, WILSON N H M. Estimation of population origin-interchange-destination flows on multimodal transit networks[J]. Transportation Research Part C: Emerging technologies, 2018, 90(5): 350-365.

[14] GÓMEZ J N, LOURES L, CASTANHO R, et al. Assessing the feasibility of GIS multimethod approach to ascertain territorial accessibility to hemodynamics rooms in Spain mainland[J]. Habitat International, 2018, 71: 22-28.

[15] 叶庆华, 刘高焕, 田国良, 等. 黄河三角洲土地利用时空复合变化图谱分析[J]. 中国科学 (D 辑: 地球科学) , 2004, 5: 461-474.

[16] 蒋金亮, 周亮, 吴文佳, 等. 长江沿岸中心城市土地扩张时空演化特征: 以宁汉渝 3 市为例[J]. 长江流域资源与环境, 2015, 24(9): 1528-1536.

[17] 周群. 基于 GIS 的综合交通空间数据管理系统研究[J]. 地理空间信息, 2021, 19(11): 75-78, 8.

[18] 王俊. 基于空间数据仓库的城市综合交通运输规划研究[J]. 西北大学学报 (自然科学版) , 2000, 30(3): 201-204.

[19] 陈尔东昊. 基于数字三维地形的 "多规合一" 数据综合应用研究[J]. 测绘通报, 2021(S2): 186-188.

[20] 陈小鸿, 乔瑛瑶, 李曦. 城市总体规划阶段的综合交通运输规划方法论与重点: 以武汉 2035 多模式交通系统架构规划为例[J]. 城市规划, 2018, 42(z2): 44-50.

[21] 邱永涵, 李毅, 税常峰, 等. 新时期普通国省道国土空间控制规划策略探讨[J]. 公路, 2021, 66(10): 222-228.

[22] 徐启恒, 刘成均, 苏盼盼, 等. 浅析共享协同目标下 "多规合一" 应用平台建设实践[J]. 地理空间信息, 2021, 19(2): 125-130, 8.

[23] 李满春, 陈振杰, 周琛, 等. 面向 "一张图" 的国土空间规划数据库研究[J]. 中国土地科学, 2020, 34(5): 69-75.

[24] SONG W, YANG X M. A spatio-temporal cadastral data model based on space-time composite model[C]. Institute of Electrical and Electronics Engineers. 2013 21st International Conference on Geoinformatics: 2013 21st International Conference on Geoinformatics (Geoinformatics 2013) , June 20-22 2013, Kai Feng, China, 2013: 1-4.

[25] HIROYUKI K W, EIJI H. Architecture of spatial data warehouse for traffic management[J]. Artificial Intelligence and Knowledge Based Processing, 2003, 103(306): 9-14.

[26] FANG C, YU X, ZHANG X, et al. Big data analysis on the spatial networks of urban agglomeration[J]. Cities, 2020, 102: 102735.

[27] 郭士坤. 海量时空数据高效存储、查询和聚类分析研究[D]. 西安: 西安电子科技大学, 2021.

[28] 朱光兴, 李龙强, 张浩, 等. 智慧城市地理空间框架下三维时空大数据云平台建设与应用[Z]. 中科合创 (北京) 科技成果评价中心, 2020-05-19.

[29] 张晓春, 林涛, 丘建栋, 等. 城市交通大数据计算平台关键技术、设备及应用[Z]. 深圳市城市交通协会, 2019-03-23.

[30] 李顺海, 商明星, 武俊红, 等. 智慧城市时空大数据平台关键技术研究及应用[J]. 中国建设信息化, 2024(17): 74-78.

[31] 滕少华, 卢东略, 霍颖翔, 等. 基于正交投影的降维分类方法研究[J]. 广东工业大学学报, 2017, 34(3): 1-7.

[32] 侯志通. 条带状公路运营管理空间大数据降维组织及混合存储关键技术研究[D]. 杭州: 浙江大学, 2015.

[33] 刘一流. 一种面向智能交通场景的 HBase 时空索引设计[J]. 电脑知识与技术, 2020, 16(4): 163-165, 170.

[34] 徐莉娜. 时空数据查询方法及可视化技术研究[D]. 西安: 西安建筑科技大学, 2019.

[35] 李萍萍. 时空数据库中高维数据的降维方法[D]. 哈尔滨: 哈尔滨理工大学, 2009.

[36] ROMAN F, MAXIMILIAN L, CLAUDIA P, et al. Fast approximate hubness reduction for large high-dimensional data[C]//IEEE, 2018 IEEE International Conference on Big Knowledge, 2018. 358-367.

[37] 李洋, 赵正阳, 王文斌, 等. 城市轨道交通基础设施运维数据治理方法研究与实践[J]. 现代城市轨道交通, 2022, 6: 94-100.

[38] 徐忠于, 杨东龙, 曾乾瑜, 等. 深圳交通运输数据共享开放服务研究与实践[C]//中国智能交通协会. 第十六届中国智能交通年会科技论文集. 北京: 机械工业出版社, 2021: 108-113.

[39] 安健, 徐韬, 朱启政. 面向交通治理的信息公开与数据共享策略研究[J]. 交通与运输, 2020, 33(S2): 179-184.

[40] 陈伟. 数据治理在新疆交通行业的应用研究[D]. 乌鲁木齐: 新疆大学, 2020.

[41] 陈猷辉. 广西交通运输数据共享交换平台建设研究[J]. 西部交通科技, 2020, 5: 156-159.

[42] 龚潇. 关于智慧交通大数据治理的探讨[J]. 信息通信, 2019, 8: 101-102.

[43] 张晓春, 段仲渊, 丘建栋, 等. 深圳交通大数据共享开放平台建设及应用[Z]. 深圳市城市综合交通运输规划设计研究中心有限公司, 2017-03-21.

[44] 方昕. 大数据下的智能交通数据共享与处理模型[J]. 信息技术, 2015, 12: 94-97.

[45] SATYANARAYANA V N, BENEYAZ A B. Strategies to handle big data for traffic management in smart cities[C]//Institute of Electrical and Electronics Engineers. 2016 International Conference on Advances In Computing, Communications and Informatics: International Conference on Advances In Computing, Communications and Informatics (ICACCI) , 21-24 September 2016, Jaipur, India, 2016. 356-364.

[46] JULIAN A R, DYLAN V A, HARM D, et al. Efficient live public transport data sharing for route planning on the web[C]//Springer. Web Engineering: 20th International Conference, ICWE 2020, Helsinki, Finland, June 9-12, 2020, Proceedings, 2020. 321-336.

[47] 李巧茹, 赵蓉, 陈亮. 基于 SVM 与自适应时空数据融合的短时交通流量预测模型[J]. 北京工业大学学报, 2015, 41(4): 597-602.

[48] JI Y X, MISHALANI, R G, MCCORD M R. Transit passenger origin-destination flow estimation: Efficiently combining onboard survey and large automatic passenger count datasets[J]. Transportation research Part C: Emerging technologies, 2015, 58C(9): 178-192.

[49] 夏英. 智能交通系统中的时空数据分析关键技术研究[D]. 成都: 西南交通大学, 2012.

[50] 张通. 基于深度学习和直线检测的高分辨率遥感影像建筑物提取[D]. 武汉: 武汉大学, 2018.

[51] 韩京宇, 徐立臻, 董逸生. 数据质量研究综述[J]. 计算机科学, 2008, 35(2): 6.

[52] 胡晓程. 企业实施 ERP 系统数据质量管理研究[D]. 西安: 西安科技大学, 2011.

[53] 廉小亲, 刘钰, 吴艳华, 等. 基于改进 RBF 网络的铁路数据价值映射模型[J]. 计算机仿真, 2022, 11: 158-163.

[54] 祁帆, 谢海霞, 王冠珠. 国土空间规划中三条控制线的划定与管理[J]. 中国土地, 2019, 2: 26-29.